智慧图书馆
信息资源建设与创新服务

朱好山/著

中国原子能出版社
China Atomic Energy Press

图书在版编目 (CIP) 数据

智慧图书馆信息资源建设与创新服务 / 朱好山著
—北京 : 中国原子能出版社 , 2023.12
ISBN 978-7-5221-3197-9

Ⅰ. ①智… Ⅱ. ①朱… Ⅲ. ①数字图书馆—信息资源
–资源建设–研究②数字图书馆–信息资源–图书馆营销
研究 Ⅳ. ① G250.76

中国版本图书馆 CIP 数据核字 (2023) 第 256050 号

智慧图书馆信息资源建设与创新服务

出版发行　　中国原子能出版社 (北京市海淀区阜成路 43 号 1000048)
责任编辑　　胡　静
责任校对　　冯莲凤
责任印刷　　赵　明
印　　刷　　北京九州迅驰传媒文化有限公司
经　　销　　全国新华书店
开　　本　　787 毫米 * 1092 毫米　1/16
印　　张　　13.25
字　　数　　245 千字
版　　次　　2024 年 1 月第 1 版　　2024 年 1 月第 1 次印刷
书　　号　　ISBN 978-7-5221-3197-9　　　　定　价　62.00 元

发行电话 :010 68452845　　　　　　版权所有　翻印必究

前　言

随着计算机的普及和互联网的出现，人类社会逐步进入信息社会，人们的生产方式和生活方式也发生了很大变化。"智慧地球"理念的提出，智慧图书馆应运而生，智慧图书馆以物联网和云计算等高新技术为支撑，运用智能设备，实现"书与书、书与人、人与人"的动态连接，让用户体验全新的智慧化服务。智慧图书馆的知识服务区别于传统图书馆文献与信息服务，是集教学、科研，社会管理、文化建设，社会发展等的综合服务。智慧图书馆是智慧地球、智慧城市和智慧校园研究的再深入和发展，是将智慧性研究发展到图书馆领域的一项创新。同时，智慧图书馆也是在网络图书馆，虚拟图书馆和数字图书馆的基础上发展而来的，它具有便利性、互联性，高效性等特点，是新技术与图书馆发展的密切融合。

本书是智慧图书馆方向的书籍，主要内容涉及智慧图书馆信息资源建设与创新服务，本书从智慧图书馆概述介绍入手，针对智慧图书馆的基本概念、智慧图书馆的特征与功能、智慧图书馆的构成要素进行了分析研究；另外对智慧图书馆建设、智慧图书馆的信息资源建设、智慧图书馆的服务体系建设、图书馆智慧化信息服务模式做了一定的介绍；还剖析了图书馆智慧化个性推荐服务模式、图书馆智慧化服务模式的创新等内容；本书论述严谨，结构合理，条理清晰，内容丰富，对智慧图书馆信息资源建设与创新服务研究有一定的借鉴意义。

另外，作者在写作本书时参考了国内外同行的许多著作和文献，在此一并向涉及的作者表示衷心的感谢。由于作者水平有限，书中难免存在不足之处，恳请读者批评指正。

目　录

第一章　智慧图书馆概述

第一节　智慧图书馆的基本概念

图书馆的发展是渐进式的，每一次重大变革都伴随着科技的创新和进步。随着物联网概念的正式提出并在全球迅速传播开来，在图书馆界，继数字图书馆、智能图书馆之后，以现代化信息技术为基础，以数字化、网络化和智能化为标志的智慧图书馆正在走进人们的视野。

一、国内关于智慧图书馆定义的观点

（一）感知论

感知论的研究者着重强调智慧图书馆的可感知性。感知论重点突出利用物联网等感知技术让图书馆的建筑环境、文献资源以及读者等主要构成要素，能够实时主动地获取相关感知数据。感知论较具有代表性，是我国智慧图书馆研究学者关注较多的一种观点。

（二）智能技术论

智能技术论重点突出在智能技术下，以物联网为基础的设备、系统、流程之间的互联互通。因为智慧图书馆概念本身是由技术发展驱动而来的，所以智能技术论也得到了一些研究学者的关注。有的学者认为智慧图书馆最重要的是能利用物联网技术主动感知读者需求，并提供智慧化服务与管理，这是数字图书馆发展的终极目标与高级形态。有的学者则更侧重于智慧图书馆建设中馆员与读者之间的协同感知和创新，认为智慧图书馆是融合技术、馆员、读者、服务与资源为一体的智慧协同体。

（三）人文服务论

人文服务论重点阐述图书馆馆员在利用新技术解决问题方面的主观能动性，

突出了人在构建智慧图书馆中的重要作用。有的学者认为"智慧"具有以下特征：一是以数字化、网络化、智能化为技术支撑；二是具有互联互通、高效快捷的沟通协调能力；三是追求数字惠民与绿色发展；四是整合集群与协同、服务泛在和跨越时空；五是具有模式创新和可持续性。有的学者从宏观与微观两方面探究智慧图书馆建设，即思想与技术属于宏观方面，资源建设与读者服务属于微观方面。也有学者认为智慧图书馆是图书馆发展的新形态，是基于新的信息技术、能体现人工智能的一个知识服务系统。还有学者认为智慧图书馆＝图书馆馆员＋智能建筑＋信息资源＋智能化设备＋云计算，其中图书馆馆员由技术专家和人文学者构成，可通过智能化设施充分利用各种信息资源。

（四）要素论

要素论重点研究构成智慧图书馆客观事物的存在基础以及维持其产生、发展、变化等运动的必要的基本系统单位。目前智慧图书馆主要有"三要素论"和"五要素论"。刘丽斌是智慧图书馆"三要素论"的提出者，认为智慧图书馆由人、资源、空间三种元素组成，其中"人"这个要素处于最核心的位置，"资源"与"空间"两个要素是基本点。在"三要素论"中，技术是基础，服务是灵魂，通过技术改善服务。"五要素论"认为智慧图书馆应包含五大要素，包括资源、服务、技术、馆员和读者。其中在资源要素中，智慧图书馆必须做到多元、高效和优质，即为读者提供快、准、好的各种馆藏资源；在服务要素中，智慧图书馆必须做到智能、泛在和感知，即要感知读者需求，并随时提供智慧化服务；在技术要素中，智慧图书馆必须做到精准、智能和快捷，即要通过技术提升服务效率；在馆员要素中，智慧图书馆要做到专业、敬业和创新，即要求馆员利用新技术提供创新性服务；在读者要素中，智慧图书馆要具有使用性、协同性和敏锐性，即确保读者能乐于使用系统与图书馆进行协同互动。

（五）综合论

综合论并没有从单一角度对智慧图书馆进行定义，而是综合考虑了资源、服务、技术、物理实体等多种因素。对智慧图书馆的理解，有学者认为这是在复合图书馆基础上的一个更高级形态，智慧图书馆以信息技术和智能设备为基础，可实现图书馆内的人、文献、设备、建筑之间的互联互通，从而达到向读者提供智慧化服务的目的。也有学者对智慧图书馆的概括更为全面，认为智慧图书馆的目的是让读者享受到图书馆的 5A 服务，即任何人 (Anyone)、任何时候 (Anytime)、任何地点 (Anywhere), 通过任何方式 (Anyway)，得到任何服务 (Any service), 其核心要素是智慧馆员、读者、管理与发现，手段是先进的技术设备。还有学者认为智慧图书馆是虚拟图书馆与现实图书馆的有机融合，通过信息化技术将图书馆的专业管理与智能设备的感知相融合，从而为读者提供快、准、好的各项资源和经过深加工的专业知识服务，让读者享受到智能空间和文化空间。

通过以上分析可知，我国目前关于智慧图书馆的认识包括感知论、智能技术论、人文服务论、要素论和综合论。这些仅仅是依据学者对智慧图书馆认识的不同角度进行划分的，并不是以文章发布的先后顺序进行划分的。也就是说，我国智慧图书馆的研究并不是经历了从感知论到智能技术论，又到人文服务论、要素论，再到综合论的发展阶段。但从文章发布的时间来看，我国对智慧图书馆的研究的确经历了由浅入深、从个体到整体、从局部到综合，以及从致力于智能化建筑实体研究到提供系统化、专业化智慧服务的转变过程。这也是我国智慧图书馆研究范畴不断向外延伸、扩展的见证，涉及的技术与理念不仅越来越先进，而且越来越综合。

二、智慧图书馆的含义

任何一个新鲜事物出现后，其概念都是最早被关注的议题，智慧图书馆也不例外。"智慧图书馆"概念自提出以来就受到人们的广泛关注，在该研究领域始终保持着良好发展态势。相对于其他专业关于概念的文献数量相对固定，智慧图书馆相关文献对概念的描述仍存在一定热度，其主要原因在于定义的描述仍存在争议。相关研究者在研究成果中会基于现有文献较具代表性的论述进行进一步完善，看待其定义的角度也越来越全面，概念研究充分体现了其在图书馆各个模式演变过程中推广发展的必然性和紧迫性。

图书馆领域在智慧图书馆研究开始之前就提出了"智能图书馆"这一概念，这是图书馆建设顺应智慧城市发展驱动做出的新尝试、新飞跃。智能图书馆将日新月异的智能技术与传统图书馆联系起来，实现了高新技术与建筑艺术的有机结合和创新。然而，针对智能图书馆的研究及实践存在一定的局限性，原因是过度将重心集中在建筑及技术方面。

有学者于 21 世纪初首次在国内提出了"智慧图书馆"的概念，这为智慧图书馆在国内的拓展研究打下了良好基础。在之后出现的具有代表性的概念表述都肯定了智慧图书馆以物联网、云计算等新一代信息技术为基础，相较以往的各种图书馆模式更加智慧、更具有高交互性。作者选取角度的不同造成了智慧图书馆概念相应描述的差异，也形成了新的想法和见解。

综合具有代表性的定义表述，智慧图书馆的概念应体现出以物联网、云计算、大数据等新一代信息技术为基础，以高质量的全媒体资源为核心，构建先进的图书馆智能基础设施，实施高效的智能化管理。通过对研究热点的数据分析不难看出，智慧图书馆中以人为本的核心要义越来越受到关注。重视图书馆馆员的作用及用户的体验，以为用户提供智慧化、个性化服务为目标，实现馆员和用户协同感知与创新的绿色可持续发展应成为智慧图书馆概念的应有之义。

二、智慧图书馆的核心要素

图书馆的核心要素一直是图书馆界的研究重点之一。从 20 世纪起就有许多国内外学者开始对图书馆的核心要素进行讨论，这一问题的答案能够为图书馆的发展与建设指引方向。而根据时代背景的不同，图书馆要素的重点也会有所变化，但以人为本、利用有限的资源为更多用户提供更好的服务的目标是不会改变的，所以资源和用户永远是图书馆最核心的要素。

国外学者在 20 世纪 30 年代提出了"图书馆学五定律"，其中的第二定律"Every reader his or her book（每个读者有其书）"和第三定律"Every book its reader（每本书有其读者）"点出了图书馆的核心要素中的资源和人，第四定律"Save the time of the reader（节省读者的时间）"则谈到了图书馆中服务与管理的重要性。而后，我国的图书馆学家杜定友在 1932 年提出了"三要素说"，这三要素分别为"书""人""法"，其中，"书"指所有文献资料，"人"指读者，"法"则指管理方法。这两种理论都有其时代局限性，没有讨论到文献管理者与读者之间的关系。20 世纪 50 年代，我国学者提出图书馆事业可以分为五个要素，图书、读者、领导和干部、建筑与设备、工作方法。这时已经开始强调馆员、馆舍的重要作用了。

到了大数据与人工智能的时代，图书馆的建设重心也开始发生了转移，智慧图书馆应运而生。智慧图书馆的几大核心要素中，"资源"从古代的为收藏或保留记录而藏书变为了现在的为了读者需求而藏书，从面向少数贵族阶级变为现在的面向一切对资源有需求的用户。在工业革命前，生产力不发达，社会阶层分级明显，图书馆（藏书阁）不能将所拥有的资源大规模地传播；而在信息时代到来前，受限于技术的缺乏，图书馆内的文献资源大多只能以纸质文献的形式为读者呈现。现在，图书馆的资源数量庞大，形式也多种多样，为知识创新奠定了基础，而智慧图书馆对资源的要求也在此前提下变得更高，不再只是为了满足读者需求，还要上升到人类知识发展的程度。

在智慧图书馆的核心要素中，对服务的要求也在不断变化。最开始的时候，图书馆只需要服务入馆的读者，围绕这一部分核心用户的需求展开服务就算实现了图书馆的目标。但研究人员在图书馆发展过程中逐渐发现，由于图书馆存在于社会中，与整个社会有着不可分割的联系，并不能脱离大众，于是图书馆开始将所有潜在的用户纳入了服务范围，充分发挥主观能动性，让知识传播变得更加大众化。智慧图书馆几大核心要素中，变化最大的就是技术要求，从最初使用书签手动记录借还书，到现在能自助借还的便捷服务，可以将一份文献资源给所有人使用的数字图书馆，能随时随地享受服务的移动图书馆，还有正在向其转型的智慧图书馆。智慧图书馆在已经实现了便捷化、自助化的移动数字图书馆的基础上，主动地为用户提供限于读者本身因素无法实现的服务，这就是"智慧"。要做到这一点，需要有大数据技术来收集并分析用户的行为习惯和取向，也需要物联网技术将用户、馆员与文献资源、馆内设备互相串联起来以方便利用，还需要人工智能技术为用户提供人性化的服务，等等，这些都是以往的传统图书馆所没有的。

第二节　智慧图书馆的特征与功能

一、智慧图书馆的特征

智慧图书馆的特征是由以人为本的核心理念而发散出来的、为了满足用户显性或隐性需求而设计的一系列对图书馆中"智慧"一词的要求。对于用户的显性需求，传统图书馆已经基本能够被动地在用户提出需求时尽量满足；而智慧图书馆是主动地满足用户的显性需求，并挖掘用户的隐性需求，再以此作为智慧图书馆更新、优化的依据，随时调整图书馆服务，保证以人为本的核心理念不会改变。

要做到这些，智慧图书馆必须要与新一代的信息技术相融合，汲取其中有用的新技术并改革传统图书馆的系统结构，适应新型智慧服务的模式，做到对纸质文献资源和数字化文献资源等多种载体的资源同等对待，全方位提升服务质量。智慧图书馆的特征主要体现在以下四个方面。

（一）管理的智慧化

早在 20 世纪，传统图书馆就已经将以人为本或以用户需求为核心作为其核心理念，但受到社会发展与技术瓶颈的限制。传统图书馆的以人为本往往是馆员觉得自己需要什么能够提高效率、减小负担，或馆员觉得用户需要什么能提高服务质量。大数据时代下的智慧图书馆不应该与传统图书馆一样，只收集馆员的信息或抽取少量用户进行调查，而应该充分采集所有用户的行为数据并分析出用户的隐性需要，以此为依据提供更高质量的服务。

随着后信息社会的到来，首先，传统图书馆中数字化的成分越来越高，图书馆文献资源的种类也随之越来越多，以往图书馆管理系统中使用的元数据标准如DC、MARC 等都不能将所有资源的特征清晰且准确地描述出来，而且不同元数据标准之间的转换也一直是图书馆界一个待解决的难题，这就导致资源的统一管理成为图书馆管理中一个不小的障碍。其次，即使是纸质文献资源，传统图书馆的管理系统也不能真正做到智能化管理，文献资源的空间管理、图书馆设备管理等都需要人力来完成。正因为如此，馆内的资源不能较为开放地与馆外的其他管理系统进行连接。如果资源在不同的图书馆管理系统管辖范围内，那么图书馆要想给用户提供服务是非常不方便的。再次，图书馆在电子资源方面本地不存储其元数据信息，如果要进行知识挖掘等增值服务就会比较困难。最后，传统的图书馆管理系统因为起初的设计思路与智慧图书馆不同，所以整体的体系结构对处理这些全新类型的资源一定会有缺陷，即使不断进行更新优化，也难以改善这个问题。智慧图书馆中的图书馆管理系统必须要考虑对多种不同类型资源的综合管理，而且要做到不仅对图书馆的管理要统一，还要以用户需求为核心，让用户在查找、使用时也觉得是统一的。

传统图书馆的管理系统除了在资源管理上有着较大的缺陷，在接口规范和标准上也不够统一。以往的图书馆管理系统一般都是外包给专门的公司，而公司为了节省研发成本，先提供几套模板供图书馆选择，然后再根据图书馆的实际情况做一些技术性调整。所以，一方面，因为管理系统的体系结构是确定的，除非图书馆选择换一个系统，否则只能交由外包公司的员工来进行一些小范围的更新优化，无法从根本上改变某些问题；另一方面，不同公司的图书馆管理系统可能有着不同的接口规范和标准，当不同图书馆之间进行共建共享时，就会出现不兼容的问题。如果要图书馆自己研发管理系统会浪费资源，而外包对图书馆和公司是互利互惠的。所以，智慧图书馆在管理系统的建设上要注意各类标准的问题，最好的方法是由图书馆联盟或图书馆协会等组织来制订各类标准，这样在进行知识共享时就不会存在由于接口不符而导致的各种问题。

总的来说，智慧图书馆在管理上是全方位且立体化的，多种类型的资源可以较好地整合在一起。智慧图书馆员可以利用云计算、人工智能等新型信息技术对资源进行分析和处理，有效地实现知识增值，让用户享受到图书馆资源的一站式服务。同时，图书馆可以通过收集用户行为等数据来预测用户的偏好，而用户也可以主动提交自己的意见或建议，享受到人性化的服务。全方位、立体化的智慧图书馆管理系统和管理模式能够帮助馆员减少工作量、提高工作效率，有效地提升图书馆的管理质量，推进图书馆各类标准的规范化。

（二）系统的智慧化

首先，如果使用图书馆云服务平台来代替传统的图书馆服务平台，就可以减少图书馆在平台管理和优化上的大量成本。其次，传统的图书馆服务平台只能让用户浏览和使用馆内资源，而在图书馆间协同服务合作理念的支撑下，新的云服务平台可以让用户浏览馆内的和合作馆的所有资源，并有部分资源可以被直接使用，而不能被直接使用的资源，云服务平台会告知用户如何获取。在智慧图书馆已经将各类标准和接口规范统一的前提下，云服务平台的建设是非常简单的，它能为图书馆节省大量存储空间，并且在公有云和私有云的协同架构下，还能提升数据的安全性。

除了充分将新一代的信息技术融合进图书馆服务平台，智慧图书馆系统的互动性也是一个关键。系统具有互动性就是让用户对系统进行交互式操作，同时系统的界面设计也要符合人的本能感受，不能有太复杂的操作增加用户的学习成本。系统还可以借助 AI 和大数据预测用户操作，让用户有更加流畅的操作体验。不仅仅是使用上有互动性，智慧图书馆系统甚至可以开放源代码，让用户也参与进来。用户不仅指图书馆读者，还包括通过活动悬赏等方式招募的开发人员或组织，这样既可以节省系统的开发成本，又能缩短开发时间，同时用户自己开发的系统会更满足自己的需求。这样，用户能够在开源系统的源代码中学习和进步，而系统也能在用户的更新中不断优化，实现共赢。智慧图书馆系统的可拓展性比传统的图书馆系统更强，这样的系统能够自由组配功能模块，做到数据和应用解绑所带来的松耦合，以及模块随时增减与更新的热插拔。

（三）服务的智慧化

在场馆建设方面，智慧图书馆馆舍具有智能化的特点。对文献资源的空间管理和安全保障，有 RFID 技术对文献资源的出入库进行识别和记录；GPS 技术帮助馆员或读者迅速且精准地找到文献资源所在位置；红外感应和实时监控等侦测防护技术可以保护文献资源的安全。这不仅能提高借还书效率、查找文献资源效率，减少馆员的工作量，还能保护馆内设备设施和文献资源，对降低设备损耗、防止文献资源被盗有着重要作用。对馆内状态管理和读者导引，智慧图书馆馆舍有人脸识别技术管理人员的出入，能借助人工智能和感应器自动调节馆内温度、湿度等状态，可以由智能服务机器人在入口处帮助读者解决问题，引导读者到想去的区域，并将大数据和读者个人数据相结合，为读者提供阅读推荐服务。

在服务上，智慧图书馆具有智慧化的特点，这是以新一代信息技术与图书馆服务相结合的手段为主、智慧馆员为辅，共同为用户提供的个性化的服务。首先，AI 和大数据技术能够进一步提高图书馆服务的智慧程度。大数据与传统的统计调查相比，样本量更大，并且每个样本上的数据种类更多，考虑到的面更广。大数据配合可视化技术，能将海量且多样的数据更直观地表现出来，变化更好预测，再加上人工智能技术，可以让图书馆更了解用户的行为习惯，帮助馆员更好地进行用户行为分析、预测和进行优化决策。其次，全方位立体化的管理能够让图书馆的资源服务变得更加智慧。与传统图书馆相比较，智慧图书馆的资源管理模式能够将资源的作用发挥到极致。传统图书馆有大量藏书只是为了保证文献资源的连续性和完整性，有很大一部分文献资源只为极少数的读者提供。②而智慧图书馆，一方面在与其他图书馆馆间协同合作上有着巨大优势，可以互相补充缺失的资源，将只为极少数读者提供的文献资源分布在多个馆内，大大减少资源和空间的浪费；另一方面，在阅读推荐服务上有更先进的信息技术支撑，更加个性化，有更大概率符合用户需求，还让用户有互动的权利，能获得交互式的服务体验。

（四）功能的智慧化

智慧图书馆服务的智慧性强调的是将原本有的服务变得更加个性化、智慧化，而智慧图书馆中全新的服务指的是传统图书馆中没有的服务项目。21世纪以来，图书馆已经不再只是一个具有文化职能的公共基础设施，还有着社会公共服务的职能。随着时代的发展，不同图书馆的社会公共服务职能也会有不同的方向。图书馆的文化传播职能从本质上来说是为了满足人的知识需求，除了文献资源的形式，还可以有更多样化的形式。智慧图书馆相比于传统图书馆，要更加放大这一点，通过观影活动、各类体验活动来填补原本阅读活动、讲座等方式在休闲娱乐方面的空缺，让图书馆阅读推广的效果更上一层楼。

智慧图书馆虽然有着智能化的场馆，但场地空间是有限的，最基础的本职工作藏书和借阅不能被替代，所以即使由传统图书馆转型到了智慧图书馆，也不可能在一个馆内有众多不同类型的体验项目或活动。智慧图书馆应该做好文化传播的媒介，为广大群众提供一个多功能服务平台，利用自身平台的优势将各种文化服务集中起来，并对所有项目进行品质把控，让社会公众都能体验到高质量的文化服务或教育体验活动。比如，图书馆内可以举行信息素质教育活动、VR/AR体验活动，还可以与消防系统合作举办紧急灾害避险教育体验活动，与博物馆、科技馆联合举行科普教育活动等。

二、智慧图书馆的主要功能

与传统图书馆相比较，智慧图书馆不再是单一文献信息资源的提供者，它的服务范围已经扩展到整个社会。智慧图书馆作为未来图书馆发展的高级模式，其主要功能聚集在以下三个方面：

（一）全方位、立体化资源管理

对于用户来说，图书馆所收集的资源是零散的，因此图书馆馆员需要利用各种信息处理系统、信息管理系统对图书馆的信息资源进行整合、描述、关联、维护，让那些信息更容易被用户所发现，使用户能更好地使用，然后通过交互式、一站化的服务平台，使用户可以很轻松地在庞大的数据中找到自己所需要的信息资源，并且可以利用智能技术对已找到的资源进行保存。

（二）智能定位及侦测防护功能

智能图书馆利用 RFID 无线射频识别技术、红外线感应技术、GPS 全球定位技术，不仅使用户可以轻易地知道自己所需要文献资料的具体位置，还可以使图书馆馆员对在馆的用户、馆内的各种物理设施进行实时定位、实时监控，从而实现对图书馆馆藏文献信息资源、图书馆各种设备设施、在图书馆用户及馆员的精确的智能定位，降低了因为文献、设备等物品的失窃而导致图书馆不能正常运转的概率。同样，智慧图书馆的行为侦测也是利用 RFID 技术使馆藏文献具备个性化导读、借阅率统计等功能。个性化导读是指用户通过手持移动导读设备去接收由馆藏文献上 RFID 标签发射出的信号，使其根据用户的需求，向用户提供信息服务。借阅率的统计可以将用户对馆藏文献的喜好直观反映出来，通过收集用户的个性化信息，掌握用户需求的特点，为图书馆今后更好地服务用户奠定了基础。

（三）个性化与人性化的智慧服务

传统图书馆的资源利用无论在信息资源还是服务手段上，都有很多的局限性和不便，而智慧图书馆能给用户提供极其丰富的资源、智能化程度更高及针对用户喜好的个性化服务，让用户有机会参与自主互动的服务，以实现全方位、立体化的信息服务，能更好地满足用户的信息需求。物联网环境下，智慧图书馆运用智能化技术更多地关注用户的感受，把以人为本的理念作为其发展的根本。在以人为本理念的支撑下，用户可以从智慧图书馆中获得更多、更广泛的选择，更加方便、更加高效的服务，更加灵活多样、人性化的服务方式和手段等。个性化服务包括信息定制服务、信息定向推送服务。信息推送服务最为突出的特点就是当用户首次输入请求命令后，就能定期收到之前已经选定的专题信息；信息定制服务是在普通定题服务的基础上，针对图书馆用户在内容、服务方式上的各种需求，通过定制提供个性化服务的系统，灵活地制订相关的信息资源、应用方式、信息利用过程，采用信息定制技术满足特定用户对不同信息的多种需求，将"人找信息"的形式转变为"信息找人"，从根本上转变图书馆的信息服务方式，提升图书馆的信息服务能力。

人性化服务包括自助和人工两种服务方式的选择、E-mail 和手机两种服务方式的选择、以 RFID 为基础的电子标签及其使用模式的选择。比如，RFID 图书自助 24 小时无人借还系统，使用户不受时间限制地享受自助借还服务；RSS 智能订阅、掌上电脑和 PPC 定制、E-mail 定向定制等，可以为用户提供更加灵活多样的服务方式和手段。

第三节　智慧图书馆的构成要素

一、构成要素概述

资源是图书馆最基础的构成要素。图书馆藏有大量的优秀历史文化资源，发挥着传承人类历史文化的作用。不同形态的图书馆，其资源存在形态表现不一。在智慧图书馆下，传统的纸质资源以数字化的形式呈现，通过云计算、大数据、数字人文、移动通信、互联网等技术的支持对数字资源进行存储及深度加工，并匹配读者需求，从而快速地为卖者提供个性化资源。

技术是智慧图书馆建设的前提，也是其必不可少的构成要素。计算机的出现推动了数字图书馆的出现与发展。技术推动着图书馆从传统图书馆向数字、复合、智能、融合图书馆发展，现在处于介于智能图书馆和融合图书馆之间的智慧图书馆阶段。智慧图书馆建设是时代发展的必然结果。科技是第一生产力，改变了人类的发展进程，使人类进入了智慧地球、智慧城市的建设阶段。当前使用较多的先进技术有智能感知技术、大数据挖掘技术、云计算和泛在智能技术等。由于技术的出现，数字图书馆等各种形态的图书馆才具有了明显的技术特征。

服务是图书馆最基本的构成要素。无论图书馆以什么形态存在，都必须提供服务。我国图书馆学专家认为我国图书馆服务经历了文献服务、信息服务和知识服务的发展阶段，分别依赖文献资源、技术工具和人的智慧进行服务。智慧图书馆中的知识服务更多的是一种知识增值服务可将多源数据进行异构处理，再以读者能够理解的形式呈现出来，从而达到快速响应和服务精准、个性化等效果。

馆员是智慧图书馆建设中最核心的构成要素。离开了馆员，技术再先进也无法体现智慧性。在初期的智慧图书馆概念中，馆员的因素未被纳入其中，随着智慧图书馆研究的深入，馆员的因素越来越重要，其不可或缺性日益突显。在许多人的印象中，馆员的工作就是借书、还书、整理图书上架、咨询等基础性业务，许多人甚至认为馆员会被技术所取代。

读者是智慧图书馆建设的出发点与落脚点，是智慧图书馆不断发展的动力源泉。资源只有得到利用，才能充分发挥其价值，而读者便是资源利用的主体所以许多图书馆将读者到馆数量、图书借阅数量、活动参与人数、电子资源下载量等作为重要的评估指标。读者是智慧图书馆赖以生存的构成要素，一切有关智慧图书馆的建设都是围绕更好地为读者服务而展开的。读者既是智慧图书馆的服务对象也是智慧图书馆建设与发展的参与者，与馆员协同互动和发展。

二、技术要素

（一）人工智能技术

1. 政府持续推出利好政策

人工智能概念最早出现于 20 世纪 50 年代，标志着人工智能学科正式诞生。人工智能其实是计算机科学的一个分支学科，主要研究计算机如何模拟人的思维过程和智能动作，让计算机去做只有人能做的事情。人工智能技术已经成为当前三大尖端技术之一。我国政府也非常重视人工智能技术，于 21 世纪初将人工智能的相关立法项目纳入立法规划。

2. 人工智能技术为图书馆服务带来重大机遇

目前人工智能技术已经在很多领域得到广泛应用，如人脸识别、智能搜索、智能推荐、机器视觉、自动驾驶等。人工智能技术在图书馆服务领域也有很多应用，为图书馆服务带来了发展机遇。智慧城市建设让人们的商务、学习、生活越来越方便，人们也越来越依赖智能化的社会。随着人工智能技术的普及，人们希望这些技术能够在图书馆中得到应用，这也是读者对图书馆的技术期待。图书馆只有跟上技术发展的步伐，才能满足读者随时代发展而不断变化的需求。当人工智能技术在图书馆中的应用早于在社会上的普及时，就能达到技术引领和科普的效果。这不仅能给忠实读者带来惊喜的阅读服务体验，还能吸引到一些科技迷及追求新鲜事物的潜在读者，所以人工智能技术给图书馆带来的不仅是技术流，还是读者流。除此之外，人工智能技术还给图书馆带来许多转变，使文献交流更方便、信息传播更快捷、信息存储量更多等。据统计，随着人工智能技术在全国公共图书馆网站的应用，人工智能技术为图书馆带来了无限可能，激发了图书馆的潜能，也为图书馆发展带来了重大的发展机遇。

（二）物联网与 RFID 技术

1. 物联网技术

（1）物联网的概念

从物联网的定义可知，其包含两层含义：一是实现人与物之间的联系，能够远程对物进行监控和操纵；二是实现物与物之间的联系，能让物与物之间进行交流、协同运作，并将这些状态展现在互联网上。要实现物联网，必须在设备上嵌入各种智能设备，如 RFID、定位系统等，从而让其接收人发出的指令。物联网从本质上看是泛在网络协同工作的一种延伸，但物联网也存在不少隐患，如平台碎片化、隐私和安全问题等。

（2）物联网的特点

一般而言，物联网技术包括传感设备、网络传输及应用控制三个层次，从而表现出泛在感知、可靠传输和智能化处理等特征。

泛在感知：又叫全面感知。因为在设备上嵌入了 RFID 等各种感知设备，所以才能对技术范围内的信息进行获取与识别。信息获取与识别是物联网的前提条件，只有获得这些信息，才能进行后续传输和指令执行。

可靠传输：一般而言，物联网是通过互联网进行信息传输的，能将感知设备识别与记录的信息通过互联网传输给用户。互联网传输一般包括无线传输和有线传输。

智能化处理：通过云计算和大数据技术对随时接收到的跨地域、跨行业的多源海量信息进行智能化分析，从而为决策者提供重要依据。许多图书馆通过 RFID 技术实现了对馆藏纸质图书的智慧管理，这也是物联网技术在图书馆中使用的例子之一。

2.RFID 的概念

RFID 技术是一种非接触、通过无线电波传递信息和交换信息、自动识别的技术。RFID 具有无屏障读取、可重复使用、高存储量、耐环境、便捷、安全可靠等特点。

3. 物联网技术在智慧图书馆建设中的具体应用分析

（1）自助借还系统

目前自助借还系统在智慧图书馆建设中得到了最广泛的应用，其核心技术是

RFID 技术、网络传输技术和软件工程技术。物联网技术将上述几种技术进行整合，并应用到自助借还系统。条形码识别和 RFID 是智慧图书馆自助借还系统中的常见类型。前者的造价低，抗干扰能力强，但操作步骤略多，较多应用在早期的自助设备中，具有一定的局限性，主要表现为条形码如果粘贴不正就会给读者扫描造成不便，条形码磨损后也会给读者扫描带来困难，并且每次操作只能扫一个条形码，即一册图书，效率不高。RFID 分为高频和超高频，主要有方块型和磁条型两种，虽然它们的造价较高，抗干扰能力不强，会受到周边金属磁场的影响，但使用起来非常方便，可以实现多册图书同时操作，效率较高二者虽各有利弊，但 RFID 技术具备较明显的高效和便捷的优势。随着技术的进步，相信 RFID 技术将不断克服自身的技术瓶颈，成为今后图书馆应用的趋势。无论是省市级公共图书馆还是普通图书馆，其藏书量均有几十万册至几百万册，每年图书借还的流通量也可达数十万册次。在借还图书时，有传统图书条码的图书需要管理员对读者的借书卡进行读取与核对，然后再一本本扫描，使管理员的工作相当烦琐。图书馆引进 RFID 技术后，读者只需自己把所要借还的图书放在机器上，根据提示即可一次性自助完成办理，不仅简化了操作流程，给读者提供了舒适、便利、人性化、高质量的服务，而且大大减轻了管理员的工作量，让其将更多的精力放在读者咨询和藏书管理方面，有效提升了图书馆的整体现代化水平和服务能力。因此，采用 RFID 技术的自助借还系统，打破了图书馆原有的服务模式，标志着传统图书馆向智能图书馆的转型。

（2）智能书架系统

智能书架系统是一套高性能在架图书实时管理系统，可利用高频 RFID 技术实现在架图书识别，具有监控、清点、查询定位、错架统计等功能，以及检测速度快、定位准确等特点，目前已大范围应用于图书、档案、文件管理等领域。智能书架系统是针对图书管理领域馆藏图书清点难、放错架图书查找难等问题研发的，其工作原理是在书架上安装 RFID 设备，利用该设备读取书架上每一本图书的 RFID 标签，不仅可以对馆内图书进行实时清点，还能够对馆内图书进行实时定位，既节省了读者查找图书的时间，又解放了馆员的生产力。具体使用流程是先在每个智能书架的侧面安装两个电子屏幕，这两个电子屏幕分别是供借书者使用的查询触摸屏和为还书者提供指路服务的感应屏。读者借书时，只要在触摸屏上输入书名、作者或关键词等图书信息，系统就会显示该图书的在架情况，并提供准确详细的 3D 路线导向图，帮助读者快速到达图书所在的书架；读者还书时，只要查看每本图书背面的标签信息，就可以知道该图书要放在第几排第几列，或者使用射频读写机器，当读者刷图书背面的电子标签时，该图书所属书架的侧面感应屏就会闪烁，从而帮助读者快速找到所还图书所属的位置。智能书架系统的使用，提升了读者自助借还图书的体验感，降低了图书错架率，减轻了管理员的工作量，但存在成本高的问题，所以目前仅在部分公共图书馆使用，使用范围较小。

（三）5G

1.5G 的概念

5G，又称第五代移动通信技术，是 1G、2G、3G、4G 之后的最新移动通信技术。5G 不仅能实现人与人之间的联系，还能实现人与物的连接，且几乎囊括了所有的人与物的连接。5G 具有数据传输快、延迟超低、可靠、网络容量超大、可用性更高等特点。5G 已经被应用到工业、自动驾驶、能源、教育、医疗、文旅、金融和智慧城市等领域。5G 也被应用于图书馆，国内不少图书馆已经开通了 5G 服务，中国国家图书馆等已经利用 5G，助力传统图书馆向智慧图书馆迈进。

2.5G 对图书馆智慧服务变革的影响

（1）智能核心技术的变革

5G 是 2G、3G、4G 的延伸，能够满足当下比较流行的无人驾驶和智慧制造等行业的需求，已经被广泛应用于这些行业中，并在产业融合方面具有较大的发展空间，对全球经济与技术发展起着重要的推动作用。5G 标准在第二阶段中要达到 20 Gbit/s 的速率，还要具备大容量多进多出系统和宽信道带宽，因此被国际电信联盟选为第五代移动通信技术。5G 的发展在一定程度上推动着智能互联网的快速发展，特别是对无线传感网络、知识网络及物联网的发展起着重要的促进作用。5G 推动着各个领域海量数据的涌现，也促使各种智能平台的快速研发与推广。在以 5G、移动边缘计算等为代表的多元信息技术的驱动下，人类在技术上实现了较大的突破，能对技术资源进行灵活配置，对神经网络进行深度学习，对各种智能设备进行远程监控。通过高清摄像头进行各种空间信息的动态采集与传输，促使智慧城市、无人驾驶等多个应用场景变成现实，将智能技术真正落地，造福人类。由于 5G 能够大幅度扩大信息传播范围，故其成为读者获取高质量信息不可或缺的渠道。泛在知识环境下交互式网络资源共享平台的建设离不开 5G

的支持，同时 5G 为智慧图书馆建设下硬件空间的再造、信息呈现方式的提升等提供了技术支持，也为给读者营造智慧生态场景及深度融合的情感感知提供了重要基础。

（2）给信息传输方式带来变革性的影响

5G 对图书馆信息传输方式带来了变革性的影响。由于 5G 在信息传输方面具有多天线和高频高速的特点，故其在云数据传输方面具有相当的优势，为虚实相融合的空间共享建设提供了良好的技术基础，从而拓宽了在信息传输时空场景方面的应用范围，实现了万物互联。5G 在支持组播技术等方面也具有很强的优越性，能够为智慧图书馆的发展带来创新突破，支持图书馆各种融媒体进行云端课堂教学及多媒体文化推广，为读者营造良好的网络冲浪体验。5G 为智慧图书馆中的各种读者活动、超高清会议直播、影视服务与艺术展览等提供了可能，也为当下流行的图书馆直播带来了机会。

3.5G 在智慧图书馆中的应用场景分析

（1）无感入馆和图书借阅服务

人脸识别已经被很多图书馆所应用。读者在进入图书馆时只需要站在人脸识别机器前，机器便可以获取读者的信息，检测读者的体温等，只有符合设定条件的读者方可入馆。采用 5G 实现的人与物的连接，快速高效，人脸识别一般在 1 秒左右就可以完成。读者无须携带身份证或读者证，刷脸即可入馆，非常方便。

读者入馆后，其信息通过 5G 连入图书馆网络，读者可以通过智慧数据大屏、智能书架、基于位置的语音导引或智能机器人等技术方便地获取图书，还可以在自助借还机上完成借还手续。与传统图书馆相比，5G 支持下的智慧图书馆让读者深刻地感受到高科技、高效率。

（2）读者基于位置的导引服务

图书馆借助定位技术、无线连接技术等准确了解读者的位置信息，再结合图书馆的物理框架位置系统，为读者提供精确的导引服务。读者通过自己的手机搜索相关图书后可查询到该书的物理位置，之后由图书馆将读者导引到该书的位置。同时，图书馆还可以根据读者所在的区域，向读者提供所在区域定制的语音、视频等多种服务介绍、资源推荐等温馨服务。这在应用 5G 之前是很难做到的，需要基于 5G 精确位置定位技术和超快信息沟通能力。

（3）超清晰的影视与直播服务

超高清是 5G 最为直观的应用场景之一。5G 具有更快更统一的数据速率、更低的延迟和每比特成本低的特点，因此其在沉浸式体验方面表现优异，如增强现实服务和虚拟现实服务。在智慧图书馆中，图书馆可向读者提供沉浸式服务，让读者感受新科技。

在 5G 的支撑下，图书馆还可以直播的方式与读者进行互动。由于 5G 具有缩减数据速率、功率和移动性无缝连接等特点，所以能实时与读者保持互动，且画面清晰。当前，我国的短视频得到了快速的发展，国内也有不少图书馆通过抖音等平台向读者提供短视频服务。在 5G 支持下，图书馆网络直播将成为常态。

第二章　智慧图书馆建设

第一节　智慧图书馆的建设原则与目标

任何事物从无到有、从有到无都是一个渐进的过程，智慧图书馆也不例外，不能把智慧图书馆的建设全部归功于某种技术的应用，更不能急功近利、急于求成。因此，在解析现阶段的智慧图书馆的基础上，智慧图书馆应该按照一定的原则和目标分步、分阶段地逐步实施。

一、智慧图书馆的建设原则

（一）以人为本，服务用户

现代信息技术的不断更新升级，使得人类现有的知识体量急剧扩展，再学习周期不断缩短。若要与高速发展的信息社会保持同一频率，每个人必须不断将已知信息及时转换为自身可以了解、可以使用的知识，并不断淘汰过时的信息与知识。相应地，智慧图书馆所要做的也应该是为帮助每一位用户拥有此种能力而努力。若将图书馆用户按信息素养高低来划分，一方面是简单了解或不了解现代信息技术，但有一定知识学习诉求的用户群，可以称之为学习者群体；另一方面是熟知现代信息技术理论，并能熟练运用于日常科研学习中，在某一或某些知识领域有特定的、专指的深度知识需求的用户，可以称之为研究者群体。

智慧图书馆在面对这两类用户时要确定的原则应该是——以人为本，服务用户，也就是说，让图书馆的使用价值跳出传统的存储、借阅等层面，让图书馆通过分析数据，发现潜在的问题，区分出共性和个性的需求。在共性需求方面，针对学习者，可以以熟练掌握图书馆提供的信息工具，完善其信息素养，培养其独立发现、解决问题的能力为基本目标；针对研究者，以在更少的使用时间内令用户获得更丰富、更准确的信息资源，提供更加有效、简洁的信息工具辅助其更好地完成研究对象为基本目标。在个性需求方面，可以基于定期采集的用户数据和统计资料，为不同类型的用户提供定制化、人性化的相关资源。此外，智慧图书馆要在综合两种需求的基础上，进一步制订出体系化的解决方案。

（二）降低门槛，强化功能

从互联网进入人们的生活以来，各种类型的用户根据自身实际情况对互联网提出越来越多的诉求，而以用户为导向的互联网商用技术越来越成熟，以微信、微博、抖音为代表的社交软件更是占据了大部分人在移动终端上的使用时间。这些社交软件为人们营造出了一个个区别于现实生活的社交场所，这种线上社交已经逐渐成为生活在信息时代的人们的一种独特的生活方式。以往需要通过语言交流、浏览实体文献来提升认知、拓宽视野的传统方式，已经逐渐被各种类型的社交软件所取代。

社交软件在互联网浪潮中占据一席之地，究其根本，一方面是社交软件提供了十分丰富且强大的功能。用户要的不是简单的功能叠加，而是能切实解决他们的需求的存在。社交软件在长期的应用中积累了海量的反馈数据，并以此归纳出数据背后的真实需求，根据用户在通信、社交、支付、娱乐等不同方面的要求，有针对性地开发出最贴合用户实际的功能。另一方面，社交软件对大众的使用门槛极低，绝大多数软件只需要一部手机和一条短信验证码就能使用，并没有想象中烦琐的操作流程。反观现阶段的图书馆，在用户的既有印象中，多数都没有突破储藏场所、阅览场所、自修场所的情景设定，在使用图书馆时，也是围绕这三种场所延伸出的需求而开展的。用户在有更高层次、更专指的资源需求时，往往因为不了解具体的使用流程或使用要求较高，转而去寻求诸如百度、Google 等社会检索工具的帮助，进而使得互联网数据库成为大众获取信息、知识的主要渠道。

在与互联网背景下众多新型信息媒介的竞争中，图书馆在很多方面确实处于不利地位，但图书馆在版权、资源权威性、历史性资源等方面拥有得天独厚的优势。因此，缩短用户与资源之间、用户与用户之间的距离，让图书馆成为低门槛的功能性场所，是让这种优势得到最大限度发挥的关键。

（三）突出试验，启迪创新

自现代意义的大学建立以来，不管是理论体系的总结还是实体成果的发明，都不可否认实验室为这些学术成果的诞生做出了突出的贡献。实验室在学术研究和培养创新精神方面都具有无可比拟的地位，然而面对基数庞大的民众群体，社会教育这一重任仅靠大学、研究院等教学科研机构发几篇文章、做几个项目是远远不够的。

图书馆作为除学校外另一个重要的教育主体，应该积极参与到社会教育事业中来，要努力向实验室体系看齐。因为图书馆不同于科研机构，其具有普惠性，没有对用户群体的年龄、所从事的工作等方面加以限制，可以无条件地向任何有需要的人提供馆内一切资源。图书馆空间应该是一个室内实验室，学生、研究人员、企业家都可以在此开发、测试和展示他们的智慧技术，分析收集到的数据并指引相关项目的开展。

这样的好处是，当服务正处于提升认知的年龄段的学生用户群体时，若图书馆能发挥和实验室一样的功效，让他们自主地发现问题、分析问题、解决问题，便能够使他们从小埋下独立思考的种子，在以后的实践中更好地让这种思维开花、发芽，最终在长期的学习生活中逐渐发育成创造思维。对非学生用户群体而言，通过形成和实验室一样的求知氛围，这类用户可以被这种气氛所吸引，通过引人入胜的学习过程，对存在的问题敢于质疑，这样才会对反复思考后获得的知识留下更深刻的印象，使形成的智慧更好地为自身所用。

（四）打造"智慧"共同体

智慧图书馆不是个孤立的个体，它是"智慧城市"理念下的产物，也是未来智慧格局的重要组成部分。所以智慧图书馆的建设应考虑到体系问题，不能只突出智慧图书馆个体的作用，而忽视了智慧图书馆在整个智慧体系布局中的定位。智慧图书馆是与用户相连接的资源媒介，图书馆一直以来在资源体量和权威性方面有着无可比拟的优势，所以智慧图书馆要切实发挥这种优势，要在智慧城市环境下尽可能多地为用户提供知识获取途径，有效引导民众高效率地获取、使用知识，以适应智慧时代下社会的快速变化，同时为用户打造学习、交流和创新的融合空间，培养其创新能力。此外，智慧图书馆也是智慧城市的又一重要教育场所，它能以全天候、无门槛的特征实现对学校教育的衔接和补充。所以智慧图书馆在建设时，除强化自身功能外，也要推动以图书馆、博物馆为主体的文化系统与以中小学、本专科高等院校为主体的教育系统的联合，有效借鉴智慧图书馆实践经验，共同形成智慧发散、交流创新、共享包容的"智慧共同体"，促使用户群体完成向"智慧公民"的转变。

二、智慧图书馆的建设目标

（一）总体建设标准化

标准是经济活动和社会发展的技术支撑，也是推动社会治理体系和治理能力现代化的基础性制度。近年来　国家层面不断出台关于标准化的规章制度，成立相关标准化组织等，这些都表明了智慧型社会发展的标准化趋势，未来包括智慧图书馆在内的众多智慧体也将衣托标准化方法成为智慧城市的映射机构。智慧图书馆建设的标准化可以在宏观层面上对智慧图书馆建设做出系统布局，做到有理可循、有据可依，科学、规范、有序地指导全国智慧图书馆建设工作的开展，构建有效的工作机制和模式，助推图书馆事业的转型升级，并不断总结经验、共同探索创新，使智慧图书馆形成服务管理有标可循、用户利益有标可保、创新驱动有标引领的良好格局。

（二）区域探索特色化

智慧图书馆不是流水线上生产的产品，作为知识传播媒介，其要依据不同的地域、不同的文化甚至不同的人群开发出体现本馆独特性的特色功能、特色资源，以此提高对用户群体的吸引力，形成对搜索引擎、社交软件的竞争优势，真正做到"因人制宜""因地制宜""因馆制宜"，为智慧图书馆塑造其独有的魅力，改变公众对图书馆"千篇一律"的固有印象。作为文化承载机构，智慧图书馆也将突出其保存文化遗产的职能，利用好、整合好辐射区域内的有价值资源，将对传统文献资源的保存保护拓展到神话故事、戏剧、曲艺、口述历史等方面，探索出智慧图书馆对不同类型文化遗产的独特保护方式，以此不断丰富馆藏资源结构，打造属于图书馆自身的品牌优势，形成以智慧图书馆为中心的，面向每一种富有特色的文化资源的挖掘、开发、保存、利用之间的良性循环，并不断探索智慧图书馆在未来多种文化资源体系中的新定位。

（三）用户服务赋能化

智慧时代背景下，唯一不变的就是每天不停地变化，而为应对这种高速的变化，服务赋能将成为智慧图书馆最理想的服务模式。图书馆从来都是人们进行交流和学习的空间，智慧图书馆也不例外。这种新的服务类型在用户层面表现为通过利用智慧图书馆内成熟的技术设备来提高信息资源使用效率并形成相应的反馈与思考，从而间接赋予用户搜索知识、定位知识、创造知识的能力；在图书馆层面表现为除了提供信息获取功能，也要为增加工作机会、提高创业能力、提升生活品质而做好服务准备。服务赋能化不仅可以使用户实现自我增值，也使得智慧图书馆因此而增加了价值。传统的图书馆增值体现在纸质信息资料的流通上，而未来的智慧图书馆则体现在知识交流上，通过用户与智慧图书馆的双向交流，将知识传承下去。这体现了智慧图书馆在跨入高技术领域的同时，也回归其本身的意义。

（四）管理控制精准化

智慧图书馆的逐步建成伴随着信息量的高速增长，为保障智慧图书馆各种活动的正常开展，需要对海量的信息做出精准的管控。这种管控是指智慧图书馆充分适应新环境、新形势，对管理过程做出有序化、结构化、精确化的转变。智慧图书馆的管理控制系统可以充分利用信息技术对实时产生的信息数据实施动态管控，使智慧图书馆能够深度挖掘出信息数据背后所蕴含的知识资源，也能更好地对突发情况做出反应和处理；对离散式信息数据做出准确观察和精确管理，帮助图书馆发现用户思维模式、行为模式，指导技术设备的研发与新技术方向；对于因管理不善而造成部分损毁的数据资源，可以利用已知数据对缺失的部分数据进行估计，最大限度地为智慧图书馆挽回由于数据缺失带来的损失。智慧图书馆通过精准的管理控制对内在的发展环境持续进行改善，使其业务流程、组织框架等在可靠运行的同时，具有一定的灵活性，使智慧图书馆的战略规划能有效地贯彻到每个细节，切实提高其整体运作能力。

第二节　智慧图书馆技术模型的构建

一、智慧图书馆技术层次模型构建

（一）智慧感知层功能

随着高新技术应用机制的大面积普及，加上图书馆数据的采集、组织、分析能力的增强，所以图书馆大数据所呈现的容量大、时效性强、多样化等特点已经不再是图书馆数据决策分析的三要障碍。而图书馆本身所特有的价值密度高、动态变化快等数据优势已经逐渐成为构建智慧图书馆服务和完善用户服务质量的重要参考依据。智慧感知层使图书馆具有"感官"功能，使之能够及时进行物体和信息双重感知。智慧感知层中的感知数据是数据资源层的根本来源，同时也为智慧应用层提供服务决策。具有计算功能、便携式佩戴、可网络连接的可穿戴设备在图书馆的应用可以采集用户的健康指标、行为偏好、心理生理特征等数据，实现了对用户相关数据不间断的感知功能。由于物联网技术的深入扩宽，图书馆可通过各种传感器（温度、湿度、光敏）等感应设备收集图书馆环境数据，实现对图书馆环境的监测，达到智慧楼宇、水流控制、光线控制、温度调节、及时通风等功能，并通过互联网将硬件设备、用户、阅读终端等连接为统一的整体，以及视频监控设备、网络监控设备的加入对图书馆内部实体资源的定位、管理和监控起到了重要的安保作用。

由于图书馆拥有大量的馆藏资源，RFID 技术的广泛应用改变了图书馆员按照图书分类号手动管理图书的局势。图书馆员只需使用 RFID 相关设备将图书信息导入 RFID 智能标签进行存储，便于馆员高效管理和易于用户在图书管理数据库中查找，可以掌握图书馆书籍排架、用户的借还数据、阅读偏好等信息，为图书馆进行图书馆高效管理和用户个性化等服务提供了价值依据。总之，智慧感知层主要完成对馆内环境、用户行为、情景感知、用户阅读收益反馈、设备管理等数据的全面感知、识别、获取与组织，并将数据进行预先处理，是智慧图书馆功能平台中数据处理的最基本的支撑技术环境，是从海量、嘈杂数据中挖掘有用信息的基础设施层。

（二）网络传输层功能

网络传输层是整个智慧图书馆体系结构中的传输单元，用于实现物联、数据传输和控制功能。物联主要体现图书馆中人、物、设备、图书馆建筑等的协同互联，让图书馆各个要素形成统一的整体，不可分割。再由无线网络技术中的 Bluetooth、Wi-Fi、Zig Bee 等进行智能定位，以及管理用户与图书馆纸质、数字资源之间的实时对接，网络监管用户行为数据、馆内数据、用户阅读与服务收益数据、设备管理数据等的实时传输。数据传输则根据不同感知设备和系统之间的异样信息需求，通过无线网络、三网融合、计算机通信网络完成数据的准确上传，以安全性、可靠性、高效性、快捷性的形式保证用户数据透明准确流动，避免数据失真，并为数据资源层进行数据处理提供了安全的网络环境。随着互联网等技术的日臻成熟，借助网络连接用户可通过人体声音、动作等在计算机屏幕前进行资料查询、服务预约、数字资料阅读、在线讲座观看等形式打造人机交互的服务形态充实了网络环境。智慧图书馆的网络全覆盖，也为图书馆信息推送、多媒体服务的介入、实现图书馆馆藏资源的排架和自动管理、环境的有效监控、用户智能导航等特色服务埋下了伏笔。

（三）数据资源层功能

数据资源层主要由用户数据和相关的处理技术两部分构成，根据智慧感知层采集的数据类型，可分为以下五种数据。

第一，馆内数据包括图书馆馆藏数据资源、数据库系统状态、新进图书数量、用户流动量等数据。

第二，用户行为数据，主要包括稳定和动态数据，稳定数据包括性别、年龄、专业、教育程度专业等；动态数据主要包括用户借阅频次，以及浏览、收藏、检索过程中产生的图片、文本资源、视频、音频等数据集合。

第三，情景感知数据，包括馆内温度、湿度、通风强度、灯光强弱、用户距离、位置状态等等。智慧图书馆服务的系统性构建与相关技术的支持紧密相连。

第四，用户阅读收益反馈数据，主要包括书评、打分、评价、推荐等阅读行为。

第五，设备管理数据，主要包括：设备运行状态、参数设置、设备报警数据等等；由于图书馆数据中生成的数据类型多样，涉及文本信息、图片、音频、视频、情境信息等复杂变化的数据态势，所以先进技术的运用对图书馆数据的存储与处理具有修正作用。

（四）智慧应用层功能

1.用户个性化推荐服务

智慧图书馆个性化推荐服务是依据用户的兴趣存储单元和用户信息行为，按照"用户——资源"的推荐形式进行精准化的服务模式，对用户的信息行为进行深度挖掘、增加服务的敏感度，推荐用户感兴趣的知识群体。"用户——资源"的映射结构源于数据仓储中的用户信息（兴趣爱好、检索内容、评价、点评、借阅数据、检索下载、账号活跃度、关注等信息输入行为）以及馆藏信息，根据读者具体情况运用对应的信息推荐算法用来满足用户的信息需求，并输出精准的服务预测，包括用户兴趣预测、对象推荐索等等。应当以用户群需求为基础，从庞大资源中提取用户特征进而真正满足用户需求的那部分内容。其中用户兴趣预测主要根据用户专业背景、搜索内容推荐与用户检索行为相匹配的用户信息；对象推荐主要体现在资源推荐、图书馆书籍推荐等等，通过获取用户的借阅日期、用户统计、用户分析、用户类别，为用户提供专业相关文本资料、排名靠前和欢迎度最高的图书，完成准确的荐阅服务。

2. 多媒体服务

近年来，许多大学图书馆突出了多媒体服务，但是国内的多媒体服务还处于发展和探索阶段，与国外的伯克利大学的多媒体资源服务中心提供的个人资源存储空间服务和密歇根州立大学的多媒体数字资源中心设立的软硬件多媒体应用服务相比存在一定的差距。在智慧图书馆环境下为用户打造多媒体服务中心，丰富的资源配置、智慧人员的设置、舒适悦目的温暖环境以及文本、数字、视频等充足的资源为多媒体服务提供了硬件保障和材料来源。用户在多媒体氛围中可录制图书馆微视频、心得分享、音视频剪辑与制作并上传网络平台，量身定制合适的自媒体。此外，多媒体服务还可以为用户提供深层次的教育和培训平台，以用户知识需求为基础，变化更新教学场景，进一步为用户提供教学和实验环境，使得用户主动学习和创新探索。

3. 智慧空间服务

"空间即服务"的理念映射了高强感知和强效记忆的空间循环体系。空间类别主要涵盖：资源存储、教学规划、研究交流、能力提升、空间感知五个方面，分别对应知识存档、知识吸收、知识组织、知识创新和环境感知五个职能。资源存储所体现的知识存档，主要是指对纸质和数字资源的有效存储，让用户不受到时间和空间限制，畅游图书馆服务海洋之中。教学规划对应着知识吸收，为教学服务创新提供新型教授知识空间，为大幅度翻转教学氛围，提升学生吸取信息积极性、提高学生素养、学习心得共享制造了实体空间。研究交流是知识组织的有效手段，借助线上线下的互动交流、组织多学科、跨学科的研讨团队、学术成果展示等开辟了智慧服务特色空间。能力提升是知识创新的升华，新技术展览、改造创客空间、新实践成果展示等与用户不断更新的知识需求交相呼应，不断完善用户的知识能力和文化需求。环境感知是从物理的层面加强智慧图书馆的感知环境，智慧图书馆可借助智能传感器实时更新馆设温度、湿度，适当调节空间亮度，不断改善用户在智慧图书馆的学习环境，提升用户的健康指标。

4. 可视化服务

互联网时代的来临，用户往往更加习惯于借助网络查找自身需要的信息，也更加偏爱于百度、图书馆检索平台等渠道检索信息，但是它们呈现的信息结果各异，其至关联性不高的信息也颇多，因此健全图书馆可视化服务已经是大数据时代不可缺少的服务方向。例如南京工业大学为了解决用户之间项目申报流程不畅通、信息推荐服务与科研人员信息素养不协调问题，开展了以可视化的形式展现学科信息服务，大大改善了检索效果。所以可视化技术的深度运用可以在有限的检索空间内以图表、图片、三维图形等形式以可视化的形式将文本信息、数字资源、专业资源展现给用户，并且各检索信息条目之间的关联图谱，以及作者之间合作、参考文献、所属分类都以生动可视化的效果清楚地呈现在用户面前。

二、构建智慧图书馆技术模型的建议

（一）以多向度的视角关注用户隐私保护

1. 从技术维度加强用户隐私保护

为了免于用户信息的非法侵入，智慧图书馆可在感知层和网络传输层引进EPAL语言和PP标准协议来加强用户对自身隐私信息的保护，用户可自主设置信息检索的类型、目的等等，回避对用户信息的多维感知而对用户自身隐私保护造成的模糊性等问题。在数据资源层方面，数据挖掘、信息推送、语义分析等技术主要处理、组织、清除用户相关信息，为了达到预期的服务效果，就必然会对用户信息进行追溯，这为提前暴露用户信息行为踪迹制造了漏洞，所以用户匿名化技术的实施将用户隐匿在隐性的区间之中，让用户信息定位无方向感，加上健全的信息加密机制实现了用户信息明文的处理和保护的双重效果，为了保障用户服务的准确请求，可在智慧服务层设置身份认证、访问控制的动态静态密码机制，来确保用户服务身份的唯一性。

2. 多种方式探索用户隐私保护

用户隐私安全保护是社会极力关注的热门话题，仅仅从技术和隐私政策制定等层面难以确保隐私信息的隐秘性，所以多角度的协商管理机制对于用户隐私保护至关重要。图书馆数据管理数据库应该设置安全杀毒系统、智能 bug 修复软件、云存储数据备份平台、按照安全程度对用户数据逐层加密的方式来预防由于系统漏洞或者数据损坏、自然灾害、人为损害造成的不可恢复后果。除此之外，设置软件监控信息流、用户隐私保护技术人员设定、多学科融入机制，以全面性和多赢性的理念以保障数据处理的有效性和高安全性。

（二）以整体的理念加强各层次的融合

1. 数据感应接口的规范化

数据感知节点的规范化是图书馆内部环境、智慧馆员、设备设施系统运行的首要阶段，但是考虑到感知层各个节点之间规范标准不同、数据采集的低融合性以及各大图书馆管理系统获取数据的分散性，因此整合不同系统间的数据，成为信息分析的关键。为了保证数据处理的整体性和集中性，可将"用户智能一卡通"作为数据接口标准化的凭借，将图书馆用户管理平台、社交软件、搜索窗口与RFID 门禁智能系统进行动向兼容；由可穿戴设备、传感器、图书馆管理门户网站、搜索引擎统一设备管理数据、馆内数据、用户交互数据、用户动态行为特征等，情景感知数据、用户阅读收益反馈数据可依照位置感应技术、专家推荐平台、用户信息反馈技术等反映图书馆与用户情境交互数据、反馈评价数据，以"精准"的服务理念实现图书馆各项数据的定位化、整合化、统一化、管理化，提升数据的高效配置度，为服务效益最优化带来福祉。

2. 统一技术标准

智慧图书馆是依托智能技术搭建起来的综合性图书馆，但是技术标准的欠缺成为其应用推广的主要瓶颈。例如：RFID 技术标准各式各样，不同 RFID 技术的组装标准成为各图书馆联盟共享合作的阻碍。所以智慧图书馆技术之间的良好兼容性标志着服务传递渠道的成熟化，图书馆应该与合作技术企业建立相关的技术元数据标准，可以借鉴相关成熟化技术产业的体系结构和主流技术的制定参数来保持智慧图书馆构建层次的一致性。

3. 软硬件规范化

在推进智慧图书馆发展的过程中，新软件和硬件设备的引进不可缺少，通过对应的接口通道加强各层次之间管理系统的交流。但是由于各大层次之间的相关系统之间存在相应的差异，因此更加需要专业管理人员与技术工程师合作开发适应图书馆发展的软硬件设施。在软件方面，现存的图书馆管理系统应该秉承智慧的理念借助现代化技术手段做精确的查缺补漏，让当前的图书馆软件系统能够跟上智慧图书馆发展的步伐，达到系统兼容化。在硬件领域，由于图书馆旧硬件与智慧图书馆期望设备相比，后者硬件配置比较高端，所以提升传统硬件设施的技术水平，加深标准接口统一化、运行参数合格化，以防止由于标准不同而造成的资源浪费、信息传输障碍等问题。

（三）以开阔的视野加强馆员职能转化

1. 努力改善自身素养的短板

当今信息大爆炸时代我们缺少的不是知识，而是为用户提取知识的智慧，馆员努力提升自身素养也是智慧馆员的素质表达。智慧馆员的素养包括：综合信息精准检索、高效沟通、数据分析、良好心理素质等基本素养，智慧馆员的目标都要朝着"提供用户精准需求的专业馆员"入手，不断提高自身的专业素养和主动出击的服务意识。处理好与各行各业用户之间的关系，努力解决用户遇到的各种复杂问题，树立爱岗敬业操守，不断更新自身接受新事物和新理念的服务观。

2. 学科综合分析能力的提升

面对浩瀚的知识单元，图书馆员只有不断更新自身的知识体系，探索新思路和新的服务方式，才能提供更加深入的智慧服务。图书馆员应该具备学科多样化的发散思维，对信息有超前的洞察力，精确的信息定位和资料甄别技能。理解和掌握信息分析和用户需求预测的理论和方法，帮助科研工作者了解最新学科发展的最新发展动向和热门话题。快速智慧的综合利用多种学科、新知识的发布，智慧迎接用户苛刻的服务需求。

3. 提升智能技术和智能化设备的熟练度

智慧馆员除了具备相关素养和学科综合能力之外，在智慧图书馆管理运行过程中掌握现代智能技术和设备也是提升智慧服务的实质。馆员应该利用信息推送技术精准推荐用户信息，熟练掌握 RFID 技术设备加强用户身份的识别和借还书的数量的统计。还有智慧图书馆中所引进的云计算、感知识别技术、可视化技术、智能化设备应熟练掌握，树立终身学习的目标，通过知识技能的更新才能驾驭日新月异的信息社会，充分扩充智慧图书馆为用户服务的职能宗旨。

第三节 智慧图书馆生态及场景的构建

一、智慧图书馆生态及场景内涵要素

（一）智慧图书馆生态内涵要素

生态学是研究大自然中的生物个体或群体与其生存环境关系的科学，而生态系统指在自然界一定的空间内，生物与环境构成的统一整体，在这个统一整体中，生物与环境之间相互影响、相互制约，并在一定时期内处于相对稳定的动态平衡状态。智慧图书馆生态就是智慧图书馆与生态学紧密结合而形成的一个人工的生态系统。

智慧图书馆生态是包含人、资源和环境三大要素的具有自动感知、智慧化调节和个性化服务的人工生态系统。

在人的要素中，主要是包括馆员和用户两大群体。智慧图书馆的馆员区别于传统图书馆馆员的是对综合素质要求更高，同时要有以用户需求为主的服务思维。用户作为接受服务的对象，是要提升用户体验，在基于用户信息感知的基础之上进行数据挖掘以提供个性化的智慧服务。

资源要素是指丰富资源的表现形式和服务形式，以更便捷、更易接受的形式展现给用户，当然这里的资源不仅仅是图书馆本身的书籍资源，还包括针对各种需求进行服务的情报资源以及智慧图书馆自身发展所需的财务等资源。

环境包括图书馆的实体环境和虚拟环境，实体环境是指图书馆的建筑布局、空间等等；虚拟环境是指对虚拟资源的展示所联系的情景及空间，这当然也包括利用虚拟现实技术实现的虚拟场景。

（二）智慧图书馆场景内涵要素

场景就是时空和心智，就是做某些事情需要特定的场合和环境，将此事与此情此景联系起来，建立强关系。智慧图书馆的场景建设就是以实体空间和虚拟技术作为基础，构建出的能够丰富用户体验、增强知识接受程度的匹配环境。

智慧图书馆的场景既包括实体场景中图书馆的物理建筑空间的大小、电子设备、声光电温度湿度等物理环境以及人力资源等，也包括虚拟场景中的社交网络、网站、阅读氛围、虚拟现实、文化交流氛围等等。智慧图书馆场景的建设目的是能够进行智慧化的沉浸式服务，所以服务是根本目的。

二、基于超级 IP 的智慧图书馆生态构建

（一）人格维度的智慧图书馆人员要素构建

1. 用户层面

用户是掌握消费主权的，在商业领域企业一直奉行"顾客就是上帝"的营销理念，在图书馆的传统思维中，资源才是主体，一直片面追求资源的量和存储形式，但是在互联网大数据时代，用户的自主意识越来越强，越来越有参与感。因此，现在图书馆尤其是智慧图书馆的发展要更好注重"以人为本"的理念，了解用户的信息需求和行为习惯，以更好地满足用户日益增长的现实需求。

2. 馆员层面

智慧图书馆的建设紧跟时代要求，馆员作为智慧图书馆的管理者也要在思想和技能上与时俱进，不断转变思维，提升自身综合素质。现阶段，智慧图书馆信息化和自动化程度越来越高，各种先进设备和技术不断引进，这就需要馆员熟练驾驭这些设备和技术，不断更新自己的知识结构，提高业务能力。还有馆员要从思想上树立起不断学习，与时俱进的观念，增强服务意识，保证自身符合智慧图书馆的需求。

（二）内容维度的智慧图书馆资源要素构建

1. 可连接性

首先，智慧图书馆需要针对不同的人群进行个性化服务，在首页界面上要有针对不同用户群体的服务板块，例如作者板块、儿童乐园板块、名家讲座板块等。其次，进行资源的多渠道展现及宣传，例如智慧图书馆官方在抖音等短视频媒体上进行个性的图书推荐、科学常识普及等，甚至可以邀请作者进行书籍宣传，提升图书资源和图书馆的知名度

2.可转化性

智慧图书馆首先需要把用户检索率高和常见信息资源的形式丰富起来,可以进行本土特色化和跨界合作运营;其次可以通过连接外部数据库将原本单一的文字内容与视频、音频等多媒体相关联,例如四大名著文字版与其相关视频链接、人物介绍与百度等外接搜索引擎相连等,这样的信息资源会层次感更丰富、表现力更强,也就更容易吸引用户;最后,通过当前热门虚拟现实技术来实现资源的立体虚拟展示,增加用户的全方位体验,以此来提高智慧图书馆的吸引力和影响力。

(三)流量维度的智慧图书馆服务要素构建

流量维度的服务要素构建一方面表现在提高智慧图书馆的影响力上,首先,智慧图书馆建立自己的微信、微博等自媒体平台,定期更新专题活动、新书推荐、知识问答、人生感悟等内容,在官方论坛中用户可以进行留言交流等互动,以达到共鸣和自主分享的目的,从而增强了用户的参与感;其次,对于场馆硬件资源的利用上,可以举办各种艺术展览,营造一种特有的艺术氛围和场景,在前一部分讲到的用户基本属性分析中可以根据用户差异性举办相应的针对性活动,例如针对老男人的养生讲座,针对孕妇的育儿讲座等,吸引具有特殊需求的用户。流量的另一个维度也可以解释为商业化运营,在我国无论是建设实体图书馆还是智慧图书馆,都是为了传播知识、提高国民素质和文化水平,满足用户的知识需求,所以图书馆一般是国家财政支持的公益机构。但是在实际的发展过程中,智慧图书馆的建设也常常因资金不足不能够顺利发展,因此,智慧图书馆还可以进行商业运营以满足自身的良好建设发展,兼具公益与商业化的属性。

三、智慧图书馆场景构建

(一)智慧图书馆场景

1.实体场景

在传统理念中,图书馆是提供传统纸质资源和电子资源的场所,设计布局没有太大的讲究,核心还是以资源为主,但近代图书馆的建设开始把人的因素考虑进去,相继设立了一些表现用户体验的建筑布局,比如读者自修室、青少年儿童专区、名家画展展览区等等。在硬件上也应用了 RFID 标签、自助导航等设备,逐步实现资源的数字化和设备的现代化，但问题是对于用户的重视程度不够，有的图书馆没有根据实际情况满足当地用户的实际需求。其次是设备连通性不足，没有发挥出设备"1+1>2"的功能，也就是物联网建设欠缺，先进设备的应用与智慧图书馆的要求还有差距。

2. 虚拟场景

首先，随着移动互联网的兴起，用户希望在获取资源的时候可以不受时间地点的限制，能够利用一些碎片化的时间来进行资源的便捷获取，甚至是智慧图书馆的推送即用户所需。但是目前图书馆网站的服务还是以资源检索、分类导航入口为主，这就不符合移动互联网思维下的碎片化阅读习惯，所以在移动阅读这个虚拟场景上，智慧图书馆要做的就是构建一些能够使用户进行碎片化阅读的平台，比如微信、微博的官方平台，每天在推送一些用户喜闻乐见的信息之外，还能够根据大数据和人工智能进行个性化信息推送，同时在这些移动终端提供一定的检索和阅读功能，保证用户能够"一端多用"，提升便捷程度。其次，虚拟现实技术应用不足，虚拟现实技术可以制造很多的场景，比如现在虚拟会议、虚拟展览、虚拟讨论会、虚拟培训等等，在虚拟场景建设中，虚拟现实是重要一环，从资源表现角度来讲，虚拟现实能够实现虚拟藏书空间，资源表现方式新颖、逼真，用户体验的感觉比较强烈，同时在问卷中用户也表达出特定的场景能够有助于他们对知识资源的接收；从智慧图书馆自身来说，场景建设有利于增强智慧化程度，吸引更多的读者。

（二）基于场景的智慧图书馆场景建设核心因素分析

1. 传感器

第一，智慧图书馆利用传感器能够在无形当中获取用户的基本属性和行为信息，避免了询问登记等烦琐的过程并且能够保证精确度。传感器的应用是相对于智慧图书馆主体而言的，前面讲到的可穿戴设备是相对于用户而言的，所以传感器之间的信息互通就显得尤为重要。

第二，传感器在智慧图书馆中的应用可以实现图书馆管理的智慧化，目前应用比较多的智能节能减排系统就是集成了环境检测系统、智能灯控系统、智能温控系统、空气循环系统、远程自动抄表系统等为一体的综合系统。环境监测系统可以通过光感和红外传感器来检测图书馆内部温度、湿度、空气质量等信息，如果现实的指标超过了限定数值，就会自动地做出相应的措施并通知管理员。智能灯控系统能够检测到用户是否使用灯光，落座亮灯，离开灭灯，以此达到节能的效果。智能温控系统通过在空调上安装智能温控设备来检测馆内的温度湿度等信息，按照设定好的数值进行温湿度的自动调节，并将现阶段的数据发送给管理员，使馆内保持舒适的环境。空气循环系统的使用可以保证馆内的空气流通，除去馆内书籍等散发出来对人体有害的气体，同时保证馆内合适的湿度，有利于书籍的保存。远程自动抄表系统是对馆内水电等可量化资源进行监控和记录存储地系统，该系统可以实现定时或者实施的信息记录，便于管理员进行资源消耗对比，及时做出节能调整。

2. 社交网络

社交网络是指企业通过各种社会化的渠道方式（网络、媒体平台等）与用户建立起来一种新的沟通交流的关系，这就颠覆了传统的"需求——供给"的营销模式，在智慧图书馆中应用社会化思维，能够改变以往用户被动接受信息的状态，改变了图书馆的服务模式，使用户主动地参与到智慧图书馆的服务和建设中，提高用户对智慧图书馆的认可度，也有利于智慧图书馆整合现有的资源以提高资源利用率。

在碎片化阅读和场景时代，尽管讲座、宣传、展览仍然是图书馆进行营销的主要手段，但是随着时代的发展和用户需求的变化，越来越多的人意识到传统的营销模式已经越来越不能适应现在的时代，于是，很多的图书馆开始借助微信、微博等社交网络和新媒体平台，原因首先是社交网络平台用户基数大，在社交网络中几乎包含了所有属性的用户群体。其次，在社交网络中，用户因为爱好、兴趣、生活方式等聚集在一起，这就有了他们共同的关注点，这也就是智慧图书馆进行营销的突破点，在这样的群体中智慧图书馆不断地推出符合他们共性的新产品和服务，在社交网络的影响下，会有更多的人加入到这个群体，逐渐地形成一种良好的用户惯性。

那么如何运用社交网络的优势来促进智慧图书馆的发展，首先，这就需要图书馆首先在微信、微博和论坛当中建立自己的网络论坛专区，甚至在官网是直接链接到这样的网络社区，图书馆在社区中可以利用目前的一些新书、名家讲座、展览等活动创造话题和场景，刺激用户在网络社区中进行讨论交流，促进用户与图书馆、用户与用户之间的交流，逐渐地形成社群效应。其次，智慧图书馆可以安排专人进行社群维护，用户在网络社区中提出的对智慧图书馆建设的建议和反馈要及时的落实，更要展现在社群网络中，让用户有参与感，调动他们建言献策的积极性，调动社群的活跃性。

最后，在这样的社交网络中，用户的积极性提高，他们更愿意说出有利于他们需求，这些需求就是图书馆未来建设的重点。在社交网络中会产生大量的数据，包括用户直接表达的需求和喜好，这些海量的数据就可以成为丰富的大数据挖掘基础，在社交媒体的场景化条件下，用户在线交谈可以直接表达诉求，明确自己的爱好和期望目标，在数据挖掘之后，这些信息就会成为个性化服务的重要源泉。

（三）基于场景理论的智慧图书馆场景模型构建

1. 实体空间场景构建

（1）多媒体资源学习空间

新媒体时代，传统图书馆都在进行信息数字化改造，这不仅仅是在硬件设备上的更新，同时也是在资源上的一种数字化变革，传统的纸质资源正在向表现形式更为丰富直观的多媒体格式转变。因此，智慧图书馆要建设成为一个展示多媒体资源的学习空间，要配备展现多媒体资源的视听设备，使用户以一种更为轻松、娱乐、多样的形式来学习知识。

（2）知识交流空间

智慧图书馆归根结底是进行知识服务的场所，无论是纸质资源还是数字化的多媒体资源，都只是知识的不同表现形式。你有一个苹果，我有一个苹果，交换一下还是两个苹果，但是你有一种思想，我有一种思想，在交流碰撞之后就可能形成多种思想，所以，智慧图书馆不应该仅仅是提供知识的场所，更是提供知识交流甚至产生新知识的场所。例如：在图书馆中设置"学术交流报告厅""辩论交流室"等等，以满足用户进行知识交流的需求。

（3）科技创新实验空间

近年来，国家大力倡导"大众创业，万众创新"的精神，创新能力是一个人宝贵的财富。长期以来，图书馆仅仅是作为一种被动提供知识服务的平台，但是并没有成为一个激发创新能力的摇篮。所以，现代智慧图书馆的建设应该去承担这个功能，比如大学校园里设立的"创客空间"，这种场所就为大学生培育和展现创新能力提供了一个平台，图书馆也可以设立一个"创新成果展示空间"，用户可以去参加创新竞赛活动，进行学术研讨、展示自己或大或小的发明创造等。另外，在智慧图书馆中要设立先进科技和设备的"高科技体验空间"，比如展示最新的 3D 打印、全息投影、虚拟现实技术等，让用户亲身体验，培育用户，尤其是青少年用户创新的意识。

2. 虚拟空间场景构建

（1）虚拟阅览空间

虚拟阅览空间是对资源以一种动态或者三维全息的视景展示给用户，让用户产生一种沉浸式的感觉，实现对传统信息资源的虚拟化呈现，这一点有望以后通过可穿戴设备实现远程服务。在虚拟阅览空间中，用户可以根据自己的需求进行不用的场景选择，也就是说能让用户按照自己的逻辑在资源中进行"穿梭"，能够有效地避免传统资源过于抽象的弊端。

（2）虚拟馆藏空间

未来有望通过智能的可穿戴设备实现异地进入虚拟图书馆，虚拟馆藏空间就是将实体图书馆中的场景以虚拟现实技术实现全方位的展示，用户可以在其中按照自己的意愿进行书籍选择和阅读，可以像在图书馆中一样进行浏览路线选择，甚至读者可以模拟自己取书、还书上架的操作。另外，利用虚拟馆藏空间，可以实现针对珍贵文物及作品的远程浏览，这样既能保证用户能够近距离的感受远在天边的珍贵文物，又能够保证实物不会遭到难以预料的破坏。

（3）远程虚拟服务

远程虚拟服务主要是针对在官网进行资源检索的用户，首先，智慧图书馆的官网本质上就是一种用户通过互联网访问虚拟资源的虚拟服务，但这里讲到的虚拟服务是指官网服务能够包含一些虚拟空间的功能。例如用户通过在家中的可穿戴设备能够实现远程的以上三种服务，增加便捷性和可接受性。其次，远程虚拟服务还包括应用智能机器人来解决用户的个性化问题，智能机器人可以实现资源导航和问题解答，这样也就减少了人工服务的成本，增加智慧化和趣味化。

第四节　智慧图书馆微服务体系的建设

一、智慧图书馆微服务体系建设的框架

（一）智慧图书馆微服务体系建设的原则

1. 用户至上原则

智慧图书馆微服务体系建设最终成果享受者是用户，用户是图书馆服务智慧化的享用者和推动者。图书馆的服务一直以来秉承"读者第一"的理念，而在科技化发展的如今，智慧图书馆对此理念理解会更加透彻。引进良好的服务设备，增加与其他图书馆的资源合作，为每一位读者提供较全面的资源查询服务。积极融合科技设备，设置反馈机制，认真听取读者的体验建议，用户的体验及相关的服务需求是智慧图书馆微服务创新的关键。智慧图书馆微服务的服务对象是每位读者用户，围绕用户需求建设的微服务体系才是智慧图书馆拓展的基础。

2. 资源整合原则

智慧图书馆微服务体系建设本文从资源建设，服务建设、技术建设以及用户感知建设这四个视角来探讨，其中资源建设与服务建设需要微服务平台整合信息资源，发挥信息资源的最大效用，同时也是在降低知识服务的成本提高知识服务的绩效。图书馆的馆藏资源是图书馆开展各项活动的基础，配合信息技术的使用整合馆藏资源，大大提高图书馆馆藏资源的利用率。科技的发展信息的涌入，微服务的服务方式必将多样化，整合技术资源，优化微服务技术平台，为智慧图书馆微服务体系建设搭好技术平台。

3. 服务项目的可行性与易用性原则

在构建微服务体系时，会涉及到各个服务项目的资源整合与技术创新运用，在服务创新同时要考虑服务项目的可行性与易用性，保证开发出的新程序能解决目前图书馆服务所面临的问题，并且能够满足用户所需，切合实际；服务运行过

程中服务模块清晰，操作简单易行。

4. 开放包容性原则

近几年智慧图书馆微服务在国内萌出发展势头，但是并未成熟，智慧图书馆微服务体系在构建的过程中必定涉及到各种问题，这就需要图书情报工作者与图书馆管理者保持开放的心态允许微服务体系构建的过程中出现的失误，同时包容微服务发展过程中出现的新技术新事物，开放包容心态下的智慧图书馆微服务体系建设才会更加完善。

5. 循序渐进性原则

任何事物的发展都不是一蹴而就的，在推进智慧图书馆微服务体系建设的过程中循序渐进，由简到难依次推进，尽可能全方位地概括微服务体系建设所涉及的因素，从而搭建尽可能完整的服务体系框架。

（二）智慧图书馆微服务体系建设的关键要素分析

1. 服务主体要素

（1）图书馆管理者

图书馆管理员需要运用自身的专业技能和敏锐的洞察力发现信息技术的新体验。作为智慧图书馆发展的全局掌控者，管理者需要突破现有状态，改善图书馆服务体系，推进图书馆服务个性化发展。因此管理者结合现今信息技术的发展，关注目前图情领域的相关动态，掌握量化图书馆问题的方法，分析数据，创新科技。管理者往往是推动智慧图书馆微服务体系建设的中心力量。

（2）后台技术人员

如果说管理者是从宏观层面掌控图书馆微服务体系建设，那么后台的技术人员则是涉及到服务体系建设的微观层面。微服务平台是一种信息资源与科技结合的服务模式，后台的日常运行与程序的开发需要技术人员来维持，信息技术人员通过信息资源和技术资源的整合开发与维护微服务平台，简洁便利的微服务平台更能博得用户的青睐。

（3）用户

用户既是服务的享受者也是知识共享、服务开发的主体，用户的宝贵建议在智慧图书馆发展中起着关键的作用。另外用户也是信息的接收者，传播者，生产者，还是服务体系建设的参与者，影响者。随着智慧图书馆的发展，智慧图书馆的用户逐渐扩大，对服务体系建设的影响效果也会越来越大，所以用户的参与对智慧图书馆微服务体系的建设有着巨大作用。

2. 服务本体要素

（1）馆藏资源

图书馆最初的目的是为读者用户提供资源信息，随着信息科技的发展，图书馆的功能在逐渐扩大，但始终是人类文明的传播基地。馆藏资源是图书馆提供服务的本体要素，是用户索取文献资源的本源，因此馆藏资源的丰富度影响着图书馆规模的大小，用户的满意状况。馆藏特色资源也能够引起微服务平台的格局调整。优化馆藏资源，增强图书馆的吸引力，同时提高馆藏资源的可靠性和准确性以及特色资源发展，这就要求图书馆严格把控好信息资源的来源渠道，认真评估考证第一手资料，以保证馆藏资源的权威性。

（2）图书馆线上环境

开放有序的微服务平台有利于塑造良好的人文环境。线下的图书馆馆藏资源是用户接触图书馆服务的物理场所，也是供应线上图书馆数字化服务的基础，而线上图书馆环境的优化能够提高用户使用微服务平台的频率，帮助解决问题用户借阅、下载文献资源等。良好有序的图书馆线上环境包括简洁利落的微服务平台外观格局，功能分明的信息专题，简单便捷的操作方式等都会增加智慧图书馆微服务的吸引力。同时微服务平台积极听取用户的反馈建议，营造开放、互动的图书馆线上环境，为构建智慧图书馆微服务体系添砖加瓦。

3. 服务技术要素

这里所说的服务技术要素主要是指信息技术的运用。微服务体系的建立与微服务平台的运营息息相关，和信息技术结合的微服务平台能够时刻发挥智慧图书馆的最大效用。信息技术是在互联网、大数据、云计算、云存储等大背景下，以PC客户端、APP客户端、iPad等为载体，开发可以跨平台连接，图片文字缩放自如，智能语音搜索等多功能的微服务平台，例如在图书馆微信公众号上开发益智小游戏、跨知识库资源搜索等创意程序等。

4. 服务受体要素

图书馆微服务的服务受体即是读者用户。在市场经济中，"用户至上"是市场经济规律下的一个服务理念，在知识付费经济下的图书馆同样秉"以用户为中心"的宗旨。用户是图书馆服务的体验者，信息时代下的图书馆服务开始向智能化、自助化、个性化的方向发展，图书馆推出的智慧化服务都需要经由用户的使用来检验服务质量。

用户体验图书馆服务的过程就开始产生用户感知，而图书馆用户是由学生，教师，科研人员以及其他大众组成，由于用户本身持有的教育背景与受到的教育知识具有层次性，用户的价值观念具有多样性，对于图书馆微服务服务质量的感知与评价也是因人而异的。另外在知识经济，互联网，信息伦理，信息制度等发展下用户的思维方式在不断更新，用户需求随着知识经济的深入也会表现不同。了解用户对智慧图书馆微服务的意见及建议，探讨用户对微服务的感知差异，为智慧图书馆微服务体系的建设提供明确的方向，以保证未来图书馆微服务平台在发展的过程中不断优化平台服务方式与服务质量来增加自身的吸引力与影响力。

（三）智慧图书馆微服务体系建设的动力

1. 智慧图书馆微服务体系建设的内生动力

（1）图书馆资源

①馆藏资源

科技发展日新月异，信息大爆炸时代已经来临，用户获取的信息越来越多，而所需信息需要用户自己去筛选。图书馆在信息时代中的作用更加显著，收集更多的信息资源包括电子与纸质的图书馆资源，报纸期刊等等。图书馆在信息时代，付费知识环境下不断扩充自身的知识储备。除了图书馆采购各种纸质、电子资源外，现今流行的如图书馆联盟，各图书馆以合作的方式来延伸图书馆馆藏资源。用户在图书馆网页上搜索资源，如果本馆没有用户所需的资源，搜索引擎则会自动在盟员馆中搜索，因此图书馆联盟能够最大限度的优化盟员馆的馆藏资源。丰富的馆藏资源是图书馆提供服务的基础，对资源的管理是关键，如资源的分类，资源的查找，纸质资源、电子资源的线上线下融合等。图书馆的馆藏资源为满足用户的需求正在与日俱增，纷繁的信息需要依托稳定的服务平台来管理，完善的微服务体系能够更好的为用户提供线上图书信息资源。

②图书馆人才资源

所有的创新发展都是由人来完成的，以人为本的人才管理才是推动社会发展的关键。图书馆的发展是否能够站在时代潮流的前线，是否能够在信息科技时代满足用户的阅读方式与体验，这些都要求图书馆管理员拥有战略管理思维，同时图书馆开放引进新的人才，完善图书馆后备人才力量。云舟域知识空间服务平台，超星学习通等为智慧图书馆的发展提供了微服务技术平台，微服务平台的运营与发展需要专门的技术人员，进行微服务程序的设计，应用软件的开发，日常平台的相关维护工作等，平台运营人员直接关系到微服务体系的建设。所以素质良好的图书馆微服务平台运营人员是微服务体系建设的关键。

（2）馆员自身特质

馆员自身特质也会影响图书馆微服务体系建设，馆员自身特质包括馆员的价值认知度，已有的知识结构，以及新事物的理解接受能力。馆员的价值认知度是对自身工作价值实现的愿望，这种愿望越强烈即价值认可度越高，越有利于图书馆微服务体系的建设。馆员自身已有的知识结构表现为专业知识的掌握情况，对目前图书馆发展优势及劣势的掌握情况，在目前信息技术浪潮下对未来智慧图书馆的发展规划等。新事物的理解接受能力即能够对周边信息技术发展状况保持积极热忱的态度，对科技带来的成果表现出敏锐的态度，乐意接受新事物发展所带来的改变。拥有较完善的知识结构，较强的理解接受能力的管理者会更加关注图书馆微服务的技术发展与应用以实现自身的职业目标，完成自身的职业价值。构建微服务体系离不开图书馆工作人员的共同努力，随着微服务时代的到来以及图书馆信息的迅速发展，图书馆在要求馆员加强自身文化素养建设的同时积极纳新，接收外来优秀的管理人员，因此活跃在图书馆工作岗位的优秀工作人员推动了智慧图书馆微服务体系建设的进程。

2. 智慧图书馆微服务体系建设的外生动力

（1）智慧城市建设

随着"智慧地球"的提出，"智慧城市"开始提上城市发展的日程。智慧城市建设在经济发展较好的地区试点发展，到目前为止，已取得良好的成果，其他城市正在逐步引进智慧城市建设系统。我国的智慧城市建设在纵横方向延伸发展，纵向发展上至智慧城市群，下至智慧城镇；横向发展如智慧支付、智慧信息推送等等。智慧城市的发展在国内掀起一股遍地开花的趋势，其中智慧图书馆是智慧城市发展的一个横向延伸，智慧城市的蓬勃发展必将要求城市图书馆智慧化建设，而微服务体系建设是图书馆智慧化的重要指标，智慧图书馆微服务体系的构建是智慧图书馆发展成熟的表现。智慧图书馆的兴起与发展是对智慧城市系统的完善，而智慧城市系统的不断成熟外在的促进了智慧图书馆微服务体系的建设。

（2）信息化进程

有人说我们所处的时代是第四次工业革命的时代，是智能化圈地运动，大数据时代。信息发展的速度已超出人们的想象，国与国之间的实力较量逐渐转移在科技较量上，各个城市之间的角逐开始展现在城市科技发展指标上。传统图书馆在信息高速发展的时代想要立足，必须紧随时代发展前沿，"以人为本，读者至上"的服务理念融合现代科技的发展集中体现在微服务发展中。由信息化发展所衍生的新型知识服务及服务方式，新型知识信息服务资源，空间再造能力等冲击着图书馆的发展。信息化进程在整个城市圈中的各个行业蔓延开，尤其体现在服务行业，各种云支付、闪付、线上二手市场等微服务展现在人们的眼前。信息化时代下的图书馆不仅面临着图书馆内部结构的改造，内部人员的更新与培训，也要从图书馆提供的服务中提现现代化、智能化、个性化的特征。图书馆在第四次的工业革命浪潮中接受时代的冲击与挑战，因此在信息化进程中图书馆不仅要改善实体服务的服务内容与质量，更要打造虚拟、线上图书馆的服务体系，完善智慧图书馆微服务体系建设，圈出一片自身的智能化土地。

（3）用户的服务感知

读者用户既是图书馆服务的主体又是图书馆提供服务的受体，满足用户需求是图书馆发展动力。用户群体在使用微服务的过程中所表现出的态度即是用户的服务感知。用户的服务感知对智慧图书馆微服务体系建设的推动在于读者通过图书馆所提供的微服务，从服务方式，服务形式到服务内容来感知服务质量，从而对图书馆的服务进行评价，图书馆在读者的评价中认知自身存在的不足，进而改进服务质量。在"用户至上"的市场经济中，用户的感知在营销市场中起着绝对性的作用，知识经济中用户仍然占有主导作用，在智慧图书馆微服务体系的建设中，用户的服务感知直接促使服务平台的服务内容及质量的改善，用户的满意评价是微服务平台建设的最终效果。图书馆微服务在智慧化的过程中必定要接受读者用户的考验，用户的服务感知状况是对智慧图书馆微服务平台服务质量的反映，因此用户的感知差异从用户的需求方面促使智慧图书馆建立健全微服务体系。

二、智慧图书馆微服务体系资源建设研究

（一）智慧图书馆微服务体系资源建设的内涵

资源建设是构建智慧图书馆微服务体系的第一步，图书馆资源是为用户提供服务的关键。有学者在第十届创新论坛提出馆藏文献资源是图书馆服务的根本，资源的组织水平、宣传力度、推广效果决定图书馆的服务效率。全球信息化正在加速推进，融合创新社会资源，而信息化也必然会带来图书馆资源的数字化发展，如今纸质资源整合加工技术在逐步成熟，图书馆数字资源购买率在攀升，数字资源覆盖率在逐渐扩大，数字化资源使用效果明显优越等。21世纪初国际图书馆协会提出对资源发展的指南，认为图书馆资源建设分为两个层次，第一层次是基础包括资源特色的建设、资源载体、资源的馆藏、资源建设部门的职责等，第二层建设是基础层的拓展，如对资源发展评估与规划、资源利用的评价、资源建设指标等。图书馆资源除了馆藏资源以外，还包括提供和组织馆藏资源的其他资源，如信息资源的拓宽，图书馆组织机制的改善包括新设备的引进，图书馆管理人才和技术人员的培训与纳新等。图书馆的信息资源，组织资源，人力资源，共同构成智慧图书馆微服务体系，图书馆各种资源相互配合，共同发展，构建微服务体系资源框架，为微服务的发展保驾护航。

（二）智慧图书馆微服务体系资源建设的主要构成

1.图书馆信息资源

信息资源由文献资源演化而来，文献资源的概念大约出现在20世纪80年代，随着互联网信息技术的发展继而深化为信息资源。第四次工业革命的到来，引领人们进入大数据时代，智能化时代。计算机，物联网等技术的普及与应用不断拓宽信息资源的外延，从竹简书籍到纸质印刷、数字资源再到多元载体并行。信息资源的建设不再单纯是图书馆储存多少资源，而是读者能够从这些资源中获取多少有用的信息，图书馆信息资源建设服务以"可用性"为导向，由"收藏资源"转向"服务用户"功能。

信息资源的多元化，用户需求的多样化，信息资源建设的复杂化都需要图书馆信息资源建设按照科学化路线发展。图书馆想要在信息化时代生存，必须全面提高自身的服务水平，而信息资源建设是微服务体系建设的第一步，信息资源直

接关系到用户的资源需求，对用户的感知服务差异起着重要的作用。公共图书馆正在面临信息时代的冲击，一部分公共图书馆开始进军知识化、智能化领域，为了能够更加完美的向知识信息功能转化需要构建一套功能较全的智慧图书馆微服务体系。

2. 图书馆组织资源

组织资源包括实体层面的设备更新换代，制度层面的微服务平台的开发运营和维护。微服务平台的运营搭或智能科技成为智慧图书馆微服务的功能载体，高质量的微服务平台设计与科技化的智能服务设备是带给用户高水平体验的前提。

图书馆在建设智慧化的服务模式时关注的是如何让更多的用户了解智慧图书馆的服务模式，更大的意愿让智慧图书馆的服务走进日常工作生活中，传统图书馆的运行模式单一，并不能让用户第一时间获取相关的资讯，构建图书馆微博平台是图书馆自我营销的开端。图书馆微服务平台设计与运营理论研究已取得良好成果，但是关于服务平台的具体运用效果欠佳，需要更多的投入实践中。智慧图书馆的微服务中离不开各种智能服务设备的应用，目前我国大部分图书馆已提供无人自动借还书机设备，24 小时为用户服务；另外某些大学里的图书馆还提供了 3D 打印服务引领创新服务潮流。AI、AR 技术在全球各个领域蔓延开，图书馆应该抓住信息技术的潮流，让智慧图书馆微服务朝着智能前沿发展。当前的"互联网 +"以及智慧城市建设的推进，图书馆的智慧化服务成为大势所趋，智慧图书馆的建设离不开技术的支撑，但是智慧化也并不仅仅是智能产物的堆积，而是需要利用这些技术和设备计算分析并推送更加切合用户需求的服务。

3. 图书馆人力资源

技术管理者在构建智慧图书馆微服务体系中担负着智库的角色，平台的开发管理，设备的更新换代，人才发展战略的制定，馆舍的发展定位需要管理者及技术人才的共同发力。任何一个企事业单位的发展都离不开人力资源的开发，智慧图书馆的发展正在如火如荼的进行中，图书馆的管理者及技术开发者的业务能力在此期间显得尤为重要。

微服务内容和形式的创新离不开幕后的辛勤技术员，甄别用户需求离不开平台监督者，微服务体系的构建更离不开宏观把控者。然而我国图书馆的发展过程中缺乏对图书馆人才的引进策略，岗随人设是常态，缺少统筹规划，岗位需求不均衡。另外缺乏图书馆事业编制的名额，岗位和编制不匹配或匹配紧张。岗位和人才不匹配，体现在特别是图书馆，其图书馆的工作人员大都是学校教职工家属，图书馆的岗位成为人才引进的一项附加条件。这种被动式的调岗使得大多数在岗的图书馆员工不具备相应的图书馆服务技能，一些重要的岗位需要胜任者具备相应的图书馆理论知识和实际操作能力，这种被动式的岗随人动的人力资源管理则会将真正的图书馆管理人才拒之门外，直接导致不能洞察到微服务内容和形式创新的先机以及缺乏相应的技术水平。所以图书馆在引进和培训技术管理人员时要注重人才的自身专业素养，打造智慧图书馆微服务体系软实力。

（三）智慧图书馆微服务体系资源建设的策略

1.信息资源建设上采用用户采购资源建设模式

信息科技的发展，信息的载体，内容，形式等开始多样化，人们可获得的资源呈现指数增长，但是人们想要获取可用的资源却变得越加困难，采用用户采购资源建设模式可有效缩短用户与可用资源之间的环节。用户需求导向的资源采购模式逐渐成为常态，当前用户驱动的资源采购模式有掌上电脑模式（Patron-Driven Acquisition）读者决策采购和POD模式（Publish on Demand）按需出版，较之读者荐购（读者向图书馆推荐购买、收藏某种资源），掌上电脑和POD在资源建设主体上是用户自身，而读者荐购资源建设主体仍是图书馆。虽然掌上电脑和POD在纸质和电子资源上用户参与广泛，但是还没有涉及到数据库建设，而用户采购资源建设模式试图将图书馆纸质图书,电子图书的采购以及数字资源的订购，续用等权限全权交给用户决定，目前用户采购模式是用户参与资源建设最广泛的模式，基本涉及图书馆的全部信息资源建设，特别是电子信息资源，涉及到图书馆微服务体系建设。所谓的用户采购资源建设模式，运用到OPAC系统、读者系统、数字资源管理系统等，具体操作是用户登录数字资源管理系统中的"用户采购"界面，按照自己的需求直接采购所需的电子信息资源。用户采购模式是智慧图书馆微服务体系的重要组成部分，它的应用可缩短用户与信息资源的距离，同时也激励用户参与图书馆信息资源建设的意愿。

2.组织资源建设上贴近用户需求

随着手机等移动设备的发展，微服务已迎来全面花开的时期，图书馆微博微信成为常见的微服务模式，移动APP成为人们掌上服务厅。微服务及智能设备的发展并逐渐普及，个性化服务成为这些智能设备及服务的标签。实现服务个性化，微服务平台的设计及智能设备更新就需要贴合用户的需求，针对不同用户，不同的用户需求搭建个性化服务平台，向用户推荐趣味化，感知化的服务是图书馆微服务的主体任务。例如进馆、借还书可利用人脸识别技术，设置 3D 体验室，带读者进入视觉，听觉享受，增加用户进馆体验的趣味性和积极性。

另外 AR（虚拟现实）和 AI（人工智能）技术，可穿戴设备，数据挖掘等新兴技术设备已渗透在各行各业，这些技术和设备使得图书馆服务功能大幅度提升，满足用户视觉，听觉需要以及阅读习惯。"用户至上"是图书馆服务的宗旨，图书馆在进行任何一项新项目的建设或是改善已有的服务功能，需要图书馆工作者实地访谈，设计调查问卷，让用户参与其中，了解用户的真实感受，对图书馆微服务提出意见与改善建议，让服务改善与创新以用户的需求为依据，使得以用户需求为基础的微服务平台设计真实可靠。

第三章　智慧图书馆的信息资源建设

第一节　图书馆信息资源建设概述

一、全媒体时代公共图书馆信息资源建设

全媒体时代的到来对公共图书馆信息资源建设提出了更高的要求，人们对互联网的依赖性更强，越来越多的人选择移动阅读的方式，这也给公共图书馆信息资源建设带来极大的挑战。探析全媒体时代公共图书馆信息资源建设的重要性，针对建设过程中存在的问题寻求公共图书馆信息资源建设的完善策略至关重要。

（一）全媒体时代公共图书馆信息资源建设的重要性

全媒体的概念并没有在学界被正式提出，其内容上囊括了报纸、杂志、广播、电视、音像、电影、出版、网络、电信、卫星通信等在内的各类传播工具，覆盖了视觉、听觉、触觉、记忆层、想象力等一切人们接收讯息的感官。根据受众的需求差异，选择最佳的媒体形式、类型和渠道，将多种因素进行深度融合，提供超细分的服务，可实现全方位覆盖知识信息受众，达到知识与信息资源高度匹配的传播效果，这是"全媒体"概念的重要内涵。

全媒体时代，互联网改变了人们工作和生活，也影响着公共图书馆信息资源建设的发展。公共图书馆信息资源种类和内容愈加丰富，图书馆构建大型数据采集平台，深入了解用户需求，建立基于云计算的大型数据存储系统对图书馆未来的发展建设意义重大。公共图书馆信息资源建设有利于推动馆藏资源的发展和完善，最大限度弥补公共图书馆信息资源紧缺的问题，并促进图书馆与全媒体接轨。公共图书馆信息资源的建设也将极大地满足新时代人民日益增长的精神需求，满足人们的精神享受。因此，加强公共图书馆信息资源建设势在必行。

（二）全媒体时代公共图书馆信息资源建设的策略

1. 强化媒体资源共享

在全媒体时代，公共图书馆信息资源建设要不断强化媒体资源的共享，强化"互联网 +"和信息资源建设，跨境整合，创新驱动，充分利用信息化建设、知识服务、应用集成和基础设施，实现智能互联。随着数字化管理优势的逐步显现，图书馆管理和服务更加依赖新媒体。公共图书馆要将数字化管理与传统管理模式相结合，构建图书馆管理平台。在管理过程中，图书馆员应及时上传和共享信息资源，改善平台的服务和管理，但也要重视对传统服务的管理。

2. 加强馆际交流

全媒体背景下，公共图书馆信息资源建设过程中存在的重要问题之一就是馆际交流不够。因此，公共图书馆要不断探索馆际交流模式，拓展交流内容，不断弥补自我发展中的不足，改变专统图书馆闭门造车的资源建设模式，真正实现馆际交流，实现信息资源的整合和共享。在公共数字文化资源整合方面，公共图书馆要不断强化多方资源整合，将各种数字文化资源融入统一平台，提供方便快捷的"一站式"公共文化信息服务。

3. 着力管理平台建设

在新媒体时代，图书馆管理平台建设具有更多的时代特征，同样也具有新媒体的以下特点。①高效性。通过图书馆的查询平台，读者可以借助网络技术快速检索和定位所需图书，特别是在馆藏量较大的图书馆中，利用查询平台能够大大提高检索效率。②即时性。图书馆员通过网络发布信息、宣传活动和上传资源，读者可以在馆员上传后第一时间看到最新消息。读者可以通过平台留言等功能向馆员反馈，真正实现交流互动。图书馆和读者之间的信息传递可以针对不同的问题在不同的时间进行，真正做到具体问题具体分析，提高了信息资源建设的针对性。

有必要整合图书馆管理平台，使平台模块更加清晰且易于操作，更便于读者进行资源检索。管理平台还应实现个性化发展。当前，读者需求日益多样化，公共图书馆信息资源建设应因势利导。在全媒体时代，图书馆要为读者定制更加个性化的管理平台和服务模式，图书馆管理系统应根据读者职业、年龄和阅读偏好，为其提供不同语言、不同操作系统和不同检索模式的管理平台，使读者更便捷地订阅或下载信息资源，满足其个性化的需求。

4. 促进资源技术的融合

全媒体时代，面对信息技术的发展、出版市场和公共需求的变化，公共图书馆应进一步优化馆藏结构，调整传统的文献资源收集方式，加强网络资源整合，实现业务重组，具体做法如下：优化信息采集模式，明确采集和保存目标，修订和完善文献资源建设政策；②围绕精准服务的目标，加强对重点学科和专题领域文献的收集，通过多种方式加大对地方文献的收集力度，加强专题文献数据库的建设，加强非正式出版物的收集，以及对讲座、展览和培训资源的开发；③通过与各类文献提供者和资源服务提供商合作，借鉴和创新文献资源采购模式，努力实现线上线下一站式服务；④充分发挥读者参与文献资源建设的积极性，优化公共图书馆信息资源结构；⑤通过整合资源，构建平台，优化服务，建立基于云存储、云服务和大数据的技术平台，提高信息资源建设和管理水平。

在文献资源建设中，图书馆还应注重文化与技术的融合，实现公共图书馆和产业之间的信息资源交流，真正实现实体与虚拟的匹配，资源与平台的整合，着力推进沟通与培训的互动、线上与线下的运作、内容与形式的统一，实现公共图书馆信息资源建设的持续健康发展。

5. 坚持创新观念

公共图书馆信息资源建设应保持开放的态度、包容的心态和创新的意识，具体做法如下：一要建立跨境思维，创造新的战略境界。特别是对于图书馆管理者而言，有必要突破束缚，更新观念，建立利益共同体，通过开放和共享促进融合和共赢。二要不断提高图书馆员的综合素质，强化服务意识，提高专业水平，最大程度实现公共图书馆信息资源建设的专业化。三要不断深化图书馆、出版发行界、信息技术界、公共服务和教育培训行业的项目和业务合作，结合实际工作，积极推动公共图书馆信息资源建设理念的创新。

6. 加强专业人才队伍建设

在全媒体时代，应不断建立有效的人才资源管理系统，为公共图书馆信息资源建设提供更多专业性人才，从而促进公共图书馆信息资源的完善。

首先，要放眼长远，制定人力资源发展计划。当前，公共图书馆信息资源管理者的专业性亟待提高，专业人才缺乏导致公共图书馆信息资源建设不完备。其主要原因是图书馆人力资源培训力度不足。人力资源培训要做到合理设置，用科学的人力资源发展规划促进图书馆的发展。只有建立了人力资源培训体系，公共图书馆信息资源建设才能有强劲的发展动力。当前国内很多图书馆已经加强对相关人才的培养，并且建立了有效的人力资源培训机制。但同时也有很多图书馆在进行资源建设时，忽视了与时俱进的发展要求，人才培养缺乏馆际之间的互通。因此，要不断地让馆员"走出去"，加强与外界的学习交流，提升公共图书馆信息资源建设的专业性，让专业人才队伍建设促进公共图书馆信息资源建设与完善。

其次，提升图书馆员能力，强化专业素养。《中华人民共和国公共图书馆法》规定，公共图书馆应当改善服务条件、提高服务水平，定期公布服务开展情况，听取读者意见，建立投诉渠道，完善反馈机制，接受社会监督。这就对图书馆员提出了更高的要求。馆员不仅仅是图书的保管者，更是公共图书馆信息资源的建设者和完善者。因此，各图书馆应着力提升图书馆员的素质，加强对馆员的培训和教育，增强其责任感和使命感，促进其能力和素质的提升。

在全媒体时代，网络技术和其他新兴技术的发展对公共图书馆信息资源建设提出更高的要求，公共图书馆要与时俱进，通过数字化管理模式与传统管理模式的结合，集成图书馆管理平台，促进公共图书馆信息资源创新发展，以人才的力量推动公共图书馆信息资源建设，实现公共图书馆信息资源建设的持续健康发展。

二、大数据时代图书馆信息资源建设策略

随着大数据时代的来临，越来越多的行业开始注重通过分析行业内的数据来促进行业的发展。传统图书馆业务开始受到一定的冲击，越来越多的图书馆开始注重信息资源建设，并着手建立数字图书馆，这将是图书馆未来发展的必然趋势。为了适应大数据时代的发展需要，促进图书馆的发展创新，开展大数据时代下图书馆信息资源建设的研究是十分必要的。

（一）大数据对图书馆信息资源建设的影响

1. 信息服务更加精准

图书馆的信息服务通常可以分成四种不同的形式：①传统租借服务，指的是图书馆按照读者的需要，为读者提供被动性的服务。②将科技融入资料查询服务中，对文献内容进行编制，为读者提供文献的摘要以及目录等索引信息的服务。

③网络检索服务，将文献与书籍资料录入到网络平台中，读者可以利用电脑以及智能终端设备在网络上查阅相关信息，并且对其开展检索服务。④社会需求服务。从社会需求的层面出发，为读者提供招生、招聘以及股市等方面的信息。随着大数据时代的来临，图书馆的信息服务工作更加具备针对性。不论是传统租借服务、文献索引查询还是网络检索等内容，都可以利用大数据技术对读者的需求进行系统化以及全面性采集，分析读者的潜在需求，从而为读者提供个性化的信息资源服务。大数据可以极大地拓展图书馆服务的理念，对信息服务方向进行合理化的引导，有效提升服务质量。

2. 对人员要求更高

大数据时代，图书馆的信息服务内容以及方式都得到了显著提升。传统图书馆服务通常依托手工操作，将人为管理作为辅助，这种服务形式不仅耗费大量的时间以及人力，同时在操作过程中还难免会造成一定的错误。大数据技术推动了图书馆服务理念以及方式趋于自动化，这种操作形式的载体主要是电子计算机，对于图书管理人员的综合素质有着较高的要求。如何提升自身的专业素养，转变服务理念，是众多图书馆工作人员面临的一项重要考验。图书馆工作人员不仅要掌握图书馆业务、情报业务等知识，还要全面掌握计算机技术。大数据时代，图书管理人员对于信息资源的操作需要依托计算机完成，通过使用相关的软件对资料、数据进行统计分析。

3. 技术更加先进

传统利用电子阅读工具的服务形式已经无法满足大数据时代读者的要求，他们更加希望获得智能化以及深层次的信息服务。这要求图书馆要具备更高的服务模式，使得图书馆不断引入新工具、新技术，以实现服务的智慧化以及智能化。当前，部分图书馆已经开始采用云计算手段，联合其他图书馆共建云服务平台，打造数字资源共享机制，不断拓展各个图书馆的信息来源，为用户提供更加优质的信息服务。此外，众多的图书馆 APP 软件可以将馆藏信息、活动信息等内容及时传送给读者，使得图书馆的移动服务效率得到了显著提升。

（二）大数据时代图书馆信息资源建设策略分析

在大数据环境下，图书馆要依据自身条件，合理确定本馆信息资源的整体结构框架，彰显重点，依据针对性和实用性的原则确定图书馆信息资源的组织和开发，为教学和科研工作提供更深层次的服务。因此，图书馆需要紧密结合大数据时代的特征，依据科研和实际要求，有针对性地使用与开发信息资源。

1. 依托云计算技术，提升数据整合效率

当前，图书馆数据规模日益庞大，如果单纯依靠对 IT 基础设置架构的优化，很难应对日趋复杂的大数据资源环境。所以，图书馆需要引入云计算技术，为数据整合的高效以及安全提供技术上的支持。图书馆需要将云计算以及大数据整合需求进行融合，通过云计算，划分数据中心所采集数据的安全等级。对于那些安全等级相对较高的数据，如用户的隐私、安全监控数据以及位置信息等，和日志、阅读需求等安全等级需求相对较低的数据区分开来。首先，从节约成本的层面出发，图书馆要充分结合大数据整合需求以及自身经济实力展开系统化分析，采用自建私有云的形式管理关键数据，对于那些安全等级相对较低的数据则可以租赁云数据托管系统完成备份以及存储。其次，在安全等级较低的数据存放过程中，和外部数据托管平台服务商签订关于数据维护以及恢复方面的协议，提升数据的安全性，尽量减少经济支出。

2. 加强情报教育，拓展培训广度

在大数据时代，图书馆要更加关注对人才的培养，人才队伍是图书馆建设的基础。图书馆在大数据时代需要综合性地应用多种技术，面临着相对烦琐的管理与技术工作，面向的读者人群也呈现出多元化和多样性的态势。所以，图书馆员肩负着向读者提供知识服务的重要使命。想要胜任大数据时代图书馆的服务管理工作，需要馆员具备较强的专业素养以及综合素质。图书馆要加大对于已有馆员的情报学教育培训，为图书馆人才队伍的建设打下扎实的基础。图书馆还应在馆员培训工作中投入大量的资金，拓展培训的深度以及范围，更新馆员的知识，拓宽馆员的视野，保证馆员可以胜任大数据时代中图书馆的所有工作。

图书馆不单要对馆员进行培训，同时也要将培训的范围也要将读者包括在内，以加强读者对信息资源的认知。图书馆可充分使用微博、微信等微媒体途径，有步骤、有计划地培训用户如何使用信息资源，掌握数据检索、信息推送、知识挖掘以及个性化定制等能力，关注读者对于信息资源服务的反馈意见。除此之外，图书馆还可以通过讲座、网页、电子显示屏的方式向读者介绍图书馆内的信息资源。比如针对某一专题开展信息资源推荐活动，以互联网为平台，将微博、微信等新媒体作为工具，每个阅读群中由一名图书馆管理人员负责，针对专题展开热烈的讨论，并及时获取读者的反馈，按照读者的需求与建议改进信息资源培训服务，保证信息资源得到最大化利用。

3. 构建特色数据库，创新信息资源

在特色数据库的建设过程中，图书馆要按照国际统一规范与标准实施，保证不同数据库之间可以实现兼容与共享。图书馆应尽量购买较为全面、有较高利用价值的数据库，开发和应用泛在化、个性化、智能化的信息资源服务利用平台和工具等。此外，在数字化图书馆网站的建设中要尽量避免与其他图书馆之间的同质化问题，应结合本区域特色，打造个性化的数字图书馆平台。

图书馆不仅要构建特色数据库，同时还应从读者的实际需求出发，对信息资源进行创新。随着读者获取信息越来越便捷，读者对于信息资源的实际需求逐渐从单一化向多元化转变图书馆构建特色数据库的同时，还应创新数字资源，具体做法如下。

首先，信息资源内容创新。图书馆应利用大数据充分挖掘读者需求，开发满足读者个性化、启发性的信息资源产品；对现有馆藏资源进行充分挖掘，利用交叉学科知识与科学技术，对馆藏文献进行系统分析，挖掘其暗藏的隐性知识，为读者提供全新的信息资源产品，让读者得到更加实用的信息资源，获得启迪以及智慧；强化不同信息资源之间的有效整合。大量的信息资源不断涌入，不仅为读者提供了更多的选择空间，同时也带来了一定的困扰。图书馆需要借助自身的优势，对某个内容在不同阶段以及不同形式下产生的信息资源进行系统化分析与整合，产生多样化的信息资源产品，将其传递给读者。

其次，信息资源形式创新。针对不同读者的需求，图书馆应开发普适性与选择性并存的信息资源，在不同的方式、场景以及目的下合理化使用信息资源产品，尤其要兼顾特殊读者群体，如儿童、老人以及残疾人等。如果能够将相同的内容按照不同的形式进行编辑，充分满足不同群体的需要，那么将会极大地提升读者黏性，有助于图书馆的长远发展。

当前，我国图书馆信息资源建设工作尚处在发展初期，缺少统一的建设标准，同时重复建设和同质化的问题也时有发生。在大数据时代背景下，移动终端设备大量普及，图书馆用户对于数字资源的使用需求不断提升，各图书馆应积极借鉴国内外先进的信息资源建设模式，制定合理的建设方案，构建数据库互通共融机制，实现信息资源服务的突破和创新。

三、基于智库服务的图书馆信息资源建设

（一）智库及图书馆信息资源建设的特点

"智库"一词源自英文"Think Tank"，是指专门从事开发性研究的专业研究机构，将知识、信息及成功经验集中起来形成统一的知识表述框架，为使用者提供信息和决策咨询服务。它集合了众多学科的专家与学者，以他们的专业知识为社会与经济发展的各个领域提供科学合理的方案。图书馆智库就是为需要智库服务的各类用户提供资料、计策、方法、理论、思想等服务的机构，并协助其完成科研、社会、经济、管理以及外交等工作。要建设出色的图书馆智库，就要求图书馆在资源建设方面做到以下几点：

1. 综合性

图书馆拥有着多门类多学科的文献信息资源，在多样性、全面性和组织性的信息需求下，信息资源建设要注重资源的整合性，满足用户从跨学科的角度处理问题，做出综合性分析和研究的需求。

2. 针对性

图书馆要根据用户的信息需求，以现有技术主动为用户提供信息推送服务，用发展的眼光、交叉学科的知识、先进的科学技术和手段，分析、研究馆藏文献，挖掘其隐性知识，形成新的信息资源产品供读者使用，建设智能化搜索引擎在保证查全率的同时提高查准率，真正实现用户个性化信息检索。

3. 智慧性

信息资源建设应精准对接用户需求，这就需要图书馆实现搜索引擎的智慧功能，要对检索到的信息进行恰当表述，语义分析，图片分类与存储，实现用户随时检索，并能得到满意的结果。

（二）基于智库服务的图书馆信息资源建设策略

图书馆智库属于一种高端智库，不仅创造了新的知识及方法，从某种程度上看，它也促成了某种新思想和新方法的形成。因此，图书馆智库在资源建设方面

更要适应时代要求。

第一，变革传统的思维和决策模式，以全新的管理模式，科学引领信息资源建设。信息资源建设是智库理念下图书馆创建全新发展空间的主要途径，具体表现在：一是顺应大时代的发展趋势，改变传统的纸质资源发行模式，推动数字资源在当前的发展进程，在维持两者平衡关系之时，要注意资源"质"和"量"之间的关系。二是提倡以"质"为主的理念，在建设信息资源的过程中，最大限度地为相关工作人员提供具有高研究价值的信息资源。

信息资源建设的核心内容是数据库的建设。首先，图书馆要按照自身特点，建立文献资源的数据库、社会评价数据库等，让数据库成为脉络清晰且健康的体系，满足用户对资源的系统性、时效性以及准确性等阅读需要，力求使数据库变为各级政府做出重大决策的支撑点，成为推动社会文化创新的闪光点。其次，要充分体现馆藏优势，在此过程中，建设工作的重点是优化馆藏结构，重点突出图书馆内资源的优势，如构建独具特色的"精品图书馆"或"古籍珍藏图书馆"等。最后，在技术层面上要合理、科学、规范地运用新时代下的研究方法，充分利用平台优势，通过逻辑运算和仿真技术的应用，构建跨学科、多层面、深层次的研究社会重大经济问题的实验系统。在构建预测运转模型时，要准确掌握关键，逐步对社会经济发展的领域、进程实现一定程度上的预测，为用户进行科学、正确的决策提供咨询参照。

第二，抓住信息资源服务转型，注重嵌入式学科服务，提升资源建设水平。随着智库理念的深入，图书馆提供更具深度和针对性的服务是必然趋势，这不仅是服务方式方法的借鉴和转型，更是图书馆信息资源建设发展方向和理念的变革，是信息服务转型的重要契机。在开展资源建设中，图书馆应全程嵌入智库式的服务工作中。在智库环境下，图书馆和用户之间联系得越来越紧密，逐步形成了嵌入式学科服务体系。嵌入式学科服务使图书馆成为用户教学、科研、学习的一个重要组成部分。开展嵌入式学科服务就要针对用户需求。嵌入资源图书馆有意识地收集整理和加工散布在专业数据库、网页等平台的信息资源，并提供相关研究领域的专题资源，为用户提供嵌入式服务。图书馆进行实体资源和虚拟资源的建设，就要在文献采购时注重与学科服务相关联，可通过用户推荐的方式对文献进行筛选。在虚拟资源的建设上，图书馆要注重信息资源的整合，建立一站式检索平台和特色数据库等，还可以通过各种方式嵌入到教学和科研中，进行跟踪服务，主动为科研人员提供前瞻性服务。图书馆也可以根据用户的学科方向，收集相关学科资源，嵌入到用户的学习过程中，及时将相应的信息资源推送给用户。

第三，精准对接用户的行为需求，构建合理的信息资源结构框架。信息技术的快速发展，使人类进入个性化发展的时代，图书馆的服务对象也呈现出不断变化和需求多元个性化的特征。要使读者在浩瀚的资源中便捷地找到所需要的资源，图书馆应该紧跟时代步伐，及时转变服务理念，根据读者的兴趣、爱好和专业需求，做到精准对接。这就要求图书馆在纷繁多样的用户需求中寻找其共同点，分析其特征，为用户聚类，挖掘相似的需求和规律，指导信息服务的方向。

图书馆在资源建设上要构建适应用户需求的信息资源结构框架，高度重视、广泛获取、系统存储用户利用信息资源的各种行为大数据，并运用大数据技术，深入分析用户对已有信息资源的利用度、认可度以及用户自身特点，挖掘出隐形的规律，预测用户对信息资源的需求度、需求方向、需求趋势等。各图书馆要结合实际，确立信息资源建设的重点，努力构建适应用户多样化需求，具有专业化、系统化、个性化的信息资源结构体系，还要根据用户需求的动态变化，对结构框架进行适时调整。对于用户反映较多的不准确、不完整、不全面的信息内容，图书馆可在资源建设中筛选出相关内容进行更新；对于更新不及时的信息内容自动调整、实时更新；根据用户信息内容偏好，实时动态调整信息发送内容量，调整增加用户更感兴趣的信息数量；如果因图书馆知识库内容不足而无法更新优化相关内容，则要及时反馈，以便工作人员及时更新知识库。

第四，建立智库馆员培养机制，吸纳高端专业人才。智库是社会信息化进程中出现的一种新的信息集合方式，它通过多途径服务手段盘活静态的知识资源，为用户提供深层次咨询与决策服务。智库产品具有很强的专业性、独立性和预见性，且非常重视人员胜任力的构建。因此，智库理念下图书馆开展信息资源建设，关键取决于专家型人才的实力，即人是第一要素，这也是图书馆服务能力和水平的体现。这就要求图书馆必须高度重视人才的培养，建立科学的智库馆员培养机制，吸纳智库决策分析类高端人才。这些人才应具备专业的学科理论基础和专业研究经验，熟知国内外相关政策和总体走向等相关政策理论，并具有研究范式、方法的能力，能熟练运用决策分析、舆情分析、大数据处理以及统计分析等软件。所以，图书馆应不断完善信息资源建设人才储备，通过合理有效的考评激励制度，制定人员评价系统，实现管理项目的系统划分，进行研究人员的成果评价，激励研究人员做好信息资源建设。

综上所述，图书馆应充分利用自身的丰富资源优势，抓住智库大发展的机遇，创新服务理念和手段，将智库引入图书馆服务，通过多渠道提升信息资源建设水平，拓展服务领域，增强为用户服务的能力，增加在未来职业发展中的胜任力，实现与用户的共赢。

第二节　智慧图书馆信息资源的类型

当前智慧图书馆建设中，除了要满足用户通过智慧图书馆获取泛在服务外，还应存储一定量的纸质馆藏。这是因为，智慧图书馆虽然依托智慧化的技术，构建了智慧化的管理和服务系统，从而提供智慧化的服务，但大部分智慧图书馆同时承载着传统图书馆的功能，图书馆具有搜集和保存人类文化遗产的职能，所以智慧图书馆也必须保存一定量的纸质文献。除此以外，智慧图书馆应不遗余力地去开发数字资源、多媒体资源等，这也是智慧图书馆的性质和特点所决定的。智慧图书馆中存储的资源主要有印本资源、数字资源、多媒体资源、数据资源和开放信息资源等。

一、印本资源

智慧图书馆中的印本资源主要包括图书、期刊、报纸、工具书、学位论文、会议资料等。其中图书是印本资源的主要组成部分，在馆藏资源中占据了绝大部分体量，也是除数字资源外获得资源建设经费最多的资源类型。期刊的时效性较高，一般期刊出版社会定期出版，学术期刊的学术价值比较高，在学术研究中有极高的地位。报纸比期刊的出版频率高，大部分报纸为一天一期，其信息新颖性强，但大多以新闻性信息为主，也有部分报纸为休闲娱乐类，丰富读者的业余文化生活。工具书是研究学科或领域必不可少的工具类书籍，一般为学校或科研机构的教学科研活动所使用，在图书馆馆藏中使用频率较低，但学术价值很高。大部分图书馆具有保存本校学位论文的功能，学位论文具有较高的学术价值，尤其是硕士、博士学位论文，体现了学生研究生阶段的学术研究水平，一般学位论文会花费 1 ~ 3 年的时间来完成。会议资料是指在学术交流会议上用于学术讨论、交流的资料和文献的总称，会议资料内容新颖，传递信息比较及时，学术价值比较高。除此以外，一些图书馆的印本资源还包括专利文献、标准文献等特种文献，它们也具有较高的收藏和学术价值。

（一）图书

1. 构成图书的要素

从竹木简牍到今天的各类图书，不管其形式和内容如何变化，只要认真地加以考察和分析，就可以看出它们都具有这样几个要素：①要有被传播的知识信息；②要有记录知识的文字、图像信号；③要有记载文字、图像信号的物质载体；④图书的生产技术和工艺也是产生图书的基本条件。

2. 图书的类型

图书按学科划分为社会科学和自然科学图书；按文种划分为中文图书和外文图书；按用途划分为普通图书和工具书。

3. 图书的特点

与其他出版物相比，图书的特点为：①内容比较系统，全面，成熟，可靠；②出版周期较长，传递信息速度较慢。

（二）期刊

期刊由依法设立的期刊出版单位出版。在我国，期刊出版单位出版期刊，必须经新闻出版总署批准，持有国内统一连续出版物号，领取《期刊出版许可证》。

从广义上来讲，期刊的分类，可以分为非正式期刊和正式期刊两种。非正式期刊是指通过行政部门审核领取"内部报刊准印证"作为行业内部交流的期刊（一般只限行业内交流不公开发行），但也是合法期刊的一种，一般正式期刊都经历过非正式期刊过程。正式期刊是由国家新闻出版署与国家科委在商定的数额内审批，并编入"国内统一刊号"，办刊申请比较严格，要有一定的办刊实力，正式期刊有独立的办刊方针。

"国内统一刊号"是"国内统一连续出版物号"的简称，即"CN 号"，它是新闻出版行政部门分配给连续出版物的代号。"国际刊号"是"国际标准连续出版物号"的简称，即"ISSN 号"，我国大部分期刊都配有"ISSN 号"。

此外，正像报纸一样，期刊也可以不同的角度分类。有多少个角度就有多少种分类的结果，角度太多则流于烦琐。

（三）报纸

报纸是以刊载新闻和时事评论为主的定期向公众发行的印刷出版物。是大众传播的重要载体，具有反映和引导社会舆论的功能。

1. 职能

关于报纸的职能，从不同角度，会得出不同的看法，例如从政党机关报的角度，报纸的作用和力量，就在它能使党的纲领路线、方针政策、工作任务和工作方法，最迅速最广泛地同群众见面。也有把报纸职能概括为可以被各方面接受：主要的报道职能，随之而来的辩论职能（即传播观点的职能），附带的娱乐职能。

2. 优点

第一，可随时阅读，不受时间限制，不会如电视或电台节目般错过指定时间报道的信息。

第二，互相传阅，读者人数可以是印刷数的几倍。

第三，即使阅读或理解能力较低的人，亦可相应多耗时间，吸收报章的信息。

第四，因特网崛起，网上版报纸的传阅力较传统印刷品报章强。

3. 缺点

第一，受截稿及出版因素影响，不能提供最新资讯以及即时更正信息。

第二，纸张过多带来携带及传阅的不便。

第三，图片和文字在电视和电台的影音片段的比较下震撼力和感染力比较低。

第四，容易沾染油墨污垢。

（四）学位论文

学位论文是指为了获得所修学位，按要求被授予学位的人所撰写的论文。学位论文根据所申请的学位不同，可分为学士论文、硕士论文、博士论文3种。

按照研究方法不同，学位论文可分理论型、实验型、描述型3类，理论型论文运用的研究方法是理论证明、理论分析、数学推理，用这些研究方法获得科研成果；实验型论文运用实验方法，进行实验研究获得科研成果；描述型论文运用描述、比较、说明方法，对新发现的事物或现象进行研究而获得科研成果。

按照研究领域不同，学位论文又可分人文科学学术论文、自然科学学术与工程技术学术论文两大类，这两类论文的文本结构具有共性，而且均具有长期使用和参考的价值。

1. 博士学位

高等学校和科学研究机构的研究生，或具有研究生毕业同等学力的人才，通过博士学位的课程考试和论文答辩，成绩合格，达到下述学术水平者，授予博士学位。

第一，在本门学科上掌握坚实宽广的基础理论和系统深入的专门知识。

第二，有独立从事学科研究工作的能力。

第三，在科学或专门技术上做出创造性的成果。

2. 硕士学位

高等学校和科学研究机构的研究生，或具有研究生毕业同等学力的人员，通过硕士学位的课程考试和论文答辩，成绩合格，达到下述学术水平者，授予硕士学位。

第一，在本门学科上掌握坚实的基础理论和系统的专门知识。

第二，具有从事科学研究工作或独立担负专门技术工作的能力。

3. 学士学位

高等学校本科毕业生，成绩优良，达到下述学术水平者，授予学士学位。

第一，较好地掌握本门学科的基础理论、专门知识和基本技能。

第二，具有从事科学研究工作或担负专门技术工作的初步能力。

（五）特种文献

特种文献是指出版发行和获取途径都比较特殊的科技文献，特种文献一般包括会议文献、科技报告、专利文献、学位论文、标准文献、科技档案、政府出版物七大类。特种文献特色鲜明、内容广泛、数量庞大、参考价值高，是非常重要的信息源。

1. 会议文献

指在学术会议上宣读或交流的论文及其他资料。会议结束后，通常会将这些会议文献结集出版，如会议录，会议论文集，会议论文汇编等。

2.专利文献

狭义的专利文献是指由专利部门出版的各种专利出版物，如专利说明书、权利要求书；广义的专利文献还包括说明书摘要、专利公报以及各种检索工具书、与专利有关的法律文件等。

二、数字资源

数字资源是文献信息的表现形式之一，是将计算机技术、通信技术及多媒体技术相互融合而形成的以数字形式发布、存取、利用的信息资源总和。从数据的组织形式上看，有数据库、电子期刊、电子图书、网页信息等多种类型。

按存储介质可分为磁介质和光介质两种类型。其中，磁介质包括软盘、硬盘、磁盘阵列、活动硬盘、优盘、磁带等类型；光介质包括 CD、DVD、LD 等类型。常用的数字资源存储介质为硬盘、磁盘阵列、磁带及 CD、DVD、LD 等。

按数据传播的范围可分为单机、局域网和广域网等方式。单机利用可以是光盘或安装在一台计算机上的数据；局域网内部利用是用户能在机构内部浏览检索数字资源，但在机构的局域网以外的网络环境中不能访问；广域网方式是指用户可以在任何一个拥有 Internet 的地方通过一定的身份认证方式或者不需认证就可以访问数字资源。

从资源提供者来看，可分为商业化的数字资源和非商业化的数字资源。前者包括数据库商、出版商和其他机构以商业化方式提供的各种电子资源，如 Elsevi-er 公司的 SDOS、EBSCO 公司的 Academic Source Premier、中国期刊网等数据库，图书馆需要支付一定的费用后再提供给一定的读者群，或者读者个人通过读书卡和其他方式购买数据库的使用权。这些数字资源内容丰富、数据量大，是图书馆馆藏资源建设中的重要内容。后者主要指机构自建的特色资源库、开放获取资源、机构典藏和其他免费的网络资源，这些资源或者由图书馆自行建设，或者可以从网络上免费获取。当然，图书馆特色资源库在建成之后也可以以商业化方式进行运作，此时，对其他图书馆而言，也可以称之为商业化数字资源。

（一）数据库

数据库是按照数据结构来组织、存储和管理数据的仓库，它产生于距今 60 多年前，随着信息技术和市场的发展，特别是 20 世纪 90 年代以后，数据管理不再仅仅是存储和管理数据，而转变成用户所需要的各种数据管理的方式。数据库有很多种类型，从最简单的存储有各种数据的表格到能够进行海量数据存储的大型数据库系统都在各个方面得到了广泛的应用。

在信息化社会，充分有效的管理和利用各类信息资源，是进行科学研究和决策管理的前提条件。数据库技术是管理信息系统、办公自动化系统、决策支持系统等各类信息系统的核心部分，是进行科学研究和决策管理的重要技术手段。

数据库的基本结构分 3 个层次，反映了观察数据库的 3 种不同角度：以内模式为框架所组成的数据库叫作物理数据库；以概念模式为框架所组成的数据库叫概念数据库；以外模式为框架所组成的数据库叫用户数据库。

1. 物理数据层

它是数据库的最内层，是物理存储设备上实际存储的数据的集合。这些数据是原始数据，是用户加工的对象，由内部模式描述的指令操作处理的位串、字符和字组成。

2. 概念数据层

它是数据库的中间一层，是数据库的整体逻辑表示。指出了每个数据的逻辑定义及数据间的逻辑联系，是存储记录的集合。它所涉及的是数据库所有对象的逻辑关系，而不是它们的物理情况，是数据库管理员概念下的数据库。

3. 用户数据层

它是用户所看到和使用的数据库，表示了一个或一些特定用户使用的数据集合，即逻辑记录的集合。

数据库不同层次之间的联系是通过映射进行转换的。

（二）网络数据库

数据库是按一定的结构和规则组织起来的相关数据的集合，通常分为层次式数据库、网络式数据库和关系式数据库 3 种。不同的数据库是按不同的数据结构来联系和组织的。计算机网络的特点是资源共享，数据＋资源共享这两种技术结合在一起即成为在今天广泛应用的网络数据库，也称在线数据库或 Web 数据库。网络数据库的含义是以后台数据库为基础，加上一定的前台程序，通过浏览器完成数据存储、查询等操作的信息集合。网络数据库从使用角度来看，是一种基于

浏览器 / 服务器方式（B/S）的数据库，具有互动性。

网络信息资源是指以电子数据的形式将文字、图像、声音、动画等多种形式的信息存放在光磁等非印刷质的载体中，并通过网络通信、计算机或终端等方式再现出来的信息资源。

网络数据库是信息检索与计算机技术相结合的产物，其主要含义就是信息化的"存取"。

按照国际上通用的分类方法，数据库通常划分为以下几种类型：

1. 参考型数据库

指引用户到另一信息源以获得原文或其他细节的数据库，又称为指示型数据库，包括书目数据库和指南数据库。

第一，书目数据库是指存储某个领域的二次文献（如文摘、题录、目录等）的数据库，又称二次文献数据库或简称文献数据库。

第二，指南数据库是指存储关于某些机构、人物、出版物、项目、程序、活动等对象的简要描述，指引用户从其他有关信息员获取更详细信息的数据库，也称指示性数据库，如机构名录数据库，人物传记数据库、产品数据库等。

2. 源数据库

能直接提供原始资料或数据的自足性数据库，用户可直接获取足够的信息资源。又可以分为：

第一，数值数据库，指专门提供以数值方式呈现的数据库，如各种统计数据库。

第二，文本——数值数据库能同时提供文本信息和数值信息的数据库，如产品市场报告数据库等。

第三，全文数据库，指存储文献全文的数据库，如期刊全文库。

第四，术语数据库，存储名词术语信息、词语信息等的数据库，也包括电子辞书。

第五，多媒体数据库，一种把文字、声音、图像、数值等信息存储，并对其进行一体化管理的数据库。

（三）电子图书

电子图书又称e-book，是指以数字代码方式将图、文、声、像等信息存储在磁、光、电介质上，通过计算机或类似设备使用，并可复制发行的大众传播体。

电子图书拥有与传统书籍许多相同的特点：包含一定的信息量，比如有一定的文字量、彩页；其编排按照传统书籍的格式以适应读者的阅读习惯；通过被阅读而传递信息等。

但是电子图书作为一种新形式的书籍，又拥有许多与传统书籍不同的或是传统书籍不具备的特点：必须通过电子计算机设备读取并通过屏幕显示出来；具备图文声像结合的优点；可检索；可复制；有更高的性价比；有更大的信息含量；有更多样的发行渠道等。具体如下：

第一，方便信息检索。提高资料的利用率；

第二，存储介质相较传统书籍而言容量更大，可以容纳更多的信息量；

第三，成本更低，相同的容量比较，存储体的价格可以是传统媒体价格的 1/100 ～ 1/10 甚至更低；

第四，内容更丰富，数字化资料可以包含图文声像等各种资料；

第五，增强可读性，可以以更灵活的方式组织信息，方便读者阅读；

第六，降低了工作量，在电脑上处理各种资料，可以更方便；

第七，更具系统性，将各种资料有机组合，互相参照，能更好地理解资料；

第八，新的方式方法、工具手段、形式内容。

除此以外，电子书还具有以下特点：

1. 无纸化

电子书不再依赖于纸张，以磁性储存介质取而代之。得益于磁性介质储存的高性能，一张 700 MB 的光盘可以代替传统的 3 亿字的纸质图书。这大大减少了木材的消耗和空间的占用。

2. 多媒体

电子书一般都不仅仅是纯文字，而添加有许多多媒体元素，诸如图像、声音、影像。在一定程度上丰富了知识的载体。

3. 丰富性

由于互联网快速发展，致使传统知识电子化加快，基本上除了比较专业的古代典籍，大部分传统书籍都搬上了互联网，这使电子图书读者有近乎无限的知识来源。

电子书一般有 2 种含义，一指 e-book，一指专门阅读电子书的掌上阅读器。

电子书的主要格式有 PDF、EXE、CHM、UMD、PDG、JAR、PDB、TXT、BRM 等，大部分移动终端设备均支持这些阅读格式。手机终端常见的电子书格式为 UMD、JAR、TXT 这 3 种。

电子书是一种便携式的手持电子设备，专为阅读图书设计，它有大屏幕的液晶显示器，内置上网芯片，可以从互联网上方便的购买及下载数字化的图书，并且有大容量的内存可以储存大量数字信息，一次可以储存大约 30 本传统图书的信息，特别设计的液晶显示技术可以让人舒适的长时间阅读图书。

（四）电子期刊

电子期刊也称为电子出版物、网上出版物。广义而言，任何以电子形式存在的期刊均可称为电子期刊，涵盖通过联机网络可检索到的期刊和以 CD-ROM 形式发行的期刊。

电子期刊的类型有两种：一种是纸质期刊的电子化，另一种是直接在网络出版的电子期刊。

网络出版的电子期刊从投稿、编辑出版、发行订购、阅读乃至读者意见反馈的全过程都是在网络环境中进行的，任何阶段都不需要用纸，它与传统的印刷型期刊有着本质的区别。电子期刊是以高新技术，包括光盘、网络通信技术为载体，经过信息技术人员加工处理，运用现代技术检索手段，以满足信息需求的出版物。且融入了图像、文字、声音、视频、游戏等相互动态结合来呈现给读者，此外，还有超链接、及时互动等网络元素，在增加了易读性和趣味性的同时又节约了成本。

电子期刊有其优势：

首先，电子期刊是机读杂志，它可以借助计算机惊人的运算速度和海量存储，极大地提高了信息量。

其次，在计算机特有的查询功能的帮助下，它使人们在信息的海洋中快速找寻所需内容成为可能。

再次，电子期刊在内容的表现形式上，是声、图、像并茂，人们不仅可以看到文字、图片，还可以听到各种音效，看到活动的图像。

最后，可以使人们受到多种感官的感受，加上电子期刊中极其方便的电子索引、随机注释，使电子期刊具有信息时代的特征。

（五）网页信息

网页是构成网站的基本元素，是承载各种网站应用的平台。网页是一个包含 HTML 标签的纯文本文件，它可以存放在世界某个角落的某一台计算机中，是万维网中的一"页"，是超文本标记语言格式。网页通常通过图像档提供图画，并且要通过网页浏览器来阅读。

网页上一般包括以下内容：

1. 文本

文本是网页上最重要的信息载体和交流工具，网页中的主要信息一般都以文本形式为主。

2. 图像

图像元素在网页中具有提供信息并展示直观形象的作用，又包括静态图像和动态图像；静态图像，在页面中可能是光栅图形或矢量图形，通常为 GIF、JPEG、PNG，或矢量格式，如 SVG 或 Flash；动画图像，通常动画为 GIF 和 SVG。

3.Flash 动画

动画在网页中的作用是有效地吸引访问者更多的注意。

4. 声音

声音是多媒体和视频网页重要的组成部分。

5. 视频

视频文件的采用使网页效果更加精彩且富有动感。

6. 表格

表格是在网页中用来空制页面信息的布局方式。

7. 导航栏

导航栏在网页中是一组超链接，其连接的目的端是网页中重要的页面。

8. 交互式表单

表单在网页中通常用来联系数据库并接受访问用户在浏览器端输入的数据，利用服务器的数据库为客户端与服务器端提供更多的互动。

网页上所有的发布内容都可称之为网页信息，网页信息是一个巨大的信息源，它的信息质量参差不齐，真假难辨，需要信息使用者去详加筛选。常用的网页信息有各类学习网站、政府部门统计数据、行业报告等。

三、多媒体资源

在计算机行业里，媒体有两种含义：其一是指传播信息的载体，如语言、文字、图像、视频、音频等；其二是指存储信息的载体，如 ROM、RAM、磁带、磁盘、光盘等，目前，主要的载体有 CD-ROM、VCD、网页等。

严格来讲，多媒体资源不算是一种资源类型，它是多种媒体的资源的总称。一般包括文本，声音和图像等多种媒体形式。在计算机系统中，多媒体指组合两种或两种以上媒体的一种人机交互式信息交流和传播媒体。使用的媒体包括文字、图片、照片、声音、动画和影片，以及程式所提供的互动功能。

多媒体是超媒体系统中的一个子集，而超媒体系统是使用超链接构成的全球信息系统，全球信息系统是因特网上使用 TCP/IP 协议和 UDP/IP 协议的应用系统。二维的多媒体网页使用 HTML、XML 等语言编写，三维的多媒体网页使用 VRML 等语言编写。在 20 世纪中后期，大部分的多媒体作品使用光盘发行，进入 21 世纪后，多媒体产品更多地通过网络发行。

（一）多媒体技术的应用范围

多媒体技术涉及面相当广泛，主要包括：音频技术，音频采样、压缩、合成及处理、语音识别等；视频技术，视频数字化及处理；图像技术，图像处理、图像、图形动态生成；图像压缩技术，图像压缩、动态视频压缩；通信技术，语音、视频、图像的传输；标准化，多媒体标准化。

（二）多媒体技术所涉及的内容

多媒体技术涉及的内容主要包括几方面。①多媒体数据压缩：多模态转换、压缩编码。②多媒体处理：音频信息处理，如音乐合成、语音识别、文字与语音相互转换；图像处理，虚拟现实。③多媒体数据存储：多媒体数据库；多媒体数据检索，基于内容的图像检索，视频检索；多媒体著作工具，多媒体同步、超媒体和超文本；多媒体通信与分布式多媒体，CSCW、会议系统、VOD 和系统设计；多媒体专用设备技术，多媒体专用芯片技术，多媒体专用输入输出技术；多媒应用技术，CAI 与远程教学，GIS 与数字地球、多媒体远程监控等。

四、数据资源

数据是事实或观察的结果，是对客观事物的逻辑归纳，是用于表示客观事物的未经加工的原始素材。数据可以是连续的值，比如声音、图像，称为模拟数据。也可以是离散的，如符号、文字，称为数字数据。在计算机系统中，数据以二进制信息单元 0，1 的形式表示。

信息与数据既有联系，又有区别。数据是信息的表现形式和载体，可以是符号、文字、数字、语音、图像、视频等。而信息是数据的内涵，信息是加载于数据之上的，对数据作具有含义的解释。数据和信息是不可分离的，信息依赖数据来表达，数据则生动具体表达出信息。数据是符号，是物理性的，信息是对数据进行加工处理之后所得到的并对决策产生影响的数据，是逻辑性和观念性的；数据是信息的表现形式，信息是数据有意义的表示。数据是信息的表达、载体，信息是数据的内涵，是形与质的关系。数据本身没有意义，数据只有对实体行为产生影响时才成为信息。

数据的表现形式还不能完全表达其内容，需要经过解释，数据和关于数据的解释是不可分的。例如，93 是一个数据，可以是一个同学某门课的成绩，也可以是某个人的体重。数据的解释是指对数据含义的说明，数据的含义称为数据的语义，数据与其语义是不可分的。

对数据的分类，可以按性质、表现形式和记录方式 3 种类型划分。

1. 按性质划分

第一，定位的，如各种坐标数据。

第二，定性的，如表示事物属性的数据（居民地、河流、道路等）。

第三，定量的，反映事物数量特征的数据，如长度、面积、体积等几何量或重量、速度等物理量。

第四，定时的，反映事物时间特性的数据，如年、月、日、时、分、秒等。

2. 按表现形式划分

第一，数字数据，如各种统计或量测数据。数字数据在某个区间内是离散的值。

第二，模拟数据，由连续函数组成，是指在某个区间连续变化的物理量，又可以分为图形数据（如点、线、面）、符号数据、文字数据和图像数据等，如声音的大小和温度的变化等。

3. 按记录方式划分

地图、表格、影像、磁带、纸带。按数字化方式分为矢量数据、格网数据等。在地理信息系统中，数据的选择、类型、数量、采集方法、详细程度、可信度等，取决于系统应用目标、功能、结构和数据处理、管理与分析的要求。

数据也分为结构化数据、非结构化数据和半结构化数据。

结构化数据，简单来说就是数据库。结合到典型场景中更容易理解，比如企业 ERP、财务系统；医疗 HIS 数据库；教育一卡通；政府行政审批；其他核心数据库等。这些应用需要哪些存储方案，基本包括高速存储应用需求、数据备份需求、数据共享需求以及数据容灾需求。结构化数据即行数据，存储在数据库里，可以用二维表结构来逻辑表达实现的数据。

非结构化数据库是指其字段长度可变，并且每个字段的记录又可以由可重复或不可重复的子字段构成的数据库，用它不仅可以处理结构化数据（如数字、符号等信息）而且更适合处理非结构化数据（全文文本、图像、声音、影视、超媒体等信息）。非结构化 WEB 数据库主要是针对非结构化数据而产生的，与以往流行的关系数据库相比，其最大区别在于它突破了关系数据库结构定义不易改变和数据定长的限制，支持重复字段、子字段以及变长字段并实现了对变长数据和重复字段进行处理和数据项的变长存储管理，在处理连续信息（包括全文信息）和非结构化信息（包括各种多媒体信息）中有着传统关系型数据库所无法比拟的优势。非结构化数据，包括所有格式的办公文档、文本、图片、XML、HTML、各类报表、图像和音频/视频信息等。

而半结构化数据，就是介于完全结构化数据（如关系型数据库、面向对象数据库中的数据）和完全无结构的数据（如声音、图像文件等）之间的数据，HT-ML 文档就属于半结构化数据。它一般是自描述的，数据的结构和内容混在一起，没有明显的区分。

五、开放信息资源

开放存取（OpenAccess，简称 OA）是 20 世纪 90 年代末国际科技界、学术界、出版界、信息传播界为推动科研成果利用因特网自由传播而发展起来的，其初衷是解决当前的"学术期刊出版危机"，推动科学信息的广泛传播，促进学术信息的交流与出版，提升科学研究的公共利用程度，保障科学信息的长期保存。

（一）内涵

开放存取也翻译为"公开获取""开放获取"，是在网络环境下发展起来的一种新的重要学术交流模式。对于某文献，存在多种不同级别和种类的、范围更广、更容易操作的存取方法，而且对文献的访问存在不同的政策和权限，文献的"开放存取"意味着用户通过公共 Internet 网可以免费阅读、下载、复制、传播、打印和检索作品，或者实现对作品全文的链接，为作品建立索引和将作品作为数据传递给相应软件，或者进行任何其他出于合法目的的使用。上述的各种使用都不受经济、法律和技术的任何限制，除非是网络本身造成的物理障碍，唯一的限制就是，保证作者拥有保护作品完整性的权利，同时在使用作者作品时注明相应的引用信息。开放存取包括两层含义：一是学术信息免费向公众开放，它打破了价格障碍；二是学术信息的可获得性，它打破了使用权限障碍。开放存取的目的是促进学术信息的广泛交流及资源共享，促进利用互联网进行学术交流与出版，提高科学研究成果的产出率，使世界各国的研究人员都能平等、有效地利用人类的科技文化成果。

（二）开放获取资源的两种实现形式

1. 开放存取期刊

开放存取期刊与传统期刊一样，对提交的论文实施严格的同行评审，从而保证期刊的质量。为读者提供免费访问服务。相对于传统印本期刊而言，开放存取期刊由于以网络电子期刊为主，所以其出版成本和传播成本已经大大降低，主要采用"作者（或机构）付费出版，读者免费使用"的运行模式。其存在和发展为重建以研究人员为中心的学术交流体系发挥了重要作用。另外，开放存取期刊也开始得到传统的文摘索引服务商的认可并成为它们收录的对象。

2. 开放存取仓储

开放存取仓库不仅存放学术论文，还存放其他各种学术研究资料，包括实验数据和技术报告等。开放存放仓库一般不实施内容方面的实质评审工作，只是要求作者提交的论文基于某一特定标准格式（如 Word 或 PDF），并符合一定的学术规范。开放存取仓库包括基于学科的开放存取仓库和基于机构的开放存取仓库。学科仓储是某些学科所利用的，目的在于研究资料的共享和保存。这些仓储在各自的领域参与的程度很高，目前所涉及的学科领域主要包括古典文学、哲学史、经济学、化学、认知科学、数学和物理学等。机构仓储是大学创建的知识产品的数字化档案库，提供给校内外的终端用户利用，没有或只有很少的限制。机构可以独立创建，也可以参加到州或地区性联合体之中。世界不少知名大学宣布，可应用开放使用出版模式来发表研究成果。

（三）开放获取对图书馆信息资源建设的影响

1. 对信息资源建设战略的影响

（1）信息资源建设环境日益开放和国际化

印本期刊时代，资源的甄选、采集、组织、揭示、服务都以人工方式完成，即使用计算机代替手工实现了流程自动化，上述工作也只能在离线状态下完成，因为印本期刊没有自己的独立网站，无法通过互联网提供开放式服务。普通数据库也如此，数据库提供商需要通过控制购买者的用户数量，来增加库的销量，因此，也不会提供开放式服务。OA 期刊和知识库有自己的网站或网址，通过互联网面向全球用户开放，对使用者数量、身份、国别不设限制，数据是动态的实时更新。不同国家的科研机构、大学同时建设机构知识库、创办 OA 期刊，打破了以往资源建设环境各自为政的封闭状态，突破了地域国别的界限，将资源建设工作置于一个更加开放和国际化的环境中。

（2）越来越多的学术期刊采用互联网在线方式出版发行

互联网不仅改变了人们的阅读习惯，也造就了不可估量的网络阅读市场。出版商也意识到，与印本期刊相比，在线期刊可以大幅降低出版成本，缩短出版周期，并赢得更广泛的读者。为此，国外出版巨头经过艰难的博弈后纷纷选择了在线出版。国内学术期刊出版没有像欧美那样形成垄断，OA 期刊对印本期刊出版利益的冲击小得多。近年已有越来越多学术期刊建立自己的编辑部网站，推出在线期刊，可免费全文检索下载过刊文章。国内学术期刊出版政策正由印本向数字化出版转变。

（3）对图书馆基础设施建设的要求更高

机构知识库不同于普通数据库，后者虽提供在线服务，但属于封闭式局域网有偿服务。用户数量受数据库销售商严格控制，不可以无限制发展。机构知识库也不同于特色数据库，特色库通常收集了某地区在人文地理、民俗风情、社会传统等领域与众不同的相关文献数据。机构知识库收录的是机构内部产生的科研成果，它不但可以长期保存、积累科研产出，利于统一集中管理，而且可以深度挖掘和揭示机构内部的成果资源，彰显机构整体研究实力和研究水平。

2. 对信息资源馆藏结构的影响

目前，国内图书馆的馆藏结构基本上以印本文献数字化与数据库或印本文献与数据库为主，这实际上是封闭式网络与收费的模式。OA 资源则完全不同，采用的是开放式网络与免费的模式。当某种期刊以印本期刊数字化（或数据库）和 OA 期刊两种不同版本同时作为馆藏出现在检索结果中时，毫无疑问用户更愿意选择后者。随着时间的积累，OA 资源的稳定性和连续性日臻成熟，被更多的人所了解和熟悉，利用率将不断上升，而数字化版（或数据库）的利用率会逐渐萎缩。届时，馆藏结构势必做出相应调整，资源建设重心将从印本资源向 OA 资源转移。

3. 对信息资源共建共享的影响

国内图书馆及信息机构为实现信息资源共享做了大量共建工作，取得了明显成绩，实现了本系统、本地区、共建单位或某一范围 IP 地址的共享，如 CALIS、NSTL 等。系统内部人员使用时，可免费浏览、下载、打印，实现了开放获取。

外部用户使用时，则需申请、注册、开通账户、预付款等一系列手续，这些用户得到的是不平等的封闭式网络加收费的服务。OA 则不是面向某一特定群体开放，它倡导和践行的是不分国界让人类平等获取知识，打破了以往行业、系统等条块分割的壁垒，给图书馆现行服务方式带来了挑战。OA 的优势在于：利用互联网传播，速度快受众面广，提高了馆藏可见度。从用户角度考虑，可在任何一个地方和不同形式的终端登录，不受时间和距离的限制，使用方便快捷；无须支付获取费用，节省了时间和经济成本；消除了用户在使用过程中可能发生的侵犯作者相关权利的法律风险。从作者角度考虑，作品一经上线，全球读者即可阅读，扩大了作者及作品的影响力和知名度；作者保留版权而不是移交给出版商。

第三节　智慧图书馆的资源建设策略

一、智慧图书馆印本资源建设

（一）智慧图书馆采访工作的智慧化管理

馆藏是图书馆赖以生存发展的物质基础，文献采访作为馆藏建设的第一个步骤，采购水准的高低无疑将直接对图书馆的运作效率的高低产生影响。传统的文献采购倾向于自上而下的采购，直接利用文献的读者常常处于资源建设的最末端的弱势地位。图书馆的服务对象是读者，这是图书馆永恒不变的准则，图书馆释放出其所存在的价值的唯一途径是读者的参与和使用。读者作为图书馆馆藏服务的对象、中心、目的、动力、检验者，图书馆的各项服务都需要体现"以读者为中心"的核心理念，这才能符合智慧图书馆"以人为本，可持续发展"的内在特征及"以人为本、绿色发展、方便读者"的灵魂与精髓。可以看出，为了适应智慧理念的发展，图书馆馆藏资源的采购需更加倾向于开放化、个性化、大众化，而不仅仅局限于少数采访馆员的研究领域和个人观点。理想的情况是，所有读者均可自由地提出个性化的文献采购要求，图书馆也要据此满足读者相应的文献需求，从而真正意义上实现信息获取的人人平等。实现馆藏资源的采购由"局限于少数有权采购文献的人员"走向"读者的每个文献需求的全面开放"，即文献资源的采购对准读者的文献需求，而实现的方式有读者决策采购，图书馆荐购系统等。

（二）智慧图书馆馆藏管理的智慧化

RFID 管理系统是实现纸质资源智慧化的有效途径，通过对物联技术的运用，对图书馆采编、排架、流通等业务流程进行优化。目前，很多图书馆的在架书籍都配备了独一无二的电子标签。

（三）智慧图书馆馆藏存储的智慧化

纸本文献的远程合作存储。为解决物理空间紧张和图书馆致力于对实体馆藏的维护之间的矛盾，远程存储是个有效减少馆内开架书库实体馆藏的途径。远程合作存储使各分布式的图书馆共同构建异地的、高密度的，可长期保存纸质文献的存储设备，各分馆拥有本馆所存放文献的所有权，也可选择资源共享或转让文献所有权。各分馆的读者都有权力访问本馆远程存储的资源。在智慧化环境中，图书馆首先要明确它的使命和角色，并依此制定馆藏发展策略。比如：有些图书馆致力于提供对近期学术资源的获取，一些馆更多的是承担长期保存低利用率文献资源的职能，但未来的智慧图书馆的趋势是传统的作为保存纸本文献的图书馆正在转变为学习空间、交流中心、创新中心、创客中心，因此，可以推断的是，减少馆内低利用率的纸本文献的空间改造是智慧图书馆的发展趋势之一。

二、智慧图书馆数字资源建设的问题解决对策

（一）明确数字资源建设的规划与原则

资源建设规划是进行资源建设的纲领性文件，是对资源建设的目标、任务、方法、步骤等内容的明确规定。数字资源建设工作的首要任务就是制定资源建设规划。数字资源建设规划是数字资源建设工作的宏观指导，为数字资源建设工作提供政策性的标准和规范，为数字资源建设、数字资源服务与共享提供依据。

图书馆应该根据学校、图书馆的发展规划，学校学科建设情况，图书馆的购书经费等条件，制定数字资源的建设规划。建设规划应该包括数字资源建设的目标、方针、程序、模式、建设任务、建设重点、时间规划等内容。

数字资源建设应该遵循以下几个原则。

1.需求原则

数据库的建设选题要立足用户需求，不能盲目上马，要考虑到教学和科研的实际需要，考虑其实用价值和需求程度。具体说来，一方面要满足读者需求，即数据库建设的最终目的是为更多的读者提供更大的便利，如果没有读者的需求，便失去了建库的意义；另一方面要适应学科的发展要突出重点学科和专业的特色，紧密联系教学和科研的需求，以考虑对教学科研起促进作用，对社会发展和经济建设创造效益为准则。

2. 特色原则

未来图书馆是互联网的重要组成部分，特色是数字资源开发和利用的生命，没有特色就没有竞争优势和发展潜力。因此，特色数据库在内容选择和编排上应具有鲜明的资源特色，如民族特色、地方特色、学科特色等，形成特色优势，满足用户对特色文献信息的需求。要考虑本数据库是否在本行业乃至全国范围内具有特色权威性，是否是其他综合型数据库无法替代的。

3. 标准化与规范化原则

在数字资源建设中，必须遵循一套标准和规范的解决方案，以便实现数字资源的长期存储、相互操作和数据交换，达到分布建设、网络存取、资源共建共享之目的。因此，在技术平台的设计建造以及网络信息服务系统构造等数字化建设中，应始终坚持选择统一、通用标准，协调与规范，以及可兼容的应用性软硬件。

4. 共建性与共享化原则

网络信息时代，任何单一的图书馆都不可能也有必要将所有的信息资源收集齐全，而单纯依靠自身的信息资源、人力资源所开展的信息服务也不能满足读者日益增长的信息需要。在这种环境下，中小型图书馆更应积极参与到全国性、地区性或本系统的共建共享活动中，如数据库的联合购买，特色数据库的合作建设，馆际互借以及开展联机合作编目等。共建与同享可提高图书馆数字化建设的效率与效益。

5. 安全性与可靠性原则

图书馆在数字资源建设时要对大量的数字资源进行加工、存储、传递和管理，并利用网络为众多的终端用户提供各种信息服务，因此系统的安全性十分重要。在建设过程中要选择技术成熟、性能安全可靠的信息存储与网络设备，进行数据自动备份，采用先进的网络管理系统，并利用网络管理系统的监测、诊断、过滤、故障隔离、在线修复等功能确保网络系统的安全性和数据的可靠性。

6. 保护原则

许多历史悠久的图书馆保存了珍贵的孤本、善本、古代图片、照片等特藏史料。从保护资源的角度出发，各馆都采取了只藏不借的封闭式保护措施。一般说来，只对个别专业研究人员提供阅览服务。这样一来，大大影响了珍贵特藏史料本身学术价值和研究价值的开发利用。这类特藏史料亟待采用数字化技术进行处理，并制作成数据库，提供用户浏览和检索功能。这一举措既有利于保护我国优秀的文化遗产，又有利于对文化遗产的研究、开发与利用。

（二）加大力度引进中外文数据库

中文数据库商出于自身利益的考虑，大部分数据库是大而泛，数据量比较多，购买费用也比较高。图书馆在引进中文数据库的时候要综合考虑数据库的使用效果、学科专业建设、重复引进、经费投入等问题，合理引进中文数据库。在经费允许的条件下，根据学科专业建设情况，尽量多引进专业性数据库，满足多学科的教师和学生的科研学习需要。

另一方面，图书馆要在数据库的引进上变被动为主动。目前许多图书馆在引数据库时缺乏主动性，绝大多数仍处在代理商上门推销的被动试用、接受阶段。我们应当通过多种渠道了解全球专业数据库的出版信息，变被动为主动，努力做好图书馆信息资源建设。

（三）加强图书馆自建数据库的建设

我国图书馆引进的数据库比较多，而自建的数据库比较少，自建特色库的质量也比较低，本身数据库的资源也比较少，基于以上问题，如何加强自建特色数据库的建设，应该做好以下几方面的工作。

第一，集中精力收集具有某种优势的信息资源。收集本校师生论文/著作，建成相应的数据库，在图书馆主页上链接，提供给读者检索，是构建特色数据库的一个可行方法。同时收集相关收录和被引用情况，既能反映出学校科研的水平，又能提升服务层次，更好地显示出本馆数字资源的特色。图书馆还可以结合本地地方特色资源，建设具有浓郁的本地特色的数据库。

第二，对所收集的文献信息进行深加工，形成一批质量较高的二三次文献。文献信息资源的深层次开发是图书馆信息化建设的重要内容。在信息化建设中计算机和应用软件等环境只是信息资源建设的主要技术条件和手段，而信息的组织、储存、加工、整理、规范、开发则是信息资源建设的重要基础性和关键性的工作。它直接关系到信息化建设效益，影响着国民经济的发展和科技的创新，是一件比软件、硬件配置更为重要、更为复杂、更为艰苦和更为持久的系统工程。深层次的文献信息资源的开发不仅是为了充分揭示图书馆的馆藏文献信息资源，更主要的是为了更好地提供利用。要抓好图书馆的信息化建设，促进文献信息资源的深层次开发，必须根据信息量化程度的难易、数据量的大小，统一规范系统数据，制定各专业数据库的建设规划、发展、标准和实施步骤，分工合作、有条不紊、分期分批地进行文献信息资源的全面建设。

第三，根据重点学科、重点课题，对国内外该研究领域的新观点、新思潮、新动向进行跟踪，提供定性、定量的专题报告和论点汇编，图书馆具有文献资源优势，丰富的馆藏特色文献为重点学科、重点课题数据库的建立储备了良好的资源基础。图书馆担负着学科建设的资料存储和资源建设的重要任务。

（四）加强联盟，实现资源共建共享

由于经费短缺，再加上数字化资源价格的逐年上涨，使得图书馆数字化建设长远规划难以制定和实施。建议要通过立法来确保文献购置费在学校经费中所占的比例，教育部也应明确文献购置费的核定比例，并且加强监督和指导。

实现各数字化图书馆之间的互连和资源共享，是数字化图书馆发展的必然趋势，也是解决资金短缺的一个重要举措。资源共享的基础是共建，因此要在管理体制和资源配置方式上进行改革，变单一建设为集中建设，变封闭式管理为开放式管理，改变大而全、小而全的思想，避免重复建设，浪费大量的资金和时间。各馆要转变观念，树立全局意识，把自身建设放在资源共建共享的大环境中来考虑，积极参与数字资源的整体化组织与建设，通过紧密协作，统一规划，统一标准，在互惠互利的基础上制定数字化资源建设的整体目标。另外要根据各个馆的功能和定位，确定数字资源的订购范围，合理地分配各图书馆数字资源建设规模，尽可能地把各个图书馆的经费投入集中起来进行数字资源的整体规划，形成一个资源共建共享的运行机制，建设"大图书馆"的数字化资源，最终实现数字资源分布式存储和管理、集成化"一站式"检索和利用的格局。

（五）加强数字资源整合检索建设

数字资源整合不能简单地理解为"库集合"和"库链接"。数字资源整合是一种数字资源优化组合的存在状态，是依据一定需要，对各相对独立的资源系统中的数据内容、功能结构及其互动关系进行类聚和重组，重新结合为一个新的有机整体，形成一个效能更好，效率更高的新的数字资源体系。数字资源的整合程度直接关系到其能否被高效吸收及利用。

1. 基于 OPAC 的信息资源整合

这是一种基于传统书目管理的整合模式，OPAC 系统是图书馆众多资源中利用频次较高的，如果能以 OPAC 系统为基础，整合更多的资源和服务将会极大地提高图书馆现在所有信息资源的利用率。现在图书馆都拥有自己的馆藏书目公共查询系统（OPAC），有少则几十万，多则几百万的编目数据，以 OPAC 系统为基础平台整合其他文献资源是一种比较容易考虑到的思路，其突出的优点是让读者在不知不觉中跨越馆内资源和书目服务的局限，方便地使用到馆外的或数字化的文献资源，而无须花时间和精力熟悉新的系统和操作方式。常见的做法有两种：一是通过 Z39.50 协议聚合不同的 OPAC 系统，整合生成联合的馆藏书目查询系统，这样的实践已经比较多，主要用于传统书目查询系统之间的整合；二是通过在以 MARC856 字段中记录电子文献的 URL，实现在实体馆藏中揭示并链接全文电子文献的目的。

2. 基于跨库检索的信息资源整合

某个学科的文献资料可能包含在多种数据库中，尤其是交叉学科，读者要完成某个课题的检索，往往要通过多个数据库进行多次检索，才能将与该课题有关的文献找全。而每个检索系统都有各自的检索界面和检索方式，检索式构造规则、检索算符、检索字段等都不尽相同，这给读者的资源检索造成了相当的困难。如果能在同一个检索平台下，实现多数据库同时检索，将极大方便读者。对异构数据库进行资源整合与统一检索，将大大提高读者对信息资源获取的效率。跨库整合检索可分为两个层次：第一层次是检索界面整合；第二层次是实现数字资源系统间的分布式异构整合检索。

3. 基于资源导航的信息资源整合

资源导航系统指将信息资源的检索入口整合在一起，建立资源导航库，提供按信息资源名、关键词、资源标识等获取资源的途径。资源导航系统功能主要是帮助读者更加全面了解信息资源，供读者浏览或按一定的特征来检索，并提供该资源的检索入口。资源按其形式类型可以分成书目资源、期刊资源、数据库资源、电子图书资源、电子报纸、会议文集等，可以分别建成相应的导航系统。当前我国图书馆以期刊数字导航系统和数据库导航系统为主。为了使资源导航系统达到预期的功能，要确定揭示的内容，信息资源内容揭示的详细程度决定了资源导航系统功能能否充分发挥。每种形式类型的信息资源要揭示的内容是不同的，如建立期刊数字导航系统要揭示的内容包括刊名、关键词、学科分类、语种分类、出版商、ISSN、该刊的 URL、出版商的 URL、全文起始年限、期刊详细介绍等相关信息。资源导航系统一般都有以下几个基本功能：字顺浏览功能、分类浏览功能、关键词检索功能，这 3 个基本功能将帮助读者迅速找到信息资源，并利用超文本链接提供检索入口，对该资源进行全文或目录检索基于超级链接的信息资源整合。利用网络超文本链接特性，可以将文献的有关知识点链接起来，将有关的信息资源链接在一起，形成一个具有内在联系的有机整体，以方便读者利用各类信息资源为目的，这就是链接整合。在链接整合过程中我们应该注意以下几个问题。从读者方便的角度讲，链接点的设置应该越多越方便，但太多容易造成迷航。信息资源的分类一般都要按一定的原则来进行，资源的分类很重要，其分类是否科学、符合读者使用习惯等问题关系到能不能快速得到所要的资源。科学文献之间不是孤立的，而是相互联系、不断延伸的系统。文献的相互引证反映了科学发展的客观规律，体现了科学知识的累积性、连续性和继承性，以及学科之间的交叉、渗透。众多的学术论文通过引用与被引用关系形成复杂的引文网络，如果能在信息资源中利用超链接的特性通过参考引文把所有资源都联系起来，形成一种反映各知识点之间直接和间接关系的知识结构性网络体系，对于学术研究将是非常有价值的。理想的引文链接以参考文献为线索，将所有的信息资源都整合成一个具有知识关系的网络，是一种非常理想的、独特的整合方法。

三、智慧图书馆的开放信息资源建设

第一，图书馆应根据本馆职责、任务及服务对象的需求，组织专门力量对 OA 资源进行专门调研。

图书馆是外文期刊的主要购买和服务提供者，印本期刊 OA 化对订阅方式、采购预算、馆藏结构及服务都产生了影响。哪些刊属于金色 OA，哪些属于混合式 OA，各由哪些出版商出版？哪些 OA 刊可以长期保存，是否可以替代部分印本期刊？都是摆在图书馆面前的现实问题，亟须组织人力进行专门、深入的研究，为合理布局馆藏结构、优化资源配置、提升预算使用效率提供可靠、可行的参考依据。

第二，在图书馆网站首页开设开放获取专栏，以利于读者或用户清楚识别、使用 OA 资源。

国内大学、科研单位及图情机构对国内外 OA 资源的组织有两种方法，一种是在图书馆网站首页上的"数据库导航""网络资源""电子资源"或类似栏目中对混合排列的 OA 与非 OA 资源逐一作简要介绍和地址连接；另一种是在网站首页开设"开放获取"专栏，对 OA 的概念、发展、知识库、自存档以及每一种 OA 资源等相关知识集中组织、逐一介绍。从资源利用的角度考虑，似乎后者的组织方式更值得推介，不但起到了宣传、普及 OA 知识的作用，而且能让使用者更清楚地辨识哪些属于 OA 资源，在使用方法和形态上与传统文献或数据库有何不同，更有益于 OA 资源的推广利用。资源建设工作的每一次革新，每一项新技术的应用，最终受益者都应该是用户。

第四，OA 资源作为一种优质学术资源，应成为馆藏资源建设的重要组成部分，以推动馆藏资源的广泛共享，提升馆藏利用率和显示度。

信息在传递过程中遇到障碍时，其中共享方式是重要因素。开放是共享的前提，没有资源的开放，就不可能实现广泛的共享。图书馆应从发展战略、采购预算、馆藏结构、组织揭示、服务提供等资源建设各个环节对 OA 资源予以计划安排。特别是科技管理部门的政策支持是 OA 资源建设快速、健康、可持续发展的重要保证。资源建设的出发点应从两方面入手：一是合理安排预算，用有限经费实现最佳资源配置；二是尽最大努力满足用户研究、教育和学习的需求。因此，图书馆应尽一切可能为用户提供使用上的便利，创造条件使知识交流渠道更加畅通。交流渠道的畅通有助于协同创新。

第四章　智慧图书馆的服务体系建设

第一节　图书馆服务概述

一、图书馆服务理念

（一）图书馆服务理念概述

1. 服务理念的含义

（1）有利于企业的管理

服务理念的产生与发展对于企业管理具有重要意义。服务是一种无形的活动，它与有形产品的生产、开发和销售不同，服务是在满足消费者实际需求的过程中所提供的无形产品，对于满足消费者需求具有推进作用。因此，树立正确的服务理念对于增强企业管理能力具有重要作用。

（2）有利于服务标准的衡量

服务具有无形性特点导致了对服务的衡量具有一定的难度，而服务理念则是将无形的服务转化为有形的文字标准，这样社会公众就可以通过语言文字明确认识到服务的具体内涵，使服务的衡量变为可能。

（3）有利于服务特色的建立

一个企业的服务理念彰显着企业的文化精神，好的企业理念能够对企业起到一定的宣传作用，积极、合理的服务理念能够帮助企业树立健康、正面的企业形象，可以有效吸引消费者加深对企业的了解。建立具有企业特色的服务理念，能有效促进企业的进一步发展。

2. 服务理念的重要性

（1）市场细分

不同的消费群体有着不同的需求范围，因此有必要在研究消费者总体市场的基础上，对消费者的不同进行市场的再次分割。分割后的市场可以按照消费者需求与期望的不同再划分为多个子市场，这样来保证不同消费群体都有符合其自身需求的市场存在。不同的消费子市场面对的消费群体不同，企业应当加以区分。

（2）定位消费者目标市场

消费者市场被细分后，每个子市场的消费者需求则进一步凸显，这就要求企业应针对不同的消费群体提供相应的服务，以满足消费者的需求。服务企业在针对细分的子市场做出服务规划时，应从市场的消费能力和市场的竞争力两方面进行着重考量。

（3）创新服务递送系统

一个具有创新能力的服务型公司，它必定拥有规范划分的消费者子市场，并且能够根据子市场的消费者特性制定出符合消费者需求和期望的产品服务。服务递送系统总是处于变化之中，因此，企业服务理念必须具有创新性才能够适应服务递送系统以及消费者市场的需要。

3.图书馆服务理念的概念

图书馆服务理念，是指图书馆作为服务组织的自我认知与定位，即解决为谁提供服务和如何提供服务的问题。图书馆服务的形式经历了一个由封闭到开放、由局部到整体、由实体到网络、由被动到主动、由有时到随时的演进过程，图书馆服务内容与方法也在不断推陈出新，以适应社会发展的需要。与此同时，图书馆的服务理念也随着图书馆服务内容的更新和服务手段的革新而不断发展创新。在现今社会，图书馆服务理念的主要观点为：文献信息服务是图书馆的基本产品，读者和用户是图书馆的直接顾客，不断满足读者和用户明确的或潜在的知识信息需求是图书馆改革和发展的落脚点。

现代图书馆应确立符合现实需要的服务理念，以适应新的社会环境与人类需求，只有推进服务理念的建立与创新，才能实现企业的良性发展，进而应对社会与网络环境等多方面竞争压力。图书馆服务理念是图书馆服务工作的核心内容，它既是图书馆整体工作思想的重要组成部分，同时也是图书馆工作的服务准则、服务态度和服务手段。图书馆服务理念是在长期图书馆服务实践中总结而来的服务经验，它能够客观地反映图书馆服务工作的发展趋势，同时也为图书馆整体工作的进一步发展奠定了坚实的理论基础，为图书馆的服务工作指明了方向。

现今社会，"服务"这一概念随着社会的转型和发展不断发生着变化。其中，图书馆"服务"的变化体现为：服务大众的模式由"以藏书为中心"转变为"以读者为中心"；服务的对象由"图书馆读者"转变为"社会读者"；服务的范围由"图书馆服务"转变为"资源共享服务"；服务的内容由"图书馆提供"转变为"电子信息资源"；服务的功能由"传递文献知识"转变为"多元化信息共享"；服务的观念由"无偿服务"转变为"有偿服务"等。

（二）我国图书馆服务理念的特点

1. 体现人本服务

人本服务是一种以人为中心的服务观念，是图书馆服务工作中应当贯彻始终的重要思想。人本服务的理念主要关注受众人群的心理需求，图书馆根据需求变化不断转变服务手段。图书馆不同于一般社会企业，由于其具有公益性特征，因而不存在一般的市场竞争。但作为服务型机构，坚持人本服务有助于更好地发挥图书馆的职能，体现图书馆的文化优势，吸引大众巧妙利用图书资源，进一步促进图书馆服务工作的完善。

2. 体现特色服务

图书馆特色服务理念的建立要关注以下三方面内容：首先，选择服务对象时要以现有馆藏和接受服务群体为基础，避免盲目选择；其次，确定服务内容时要以用户实际需求为主，现有的优势项目要加以完善；最后，转变服务方式时要注意摒弃旧的服务方式中的不足，确立新的服务方式时应以读者为核心，始终坚持以满足读者需求为工作重点。

3. 体现馆际服务的协作

随着现代科学技术的发展，知识的覆盖范围越来越广，未知世界的范围不断扩大。任何一所图书馆都不能保证对所有学科知识兼容并包。因此，馆际协作成为一种必然的发展趋向。首先，从图书馆的性质来看，虽然图书馆的类型多种多样，但是大多数是由政府投资建立的。因此，图书馆的馆际协作具有良好的基础；其次，从图书馆的发展愿景来看，实现文献信息的资源共享是图书馆人的期望，而馆际协作能够有效促进信息资源的传播与共享，但是馆际协作所促成的信息资源交流的范围较小，因此图书馆主要应提升自身馆藏实力以提高图书馆服务的整体水准，实现更大范围内的信息与资源共享；最后，从图书馆的能力来看，目前计算机技术的迅猛发展为图书馆馆际协作奠定了基础，以网络为平台，可以实现用户对图书馆资源的实时运用。

（三）我国现代图书馆服务的原则

1. 开放性服务原则

在过去，开放性原则主要指的是图书馆服务的公共化，而在19世纪，我国就已经实现了图书馆面向公众的开放化。但是由于社会的发展程度不同，开放性服务的概念也与早期有所区别，现代意义上的开放性服务主要体现在：第一，资源的全面开放。这种开放主要指图书馆中所有文献资源、馆内设备均向用户开放，所有图书馆人员都直接或间接服务于用户；第二，图书馆实时开放。虽然我国暂没有实现图书馆的全天候开放，但是网络服务可以实现24小时的文献知识获取，一定程度上保证了图书馆服务时间的延长；第三，馆务信息的公开化，这里包括图书馆中便于服务用户全部相关信息的公开。

2. 全面性服务原则

全面性服务原则主要体现在两个方面：一是用户在使用图书馆时能够得到全面的服务，主要包括图书馆内设施的完备为用户提供方便；图书馆的工作人员为用户提供优质服务。二是对潜在用户需求的开发与服务，图书馆根据实际的调研结果，有针对性地开发和完善新的项目，进而满足受众人群的需求。

3. 便利原则

便利原则指图书馆要为用户提供方便，保证用服务节约用户的时间，保证服务的质量和成果，主要表现在：图书馆的位置的选择上要以交通便利为首要考量标准；设置快捷合理的检索方式保证馆藏资源利用的效率；要确保图书馆服务用户过程的简练化。

二、图书馆服务组织概述

（一）服务组织概述

1. 服务组织的含义

服务组织是指在进行服务工作时，依据实际情况进行分工而形成的各服务部门。受到各种因素的影响，服务组织的可以分为多种不同形式：基于社会需求，服务组织可以分为政府部门、医疗机构、福利机构、运输机构等；基于机构内部的需求，一个服务机构中又成立了多个服务部门，以满足整个服务系统的正常运转，如图书馆服务工作主要由采编、借阅、技术和咨询等多个部分共同组成。

2. 服务组织的性质

从性质上看，服务组织主要由营利型服务组织和非营利型服务组织构成。盈利型服务组织主要的目的在于获取经济利益，又叫作经济型组织。这种服务组织形式多变，手段灵活，主要采取单体运行的方式进行组织运转。非营利型服务组织又称公益型服务组织，它的服务主体是无偿的。非营利型服务组织在形式上通常可以分为若干个等级层次，每级上下隶属关系清晰明确，且关系形成后基本不会改变。就我国图书馆而言，作为非营利型服务组织，其下又可细分为公共系统图书馆、专业系统图书馆和系统图书馆等多个分支。

3. 服务组织系统及要素

服务组织系统是由社会服务活动中服务组织的组织机构、基本设施、信息资源以及服务产品等多方面内容组合而成的系统。其中，组织机构、基本设施和信息资源是服务组织系统的核心内容，由于这三种因素的影响，会导致不同的服务组织形成不同的服务效果，即影响其服务质量。服务组织自身具有发展和创新的特性，它会随着社会的变革和技术的发展更新自身的服务内容与范围，增强自身服务的质量与水平。

（二）图书馆服务组织

1. 图书馆组织文化的设计

（1）正确认识图书馆的定位

一所图书馆的先进与否不只在于硬件设施的齐全和馆藏资源的丰富，关键还在于图书馆能否利用有限的资源发挥自身的最大价值。正确的定位能够引导图书馆设计更为合理的组织文化。

（2）提出共同目标

这一点主要是针对图书馆管理者而言。领导者应该深刻意识到，真正的组织文化潜藏在组织成员的意识中，而领导的作用就在于根据社会的变革与发展提出明确的发展目标，为员工绘制一幅宏伟的发展蓝图，让员工真正意识到组织事业发展的多种可能性，激励员工认可和赞同组织文化，为了更好地促进组织发展贡献力量。

（3）引导员工树立正确的价值观

从根本上讲，文化是一种思维观念，它作用于人脑，并通过人的思维方式和行为方式表现出来。组织文化渗透到员工的脑海中，则表现为一种更为强大的文化底蕴，人们所常说的风气、精神面貌等都是组织文化的真实反映。图书馆领导者除了要为员工提供良性的发展方向外，还应该注重员工的心理建设，倡导员工树立正确的思想观念，激励员工为实现组织的发展贡献力量，使每一位员工都具有高度的组织认同感和责任感。

2.图书馆组织文化的塑造

（1）工作环境

工作环境主要是由图书馆内部形态、布局、颜色搭配、书架位置、各个层次的浏览区和馆内标识、环境卫生与秩序、工作人员服装等因素构成的。图书馆应该以得到用户的认同感为首要目标，首先从表层文化塑造入手，如干净整洁的工作和阅读环境、清晰地指示标识、良好的环境秩序等都会给用户留下深刻印象。

（2）服务标语

服务标语是组织文化的外在表现形式，是组织服务宗旨的凝练。但是服务标语不是简单的口号，图书馆服务工作的好坏主要体现在员工的行为上，只有员工真正领会服务标语的真实意义，才能够保证员工的行为符合服务的规范。因此，图书馆应该加大宣传和引导力度，做到服务标语不仅深入每一位员工内心，更渗透到用户的头脑之中，巩固和提升图书馆在用户心中的位置。

（3）组织活动

图书馆定期开展不同形式的组织活动能够有效加强各部门、员工之间的交流合作，更好地开发信息资源，同时可以通过信息交流和传递增强员工的责任感与归属感。通过组织活动，可以强化员工的价值观念，在潜移默化中提升向心力，增强集体凝聚力。

（4）规章制度

规章制度的制定与实施，能够真正将组织文化落实到实际中去。通过图书馆相应的规章制度，可以培养员工的服务精神，这种服务精神能够在实际工作中转化为员工的行为和活动原则。良好的规章制度能够使图书馆整体系统处于平衡状态。

（5）管理观念

作为一种超越具体业务和实用技术的领域，管理观念是对组织文化核心内容和组织团体的意识形态的高度概括，也是组织精神和价值观的最高表达。

三、图书馆服务用户

（一）图书馆读者与用户

1. 图书馆读者

图书馆读者是指运用图书馆供应的文献资源进行阅读，并且具有一定的阅读能力的社会成员，包括个人、团体、单位等。由此可见，图书馆读者既是文献信息服务的接受者，又是文献信息的使用者。

2. 图书馆用户

一直以来，图书馆的主要目标就是为读者服务。随着社会的发展，图书馆及图书馆概念面临着的转型。在现代信息技术与互联网的发展的基础上，图书馆由传统的实体化形式逐渐演化为实体与虚拟相结合的复合形式。因此，图书馆的服务范围也进一步扩大，不仅重视为社会成员提供阅读资源，同时致力于满足社会成员的文化需求、精神需求和娱乐需求，让广大社会成为创设人与人、人与资源之间自由交流的现代化空间与氛围。

（二）图书馆用户文献信息需求特点

1. 社会化

随着现代图书馆服务水平和质量的提升以及信息资源的丰富，用户的信息意识得到了加强，需求也更加广泛化和多样化。在社会需求扩大的基础上，图书馆的服务范围也有了很大的扩展，由服务于地区、行业和单位的用户，逐步发展为服务于全社会的用户。

2. 集成化

一直以来，用户通常利用不同的方式来满足自身对信息的需求、对信息服务的需求以及对信息检索手段与系统的需求。比如，如果将用户的信息需求划分为利用环境条件得到信息、利用技术手段得到信息、利用信息服务得到信息和利用系统得到信息四种方式，当用户进行需求信息检索和利用时，信息资源分配的分散和信息技术利用的分离，决定了根据个体要求进行信息获取的行为模式。随着信息技术的发展，计算机技术、远程通信技术和网络信息处理技术之间不断渗透、融合，信息资源的开发、组织和分配状况也发生了变化。网络环境下，多种信息获取方式并行，用户可以根据个人客观需求获取相应的信息资源，使数据、信息资源的获取与发布集成为多功能、多通道、多模式的信息需求与服务利用行为。

3. 综合化

用户文献信息需求综合化，一方面指需求内容的综合化，另一方面指需求的全面发展。现如今网络信息技术的发展使用户所面临的资源越来越丰富，人们迫切需要获得内容综合、类型齐全、种类繁多、来源广泛的信息知识。而由于用户职业与角色定位不同，所得信息必须与工作及学习需求相匹配，因此对用户需求的满足应是全方位的。另外，用户对信息的选择方面可能存在着跨行业、跨领域的知识交叉，用户的知识需求往往不是单一的针对某一工作或行业，而是其领域可涉及的方方面面。例如，经济企业对产品开发时，要经过产品开发研究、决策、实施、管理和产品更换等多个环节。因此，在获取需求信息时，其要求得到的需求服务不是个别的，而是具有一定规模的综合化信息服务。

5. 个性化

（1）信息的获取

信息时代使人们的时间观念和效率观念不断增强，对于获取信息资源，人们也有着同样甚至更高的要求。网络信息的发展与完善让人们接触的知识层面不断拓宽，进而激发了人们对更高层次的知识与技术资源的需求。在信息的获取结果上，人们更加期望网络信息服务由关注社会群体需求转变为关注社会个体的个性化特色需求。

（2）信息的交流

当今社会，各社会领域和学科领域的交叉渗透愈加明显，由于用户所处领域不同，其对信息资源的需求也千差万别，但是由于不同领域、不同学科之间存在着综合性，因此用户的知识需求往往是多角度、多方面的。用户迫切希望能够得到与其他领域的专业人士交流和探讨的机会，实时掌握不同领域的发展动向，丰富自身的知识体系。

（3）信息的发布

信息的发布主要是指用户向外界传递自身理论知识或研究成果的需求，如科研项目、科研成果、课题项目、工作报告等，用户需要通过信息的发布创造一个与外界良性交流机会，进而满足自身的个性化需求。

6. 精品化

现代科学技术背景下，信息化与数字化迅猛发展，导致信息资源虽然种类繁多但是内容良莠不齐。在这种环境下，用户既希望得到不同种类的知识信息，同时又希望保证信息的高质量。因此，为了满足用户需求，图书馆应以用户的信息需求为前提，运用图书馆庞大的资源储备，对用户所需知识进行全面系统地收集、筛选和整理。此外，还可以通过信息知识的再次开发，提取高质量、高附加值的信息，启迪、开发用户的创造性思维。

7. 自助化

用户阅读要求的提升，要求图书馆不断升级自身资源与技术水平，以提供更加方便快捷的信息检索及获取技术。不断更新与发展的现代图书馆技术设施，是实现用户自助检索和阅读的技术支持，为用户阅读开拓了更广阔的发展空间。与此同时，图书馆开展相应的用户技能培训，有助于提升用户的信息获取能力，进一步实现用户阅读的自助化。

8. 系统性

以计算机技术、网络技术和通信技术为中心的信息资源共享系统正在不断渗透到人们的生活中，网络中种类多样，内容广泛的信息知识使得人们不再受到时间、空间的限制，能够在任何时间、任何地点实时搜索所需知识资源。图书馆与现代信息技术相结合，能够为用户提供全方位、系统化的知识信息。

（三）图书馆用户类型

1. 按用户规模划分

（1）个人用户

个人用户是现代图书馆的主要服务对象，它主要以自然人为主体，基于个人需求，单独使用图书馆的现有文献信息资源进行阅读或其他活动。个体用户涉及的社会成分较为广泛，学生、教师、干部、工人、农民、军人等均属于个人用户。

（2）集体用户

集体用户是指以同一组织、团体为单位或者根据个人意愿组成团体的图书馆资源使用者。这一组织或团体的主要特点是，组织或团体内部成员有着相同或相似的资源利用需求，他们可能学习同一门知识，或者从事同一份工作，他们可能以阅读组、借阅组、学习组、科研组、评审组、专题写作组等多种形式存在，需要在规定的时间内，阅读或借阅一定范畴、一定数量的文献资料或其他知识资源。在图书馆服务与管理方式上，集体用户的与个人用户明显不同。

（3）单位用户

单位用户是指以固定的机构形式使用图书馆资源的群体用户。单位用户可以分为三类：第一，图书馆的分支机构，例如公共图书馆、社区图书馆、资料室等；第二，与图书馆建立了伙伴关系的图书馆；第三，固定机构的群体用户。固定机构可以与图书馆建立起一定的借阅和资源共享关系，保证该机构所属个人或部门都能够在一定的制度下充分利用图书馆现有资源。

2. 按用户年龄划分

（1）少儿用户

少儿用户主要是指年龄在 6 到 15 岁的少年儿童群体，这一用户群体的主要特征是求知欲旺盛，活动能力较强，他们往往喜爱阅读但是容易受到外界环境干扰，阅读的时间较短，效率较低。这时的少年儿童正处于对知识较为渴求的阶段，并且初步具备了一定的思维和理解能力，因此，对于这一群体，图书馆应充分把握群体的特点，设置对他们具有吸引力的知识内容与服务，如兼具趣味性与知识性的书籍，帮助他们塑造正确的阅读和学习观念，协助他们在课堂教育之外掌握更多的新知识、新技能。

（2）青年用户

这一群体主要是指已成年的青年大学生、刚刚就业或暂未就业的年轻群体。这一阶段的用户通常处于学校到社会的转型时期，兼具学生和青年的双重心理，心理与生理日趋成熟，迫切需要将所学内容与社会技能融会贯通。针对这一群体，图书馆应与社会发展同步更新自身体系，为青年用户提供优秀的文化成果，帮助他们获取知识、增长智慧，更好地发挥个人才能。

（3）中年用户

中年用户是图书馆服务的主要群体，这一群体涉及范围较广，往往工作和知识水平较为稳定，社会经验较为丰富，他们的业务需要可以在一定程度上反映出社会与技术发展的大致方向。为满足这一群体的需求，图书馆需要提供精准的文献信息资源，加强对各级文献的管理，提升服务质量，增强用户的资源利用率。

（4）老年用户

老年用户通常没有特定的阅读需求，图书馆在服务这一群体时要保证耐心、热情地为他们解决相应问题。

3. 按用户资源需求划分

（1）盲目型用户

盲目型用户往往没有很强的主见性，他们没有明确利用图书馆的目的，可能受到他人的影响，被动地使用图书馆资源。这类用户通常不具备选择能力，无法明确自身的实际需求，也无法选择符合自身知识层面的相关文献资源。对于这类用户，图书馆很难提供相应的指导或服务。

（2）实用型用户

实用型用户与盲目型用户有明显的区别，这类用户在利用图书馆资源时具有明确的目的性。基于求学、求知的需求，他们更多地使用的是专业类的教辅书籍、期刊等。

（3）拓知型用户

拓知型用户与实用型用户具有一定的相似性，主要是出于一定的目的有选择地使用图书馆资源。不同的是，拓知型用户在知识的选择上主要是为了拓宽已有的知识层面，丰富自身的知识体系。因此，这类用户除了会阅读专业类文献资源外，还会涉及艺术、体育、军事、科普等多个方面。

（4）钻研型用户

钻研型用户是在实用型和拓知型用户基础上，提出更高发展要求的用户群体。这类用户需要借助图书馆资源进行更深层次的理论知识研究或开展专业工作，因此要求图书馆能够提供种类丰富、形式多样的最新知识资源，同时要求图书馆信息检索方式的高效化与准确化。

四、图书馆服务资源

（一）图书馆资源的构成

1. 人力资源

人力资源是图书馆事业得以发展的关键性因素，它主要包括从市图书馆相关工作的各类人员以及由人制定出的管理方法，具体可分为图书馆员、用户资源。其中，图书馆员资源主要包括图书馆理论和方法、图书馆政策和法规、技术资源，这些资源是图书馆员智慧的结晶。狭义上的人力资源仅指图书馆员，现如今对图书馆人力资源开发与管理的相关探讨大多数都是从狭义的人力资源的含义上进行阐述的，很少把图书馆员以外的用户资源纳入人力资源的研究范围中。实际上，如果让用户参与图书馆管理和服务，将为图书馆事业注入新的活力，如有些图书馆建立的专家顾问团、青年志愿者服务队、学生图书馆管理协会等都是对图书馆用户人力资源的开发，对图书馆工作本身起了很大的促进作用。

2. 设施资源

设施资源与设备资源这两个概念常常混用，但是认真说来，设施资源的范围比设备资源更广，它包括图书馆馆舍、图书馆设备和图书馆用品。其中图书馆设备是主要的设施资源，它包括传统设备（如书架、阅览桌椅等）和现代化设备（如计算机等）。现代化设备又称为信息设施，主要包括自动化系统和网络。这里所说的技术与设备已经融合在一起，因此很多人称之为技术设备资源。但从理论上讲，技术与设备应分属于不同的资源范畴。设施资源是图书馆的物质基础，特别是信息技术设备的配置已成为现代化图书馆的标志，因而越来越受到重视。

（二）图书馆资源的特性

1. 可用性

图书馆收存信息资源的最终目的在于充分满足用户的文献信息以及其他知识信息的需要，因此，可用性是图书馆资源的主要特征，图书馆收存的资源具有很高的可用性，才能够保证图书馆的稳步发展。

2. 有序性

图书馆资源必须是有序的，如果图书馆的文献信息资源是无序的，那么就会导致资源检索方法杂乱无章，用户无法使用，图书馆资源就失去了存在的意义。图书馆人力资源也需要具备有序性，在图书馆服务组织中，对人力资源的管理就是一种资源整合。图书馆重视对人员的管理，才能够确保人员服务的有效性，充分体现图书馆服务的最高价值。另外，图书馆设施资源也必须是有序的，只有设施资源保持有序性，才能够为用户提供舒适的阅览环境，充分发挥其服务功能。

3. 整体性

整体性是指以某种方式构建的有机体系统中各要素之间既相互联系又相互约束，使这一有机整体呈现出各组成要素本身不具备的整体功能，实现整体大于各部分之和的效果，同时各组成要素之间密不可分。在图书馆组织中，图书馆资源的各部分组成要素共同构成了图书馆服务的整体，各组成要素之间紧密联系、不可分割。并且，由于各组成部分在系统整体中各司其职，最终能够达到 1+1>2 的效果。现如今科学技术发展迅速，带来了计算机技术与网络技术的变革，逐渐出现了图书馆的新形式，如网络图书馆、虚拟图书馆等，图书馆的具体形式发生了变化，因而其内部组成要素的内容及各要素之间联系也会发生一定的变化，但是图书馆资源的整体性始终是不变的。

4. 联系性

联系性主要包括两方面内容：一方面，系统内部的各组成要素之间相互联系、相互影响；另一方面，系统内部各组成要素与系统外部环境也存在一定的联系。图书馆资源系统中各组成要素之间相互联系又相互制约，这种关系维持了系统内部的稳定性和整体性。同时，在图书馆进行服务工作时，在各组成要素相互联系的基础上，保持与外界的紧密联系，有序衔接，以保证图书馆服务工作能够顺利进行，提供用户所需的相关服务。

5. 动态性

动态性是指有机系统的内部组成要素会随着时间的推移和某些因素的影响而发生一定的变化。受到现代科学技术发展的影响，图书馆所处社会环境与技术环境产生了巨大变化。为了适应这种外部环境因素的变化，图书馆必须不断更新自身的资源体系和设施设备，引进高素质人才，强化自身的运行体制，提升服务质量。图书馆发展至今，其外在形式与内在资源内容都在随着社会的发展而不断变化，这种变化就体现了资源的动态性。

（三）图书馆服务资源整合

1.不同载体、不同类型的资源间的整合

目前，图书馆收存的资源类型多种多样，其内容既包含传统印刷式文献材料，也包含电子信息技术下产生的数据库资源，还包含形式各样的网络资源；既包括文本类文献资源，又包括图像、音频等电子类信息资源。因此，对图书馆资源进行整合，首先要明确不同资源形式划分的标准，并作出全面系统的规划，使各类资源能够有机结合，彼此之间相互关联，相互渗透。在整合过程中，还需要注意系统的延伸性以及传统文献资源的数字化转型，要对数字化工作进行详细、全面的规划，保证书刊整合的顺序和水准。

2.各类电子信息资源的整合

现如今，图书馆收集了电子图书、电子期刊、CD-ROM 数据库、在线数据库、网络数据库、网络信息资源等多种电子资源，合理规划各类数据库和异构数据库的比例，建立集成机制，认真分析它们之间相似性与差异性、相互关系与重叠程度、根据读者的信息需求和学术需求合理配置相应的数据库资源，实现异构数据库与跨数据库检索的整合，基本建立了统一的检索平台。

3.图书馆馆际间资源的联合整合

在整合图书馆信息资源的过程中，需要充分考虑图书馆与分馆、区域图书馆乃至全国范围内图书馆之间信息资源的联合整合。如果能够实现图书馆馆际之间联合体的建立，就可将各种类型的虚拟资源整合到本馆体系之内，供给用户使用。

五、图书馆服务环境

（一）图书馆服务环境的构成要素

1.服务资源

在图书馆服务资源中，文献信息资源是图书馆服务活动的核心，是图书馆得以存在的基础保障，也是图书馆进行服务工作的前提。它的实际内容既包括现实馆藏资源，同时也包括虚拟馆藏资源。人力资源是具有主观能动性的关键因素，图书馆工作人员是文献信息资源与用户之间联系的桥梁，他们既是文献信息资源的组织者和传递者，又是图书馆服务工作的提供者，在图书馆服务工作中具有重

要的指引作用。图书馆设施资源是图书馆的物质基础，主要包括外部环境、内部环境、馆舍建筑、指引标识以及各种电子设备、打印设备、语音设备、传送设备和为特殊人群提供的各种必要设施。

2. 服务空间布局

从空间布局上看，图书馆服务空间可分为图书馆建筑的整体空间设计、各功能区的科学布局、设施设备的布局与布置等。一般情况下，图书馆可设立书刊收藏区、书刊阅读区、电子文献阅读区、读者咨询区和读者休闲区五大功能区。用户对图书馆的第一印象往往是从图书馆的空间布局上看的，因此，建立良好的空间布局有助于提升图书馆的形象，起到吸引读者的作用。

3. 信息技术条件

信息技术条件主要由信息服务技术与网络技术两部分构成，信息服务技术主要指集成平台技术、信息推送技术，信息跟踪技术、信息聚类技术、跨库检索技术以及信息交互技术等；网络技术则包括网络信息平台、网络化图书馆服务系统及网络安全技术等。信息服务技术与网络技术是建立高品质图书馆的前提条件，同时也为信息服务平台的建立提供了相应的技术支持。现如今，信息技术的发展有效扩大了图书馆的服务范畴，提升了图书馆服务的效率，推动了图书馆服务模式由传统被动服务向现代主动服务的根本转变。

4. 服务制度

图书馆的服务制度主要包含两个方面：一是国家机关颁布或认可的图书馆服务活动的法律法规、方针和政策；二是图书馆自身体制内制定的服务体系和规章制度。图书馆服务制度的制定，一方面在于建立规范的图书馆服务环境，另一方面在于平衡图书馆系统中各组成要素之间的联系，保证图书馆运行机制的有序进行，提升服务工作的效率。

5. 服务活动

从根本性质上说，图书馆是服务性的组织，其最终目标就在于为用户提供服务。有学者指出，图书馆的服务活动既包括服务管理，服务手段，服务方式和服务交流，还包括服务活动中反映的服务理念和服务态度。图书馆服务活动水平的提升是一个整体性工程，需要进行全面、系统的考虑。

（二）建立图书馆服务环境的意义

1. 有利于实现图书馆的价值

现今社会，网络高速发展，传统图书馆的功能被弱化，建立图书馆服务环境是十分必要的。首先，可以确立明确的服务方向与服务理念，充分发挥图书馆工作人员的潜力，动员所有客观条件为客户服务；其次，可以完善文献信息资源体系和信息技术系统，为用户提供高效的检索方式，方便用户最快地获取信息资源；最后，可以制定一套从用户角度出发的服务制度，使用户能够在舒适、真诚的服务环境下快速高效地获取信息资源，这样既满足了用户的实际需求，同时也满足了用户的精神需要，提升用户的满意度。拥有广泛而坚固的群众基础，图书馆的存在才更有价值。

2. 有利于树立图书馆良好的形象

用户在图书馆中，会受到多种因素的影响，如图书馆的基本建筑、场所设置、装修装饰品位、服务设施的品质、文献信息资源的排列方式、工作人员服务的礼仪和态度等。用户会在这一过程中感受到自己被重视的程度，进而影响用户对图书馆的总体评价。因此，服务环境的好坏会间接影响图书馆的形象。

3. 有利于实现图书馆的可持续发展

服务环境的不断创新和发展，信息资源体系的完善、信息设备的不断更新和信息服务水平的不断增强能够有效促进图书馆的可持续发展，现代化图书馆服务环境蕴含着现代先进的服务观念与人文意识，二者既存在一定的稳定性，同时又充满生机，为图书馆的转型与发展提供创新与实践能力。秉持现代服务观念与人文意识，能够推进图书馆不断更新落后的思想观念，提高服务层面，增强服务品质，不断满足人们动态的文化需求，同时保证图书馆在体系的创新与发展中实现可持续发展。

（三）图书馆环境对用户行为和服务的影响

1. 服务过程与服务环境

对于用户来说，一个服务组织的外在环境如建筑外形、内部环境构造等是首要关注因素，这些环境因素决定了这一服务组织对于用户是否有吸引力。但是用户的实际需求则需要进入服务组织之后才能够得到进一步满足，这时就需要服务组织提供用户所需的资源和有效的指引，使用户得到一个满意的服务过程。对于图书馆这种用户参与度高、互动性强的组织，服务环境对于用户的影响更为明显，因为用户在服务组织的需要经历全程的服务，服务环境地方好坏直接影响用户对服务的认知和满意度。

2. 图书馆服务环境对用户行为的影响

人与环境的认知整合作用是相辅相成的，图书馆服务环境的营造有助于陶冶用户情操，提高用户的精神文化修养。从建筑环境的角度看，现代图书馆作为社会文化活动的中心，不仅提供书刊阅览平台，同时还提供展示厅、演讲厅、报告厅、活动室等各种文化活动设施。现代图书馆对服务环境的营造主要以人的需求为出发点，在喧嚣的城市环境下，图书馆为社会大众提供了一个最为良好的阅读氛围，使人们虽然身处闹市，但是却有与世隔绝之感，使人们沉浸在知识的海洋中，增长见闻，开阔视野。

3. 图书馆服务环境对服务沟通的影响

第一，对于需要用户与馆员沟通的服务，用户与馆员对服务环境具有正向内在反应，可以提高用户间、馆员间以及用户与馆员间的沟通质量。相反，如果用户与馆员对服务环境产生负向内在反应，会降低用户间、馆员间以及用户与馆员间沟通的质量。

第二，有利于馆员趋近行为的馆内环境设计，可能无法满足用户的心理需求，也无法促进馆员与用户的正向沟通。由于服务环境对人的行为影响程度较大，因此，对图书馆整体环境的设计必须具有科学性的目标指导，以保证功能设置符合用户以及馆员的内心期望。图书馆必须在任务书中明确向建筑设计师传达每个功能空间所希望的组织目标，如团队合作、生产力、创新等，并设计一个有益的服务环境，引导馆员的正向行为，促进组织目标的实现。同样，图书馆服务空间的规划设计不仅要考虑用户的流动方向，还要考虑每个空间的服务特征和服务环境所起的作用，以及图书馆设置的这个功能空间的具体服务目标。

第二节　图书馆服务体系

一、图书馆的信息资源体系

（一）信息资源体系概述

1. 信息资源体系

它是指一定范围内，经过布局、搜集、整理、保存并提供利用的所有信息资源的集合。面向用户的资源与服务整合是根据一定的需要，对各个相对独立的信息资源系统中的数据对象、功能结构进行融合、类聚和重组，重新结合为一个新的有机整体，形成一个效能更好、效率更高的信息资源体系，从而保证信息资源更好地被利用。这包含三方面内容：一是将内部信息资源和外部信息资源进行有机融合，二是构成一个高效合理的信息资源体系，三是实现信息资源的整体利用价值。加强信息资源体系建设应从两方面入手：一是应当保证各图书馆每年都能入藏一定数量的各具特色的信息资源。二是通过信息资源整体建设，建立起能在一定范围内有效地保障社会信息需求的信息资源系统，称为信息资源保障体系。

2. 信息资源体系规划

信息资源体系规划就是根据信息资源体系的功能要求，来设计这个体系的微观结构和宏观结构。在微观层次上，就是每一个具体的图书馆根据本馆的性质、任务和读者对象的需求，确定信息资源建设原则、资源收集的范围、重点和采集标准，提出本馆信息资源构成的基本模式。在此基础上，制定信息资源建设计划，安排各类型信息资源的数量、比例、层次级别，形成有内在联系和特定功能的信息资源结构，建立有重点、有特色的专门化的信息资源体系。微观规划在时间上表现为短期规划，包括年度计划、季度计划等，是信息资源建设的具体实施计划。

宏观层次上的信息资源体系规划就是从一个系统、一个地区乃至全国的整体出发，对信息资源建设进行统筹规划、合理布局，制定各种类型的图书馆及各类型信息机构之间在信息资源的收集、组织、储存、书目报导、传递利用等方面的协调与合作规划，从而形成相互依存、相互联系的整体化、综合化的信息资源体系。它通常会受到各种内外环境：如政治、经济、文化以及各馆已经形成的馆藏体系、服务对象等诸多因素的影响。宏观规划又分为总体规划和长期规划。总体规划指一个图书馆对本馆信息资源建设的总方向、指导思想、最终目标等所作的构想与规定，解决信息资源建设中带根本性、全局性和长远性的大问题。长期规划，通常有三年规划、五年规划等，主要用于确定规划期内信息资源建设的发展目标、任务及实现的途径和结果。

（二）信息资源建设

1. 信息资源建设的定义

（1）情报学界对信息资源建设概念的理解

情报学界在图书馆界提出文献资源和文献资源建设概念之前，就已经对信息资源、信息资源建设的一些问题展开了讨论。随着 20 世纪 80 年代中期国外信息资源管理理论进入国内及我国正式与国际互联网接轨，信息资源建设就成为了情报学理论界的研究内容及信息机构的工作内容。

情报学界所说的信息资源建设主要是指网络信息资源建设，即数据库的建设。

（2）图书馆界对信息资源建设概念的理解

图书馆界认为，信息资源是经过人类采集、开发并组织的各种媒介信息的有机集合。也就是说信息资源既包括纸品型的文献信息资源，又包括非纸品的数字信息资源。所谓信息资源建设是指图书馆根据其性质、任务和用户要求，有计划地系统地规划、选择、收集、组织各种信息资源，建设具有特定功能的信息资源体系的整个过程和全部活动。

目前，信息资源建设已经成为图书馆界、情报界和其他信息工作领域普遍接受并广泛使用的概念。它与文献资源建设相比较，其内涵与外延更为广泛。因此，应将情报学界与图书馆界关于信息资源的不同理解加以整合，信息资源建设应该包括（传统型）文献信息资源建设和数字信息资源建设这两部分。因为只有将（传统型）文献信息资源建设和数字信息资源建设都包含进去，才能形成一个完整的信息资源建设概念，才是对信息资源建设含义的完整而准确的理解。

2. 信息资源建设的主要内容

（1）信息资源的选择与采集

①印刷型文献的选择与采集

根据既定的信息资源选择与采集的原则、范围、重点、复本标准、书刊比例等，通过各种渠道和各种方式，采集所需要的文献，建立并不断丰富实体馆藏资源。

②电子出版物的选择与采集

这里所说的电子出版物是指以实体形式存在的、单机或在局域网络中镜像存储使用而非网络传递的电子信息资源。图书馆要根据读者需求、电子出版物本身的质量、电子出版物与本馆其他类型出版物的协调互补、电子出版物的成本效益等原则进行选择和采集。

③网络信息资源的选择与采集

网络信息资源包括付费订购使用的数据库、免费使用的网页信息资源等，网络数据库是图书馆通过签约付费，可远程登录、在线利用的电子信息资源。国内外许多数据库生产商或数据库服务集成提供商已开发出各种文献数据库，直接购买这些产品或服务，也是信息资源选择与采集的重要内容。

（2）馆藏资源数字化与数据库建设

馆藏资源数字化是网络环境下信息资源建设的重要内容之一。因为只有经过数字化处理的文献才能通过网络为人们所共享。图书馆应通过计算机和大容量的存储技术、全图书馆服务与服务体系研究文扫描技术、多媒体技术，将馆藏中有独特价值的印刷型文献转化为扫描版全文电子文献，制成光盘或网上传播。

数据库建设是数字信息资源建设的核心内容。对图书馆来说，数据库建设主要有书目数据库和特色数据库建设。书目数据库是开发图书馆信息资源的基础数据库。也是图书馆实现网络化、自动化的基础；特色数据库是图书馆特色资源的集中反映，是图书馆充分展示其个性，提高其社会影响力和信息服务竞争力的核心资源。图书馆要根据本系统、本地区的社会需求和本馆的技术力量、经费等条件，选择适合的主题，系统地将馆藏资源中的特色文献制作成独具特色的文献数据库或专题数据库，并提供上网利用。

（3）网络信息资源的开发利用

因特网信息资源极为丰富，图书馆对它进行开发组织，就可以使这些分布在全球的网络信息资源成为自己的虚拟馆藏。这种开发和组织就是根据用户的需求与资源建设的需要，搜索、选择、挖掘因特网中的信息资源，下载到本馆或本地网络之中，通过分类、标引、组织、通过网络或其他方式提供给用户使用，或者链接到图书馆的网页上，如建立因特网信息资源导航库，以方便读者迅速检索到自己感兴趣的有价值的网络信息资源。这种虚拟馆藏对图书馆及各类型信息机构的信息资源建设和信息服务具有重要意义。

二、图书馆的管理服务体系

（一）图书馆管理

1.图书馆管理的含义

图书馆管理是把图书馆的文献信息资源、用户、馆员、技术方法、设施等分散要素的联系起来构成一个有机的整体。没有管理，就不能开展图书馆的活动，更谈不上图书馆工作质量与效率，达不到图书馆预期目标，完不成图书馆任务。这种管理活动既包括信息资源的管理，也包括图书馆人力资源、物质资源、财金资源的管理。图书馆管理者必须平衡四者之间的关系，不能厚此薄彼。

图书馆管理是对图书馆的资源，通过一定的科学手段而实施的行为过程的目标活动。它包括微观管理和宏观管理两个部分，微观管理是对于个体图书馆的管理。宏观管理则是对社会图书馆事业体系的管理。在当今信息时代，抓住时代特色，全面运用现代管理理论，用以指导现代图书馆的全部活动，提升现代图书馆管理水平的整个过程。

2.图书馆管理的特征

（1）总合性

所谓图书馆管理的总合性，从空间上来说，就是它贯穿在一切图书馆活动中，存在于图书馆活动的一切方面和一切领域，凡是有图书馆活动的地方，就有图书馆管理存在。从时间上来说，它与图书馆共始终。随着信息技术的发展，图书馆的形态可能会发生一些变化，传统的纸质图书馆可能会逐渐萎缩，虚拟图书馆、电子图书馆、数字图书馆或网络图书馆将登上历史的舞台。只要还存在图书馆活动，不管其形式如何，仍然离不开管理。因此，在图书馆发展的长河中，管理是无处不在、无时不有的一种社会活动，它在图书馆系统中横贯各个层次，涵盖一切领域，具有总合性。

（2）依附性

任何图书馆管理都必须依附于一定的图书馆业务工作，它的全部实际内容和具体形式不能离开其他业务活动而单独存在，因此图书馆管理总是对某种业务活动（文献采选、分类编目、书干借阅、参考咨询、文献检索、情报研究等）的管理。图书馆管理的这种依附性主要表现在：图书馆管理的目标必须依托于具体的业务活动才能实现，图书馆管理的过程总是伴随着其他业务活动的进行而展开，图书馆管理的结果则总是融合在其他业务活动的成果之中。也就是说，图书馆管理必须以其他某一种、某几种或全部业务活动作为自己的"载体"。

（3）协调性

首先，从活动的对象来看，一般业务活动总以某个特定的具体事物作为自己的对象，如文献采选以图书馆未收藏的新书、新列、新报、新光盘等文献载体为对象，分编工作以图书馆已采购回来的新文献为对象，咨询服务以读者为对象等。但是，图书馆管理在一定意义上却是以图书馆系统的各种业务活动为自己的对象，是对这些业务活动之间的关系以及这些业务活动内部的各种要素之间的关系进行协调的活动。因而与各种业务活动相适应，就有协调这些活动的采选管理、分编管理、借阅管理、咨询管理等形式，这些管理活动通过协调各种业务活动而间接地对它们起作用，从而改变它们的存在状态。

其次，从活动的任务来看，一般的业务活动都有自己特定的具体任务，它们或者是为了购回本馆读者所需要的文献，或者是为不改变文献的形式特征或者是为了将读者所需要的文献传递给读者，或者是对读者进行信息检索技能培训，或者是为读者提供咨询课题的解答方案等。然而图书馆管理的任务却是"协调个人的活动，并执行生产总体的运动——不同于这一总体的独立器官的运动——所产生的各种一般职能"。也就是说，图书馆管理的主要任务是协调人们之间的关系和利益，协调人们活动的状态和过程，使图书馆各种业务活动的要素建立某种有序的优化结构。所以，图书馆管理是一种柔性的社会活动，图书馆管理者一般并不直接从事情报产品的生产或信息服务活动，它主要是通过协调各种业务活动的内外关系，特别是馆员之间的关系以及馆员和读者之间的关系，使各种要素、各个环节在共同目标最有效地满足读者的信息需求的指引下，消除彼此在方法上、时间上、力量上或利益上存在的分歧和冲突，统一步调，使图书馆的各种业务活动实现和谐运转，成为一个有机的整体。

（二）图书馆管理的对象

1. 图书馆人才资源管理

（1）员工管理

图书馆员工是图书馆连接文献信息与读者的纽带和桥梁，是图书馆活动的管理者和组织者。图书馆工作效益的高低和社会影响的好坏，取决于图书馆的员工，所以图书馆员工是管理的主体要素。图书馆的员工分为图书馆专业人员、图书馆技术人员和图书馆行政人员三大部分。管理者应通过定岗、定员、考核、选举、激励等多种形式，激发员工的积极性和创造性，调动他们的潜力，使员工的聪明才智得到充分发挥，努力做到人尽其才、各得其所、各获其荣。

（2）读者管理

读者又称为"用户"，是图书馆的服务对象。图书馆因读者而生存，读者的存在和需要是图书馆生存和发展的动力。由于图书馆读者群的复杂性、多变性和信息需求的多样性，读者管理成为图书馆管理中最活跃的要素。管理者必须树立"读者至上"的思想，一切管理工作都以用户文献信息需求为出发点和归宿，最大限度地满足读者日益增长的知识信息需求。

2. 图书馆物力资源管理

（1）建筑设备

建筑设备又称"设备"，是图书馆生存的物质条件。传统图书馆设备包括：建筑、书架、目录柜、阅览桌椅等。现代图书馆设备，除了传统图书馆设施以外，还包括许多现代化技术设备，如视听设备、复印设备、缩微阅读设备、传真设备、文字处理设备、图书馆计算机自动化系统、图书馆消防安全系统、中央空调系统、局域网以及互联网接口等。这些设备可统分为两大部分：一部分是围绕着业务工作而产生的现代化技术设备系统；另一部分是为业务主体服务的行政后勤服务技术设备系统。

（2）技术设备

图书馆的技术设备，以自动化系统为核心，由计算机软件系统、硬件系统和数据库三大部分组成。随着科学技术的发展，数字化图书馆的出现，信息设施、信息资源、信息人员的智力将融为一体，图书馆的自动化系统会越来越趋于完善。图书馆的建筑设备将会随着这些技术方法的应用而发生很大的变化。为此，图书馆的管理者应用战略的眼光去规划和建设图书馆文献信息服务技术设施体系，为信息资源体系的形成、维护、发展，以及开发利用提供条件。

3.图书馆财力资源管理

图书馆的财力资源主要来源于政府对图书馆的拨款，以及社会各界对图书馆的资金投入。图书馆的经费开支主要用于购置各种载体的文献信息资料、业务活动开支、行政管理费用、员工工资、设备维护费等。经费预算是图书馆经费管理的一项基础工作，在预算的执行过程中，应该有严格的经费结算制度。管理者应通过核算执行情况，为经费管理提供相关信息。在经费管理过程中，应加强财务制度，严格执行有关的财务制度和规范，通过严格的财务制度管理图书馆的经费，以最低的成本产出最大的效益。

（三）图书馆管理基本要求与内容

1.图书馆管理基本要求

现代图书馆管理的基本要求是管理规格化，劳动组织合理化，工作人员专业化，业务工作计量化。具体地说管理规格化是指有完善的规章条例和业务标准，所以，图书馆管理的规章条例化和业务技术标准化是规格化的两大内容。劳动组织合理化是指以最经济的人力取得最佳的工作效果是图书馆合理的劳动组织所要达到的主要目标，为了实现这个目标，必须：①根据本馆的性质和具体任务，以节约人力、方便管理、减少层次、提高效率为原则，合理建立业务机构；②根据本馆收藏的文献资料的类型和用户需要的特点，科学地划分工序和工作范围；③建立岗位责任制，明确规定职责范围，让每一个部门和每一个工作人员都承担起应负的责任，做到各负其责，各尽其力。工作人员专业化是指培养一支合格的专业化队伍，是实现图书馆管理目标的必要措施。图书馆工作人员的专业化包括两个方面：一是必须具备图书馆学、信息学的基本知识和图书馆工作的基本技能；另一个是向文献信息工作专门化的方向发展。业务工作计量化是指建立一套系统的图书馆管理统计制度。统计数据能够反映图书馆的基本情况，是改进工作、提高服务质量的重要依据，对于图书馆实行科学有效的管理可以起到"耳目"和"参谋"的作用。

2.图书馆管理内容

（1）决策

任何图书馆系统及其所属的子系统的管理过程，都离不开正确的决策。图书馆系统的决策，主要包括：图书馆发展方针、政策、战略方面的决策；各项业务工作的决策，如采集文献品种与复本数量的决策，分类法的选择，馆藏划分最优方案的选择，排架方式的选择，开架与闭架方式的选择等等。人事方面的决策，包括人员智力结构的确定，人员更新与培训的方式，奖惩制度的制订等等。财务、设备方面的决策，包括经费及其合理分配，设备、用品的选择等等。

（2）计划

这是管理过程中的一个十分重要的因素。计划是一种预测未来、确定目标、决定政策、选择方案的连续过程，是图书馆各项活动的指针，图书馆系统的各方面决策都是要通过计划去实现的。图书馆计划包括两个基本方面：一是国家图书馆事业发展计划，一是个体图书馆的发展计划。

计划是由定额、指标、平衡三部分组成的。各项定额是发展计划的基础，计划的内容和任务则体现在指标上，计划就是综合平衡，平衡表是基本手段和工具。国家图书馆事业发展计划是各分项计划的集合，一个馆的总体计划是本馆内各个部门计划的集合。在制定各项计划时，应明确该项计划的主要任务及其在总体规划中的地位和作用，认真选取衡量该计划发展水平的主要指标，规定发展的规模和发展速度，突出发展重点，规定适当比例，注意各计划之间的协调。

（3）组织

组织指对各项活动所需的资源加以组合，建立组织的活动与职权间的关系的过程。组织是发挥管理职能、实现管理目标、完成计划的保证。组织工作是一个分工的行为，同时又是一个组织各方进行协作的行为。组织工作还包括人事工作，即为组织的工作过程中设置的工作岗位配备合适的职工人选。因此，在图书馆管理系统中必须要有健全的组织机构，明确各个工作岗位的职责，确立各级人员之间的相互关系，做到职责分明，权责结合。

（4）领导

领导工作是影响人们为实现组织的目标而努力。包括激励、领导的方式方法、沟通等问题。图书馆要建立合理的领导层的群体结构，注意选拔主导型人才，重视领导者群体的智力结构，加强领导者之间的团结协作。图书馆的领导应当注意在正确运用合法权利、奖励权利之外，学习和掌握图书馆专业知识和管理知识，不断完善本人各方面的素质，增强自己的专家权力和个人影响力。

（5）控制

这是按既定的工作计划、标准去衡量各项工作成果，并纠正偏差，使工作按计划的方向进行。所以，控制不仅是对现有工作成果的评定，更重要的是认识和判断工作发展的趋势并为改进工作提供信息反馈。可以说，没有良好的信息反馈，图书馆就无法对自己的各项工作进行有效的控制。这是因为控制的功能是通过输入、中间转换、输出、反馈四个环节实现的。

（6）协调

协调是管理过程中不可缺少的环节，它可以使图书馆事业的建设或一个图书馆的各项工作趋向和谐，避免矛盾和脱节现象。图书馆的协调，从微观角度看，指的是图书馆内部纵向和横向的协调。纵向协调，就是要保持图书馆各层次子系统的上下平衡；横向协调，就是要保持图书馆系统各层次彼此之间的协作、以避免各个工作环节和各个部门之间发生脱节或失调现象。图书馆的协调，从宏观角度看，是指与图书馆外部的协调。这种馆际之间的协调，也分为纵向层次的协调和横向层次的协调。纵向层次的协调指的是本系统图书馆从上至下的协调；横向层次协调指的是本图书馆系统方针、任务与其他图书馆系统的协调。

第三节　智慧图书馆服务平台构建

一、智慧图书馆服务

（一）公共图书馆智慧服务的概念

1.公共图书馆智慧服务的内涵

（1）以用户为中心的服务理念

公共图书馆的智慧服务是以用户为中心，为用户提供个性化的服务。公共图书馆的智慧化服务是基于用户的需求而展开的，通过充分利用各种资源来满足用户的需求，实现图书馆资源以及服务价值的最大化。公共图书馆的智慧化服务突出了人性化以及智慧化的特点，其智慧化的特点促进知识转化为生产力，从而体现知识的价值。用户需要公共图书馆利用其创造性的知识服务来帮助他们解决使用知识过程中遇到的问题，并提供新的知识。公共图书馆不仅应该为他们提供信息服务，而且应该为他们提供智慧知识服务。智慧服务的发展应以知识服务为基础。图书馆员在为用户提供智慧服务时，可以运用创新思维对相关知识进行收集、分析以及整理，从而获得相关知识以支持用户的知识应用以及知识创新，把知识转变成生产力。在公共图书馆为用户提供的智慧服务中，应着重考虑给用户带来的效益，通过提供知识产品和服务来实现知识产品的增值。

（2）智慧服务的特点

①信息共享

公共场所是生产者或消费者共享的资源或设施，是协作、互动、网络、共享治理和非专业的商业模式。资源的价值取决于参与和分享，而不是稀有。信息共享是图书馆核心价值的一部分，图书馆员和其他信息工作者为图书馆用户提供各种媒体或格式的信息和想法的最佳访问权限，提倡开放获取、开源和开放许可的原则。"信息共享"在图书馆中被用于描述特定的服务和工具。例如，基于图书馆的开放获取期刊和免费的可用数字图书馆，以及潜在的核心价值原则，如开放性、无限制访问和非歧视，等等。建立在智慧化基础上的公共图书馆通过一些新技术将文献信息和用户以及图书馆管理人员进行互联，并且将馆内的各种信息资源进行互相联通以实现用户和前后台、管理的互相智慧连接，从而实现信息的共享。

②服务高效

传统图书馆在图书馆的管理上比较麻烦，服务效率较低。例如，图书馆馆藏资料的管理与流通，以及物流仓储的管理都需要投入大量的人力成本，在管理上较为费时。而公共图书馆利用各种新技术来进行图书馆的管理，使整个管理过程更加高效便捷。例如，RFID管理系统的引入大大提高了管理的效率，节省了时间、人力以及物力。随着图书馆的服务体量变得越来越大，传统的图书馆管理系统已经不再适用，只有利用更加智慧化的信息系统以及更加高效的服务才能为用户更好地服务，满足用户的需求。这不仅使管理上变得更加高效，用户在使用图书馆服务时也变得更加高效。用户可以自助使用图书馆的服务，不受时间、空间的限制，为用户随时随地享受图书馆服务带来了便利性。基于新技术应用的公共图书馆不但提高了馆员工作的效率，也提高了用户的使用效率。

③服务集成

用户在使用传统公共图书馆的服务时需要花费很多的时间去适应图书馆的各类资源以及服务系统的使用方式和操作界面。为了避免这种情况，公共图书馆充分利用专业化的知识以及信息技术对不同的资源进行多次加工，形成高度的集成化信息服务。公共图书馆基于物联网技术、云计算技术建立整合集群管理系统，在各类文献之间、文献机构之间建立跨系统的应用集成、跨媒体深度融合、跨库网转换互通、跨部门信息共享、跨馆际物流速递的管理与服务方式。例如，图书馆之间成立的图书馆联盟，推动馆际文献资源的集成化，促进了资源的利用率。

2. 公共图书馆创新服务的内涵

公共图书馆创新服务的内涵应基于图书馆服务和创新这两个因素来建立。图书馆服务是图书馆利用其设施以及馆藏直接向图书馆用户提供文献以及情报的一系列相关活动。创新的观念最早是由熊彼特（Schumpeter）提出的，企业组织通过创新可以使投资的资产再创造其价值高峰。创新的内涵是通过引入新的东西、概念而产生新的变化，这个"新"是指在原理、结构、方法等方面显著性的变化。结合图书馆服务和创新这两个因素，公共图书馆创新服务则是指图书馆利用新技术和新想法来不断改进现有的服务，提高图书馆现有的服务效率以及服务质量，拓展服务的内容。图书馆创新服务的范围较为宽泛，如图书馆服务由被动服务到主动服务、现实服务到虚拟服务都属于图书馆创新服务的范围。图书馆创新服务是基于图书馆用户的需求而展开的，用户的需求推动了图书馆创新服务的出现，用户参与了图书馆创新服务的全过程。

（二）公共图书馆智慧服务的必要性与可行性

1. 公共图书馆智慧服务的必要性

（1）满足空间需求的变化

公共图书馆的空间需求从传统的借阅空间转变为传播空间再转变为交流空间。借阅空间是公共图书馆作为一个物理空间为用户提供基础借阅服务，是一种被动的图书馆用户服务模式。传播空间是公共图书馆作为"知识中心"对用户进行文化传播以及信息传递，是一种主动的用户服务模式，结合信息化技术和空间而产生。交流空间是公共图书馆为用户提供开放的自由的知识交流场所，从而促进知识价值的转化以及创新，如智慧创客空间、研讨空间、网络学习空间。公共图书馆只有拓展图书馆的空间，进行空间再造，提供智慧化空间服务才能满足空间需求的变化。

（2）满足资源需求的变化

公共图书馆的资源需求从最初的为藏而藏转变成为用而藏，再转变成知识创新。公共图书馆最开始只是作为书籍保存的地方，是"为藏而藏"的一个发展阶段。随着知识量的不断增长，公共图书馆存储的资源有限，因此公共图书馆只能有选择性地持续购买新的资源从而满足大部分用户的知识需求，属于"为用而藏"的一个发展阶段。当公共图书馆的资源将近饱和时，其丰富的知识资源储备为图书馆进行知识创新创造了一个有利条件，通过图书馆管理员的专业与潜在用户的创新才能达到图书馆智慧化"知识创新"的发展阶段。公共图书馆通过人工智能技术以及大数据分析技术，提高知识资源的利用率，满足资源需求的变化。

（3）满足个人需求的变化

个人需求从最初的个体阅读需求转变为个性化需求。公共图书馆的服务最初是针对读者的阅读需求而展开的，通过满足核心读者的阅读需求发挥其价值。由于公共图书馆资源的多样性以及读者背景的多样性，读者当前的需求和潜在的需求也呈现出多样性和个性化的特点。公共图书馆通过对读者的行为数据进行动态积累，从而对读者的资源需求进行深入分析，同时对不同背景和学科的图书馆资源进行多样化分类以及集成，满足读者个人的个性化需求。

2. 公共图书馆智慧服务的可行性

公共图书馆发展智慧服务的可行性主要体现在以下几个方面：一是新技术的支撑。信息技术的不断发展为公共图书馆发展智慧服务提供了基础以及动力，如公共图书馆基于 RFID 技术为图书馆用户提供了自助借还书服务。二是用户的需求。公共图书馆的传统服务已经无法满足图书馆用户的需求，而发展智慧服务可以充分满足用户的需求。三是图书馆专业人员基础。公共图书馆有自动化、网络化以及数字化管理的专业人员，可以为图书馆发展智慧服务提供有力的保障，确保智慧服务的实现。四是图书馆资源基础。公共图书馆的资源丰富，拥有大量的藏书以及数字化资源，在图书馆发展智慧服务时提供数字化信息基础。例如，用户可以通过各图书馆之间建立的各图书馆联盟，随时随地获取图书馆联盟内各图书馆的文献信息。

二、我国公共图书馆智慧服务系统的基本构成

（一）智慧信息采集系统

1.读者身份信息采集

读者的身份信息采集包括对读者的基本信息，如年龄、性别、职业等，阅览信息，如借阅信息、到馆次数等，图书馆把这些信息收集起来形成读者信息库，并随着到馆情况的变动，对信息进行及时更新。

2.读者需求信息采集

读者需求信息采集是建立在对读者身份信息分析的基础上，针对不同的群体需求特色采购不同的信息资源，基本分为纸质资源和电子资源。纸质资源除了采购普通的书籍之外，还应当购入少儿图书和盲人书籍。电子资源除了数据库，还应当具备各种光盘、音频等音像资料，以照顾到不同的群体的需求。

（二）智慧资源加工系统

采集完读者的信息之后，需要对读者的需求信息进行加工处理，使形成与之相适应的信息类型，这就涉及图书馆的智慧信息加工系统。具体来说，这些系统的主要工作流程如下：首先对文献信息资源予以数字化转化，并进行标识；其次，对形成的数字化内容进行校对；然后，对校对的后的内容进行数据加工和编目；最后，将完成的内容存储到智慧系统中。

（三）智慧资源整合系统

1.网络信息采集 Agent

网络信息采集 Agent 采集读者的信息和网络信息，形成读者信息库；并根据网络信息和读者信息的变动，保持读者信息库的及时更新。

2.信息评价 Agent、信息标引 Agent、信息分类 Agent

信息评价 Agent 对采集到的信息进行评价，并将符合检索要求的信息归入已评价信息库；信息标引 Agent 对已评价信息进行标引，并存储到已标引数据库。信息分类 Agent 对已标引的信息进行分类，并存储到已分类数据库中。

3. 控制调度 Agent

控制调度 Agent 对所有的 Agent 统一调控，并对已分类信息的敏感关键词进行过滤。

4. 信息发布 Agent

信息发布 Agent 把控制调度 Agent 过滤的信息发布到图书馆的信息检索平台。

（四）智慧服务系统

将信息整合为有序的"优构"信息后，就可以存储到智慧服务系统中。图书馆智慧服务系统主要分为离线部分和在线部分。离线部分主要用于挖掘和处理数据，因为需处理的数据源海量复杂，会影响推送的实时性，因此将其设为离线部分。离线部分由目标用户和相似用户的信息行为数据组成。目标用户的组成要素包括用户属性、行为日志和资讯信息。用户属性（职业，年龄，兴趣，性别）构成用户文件，供在线信息推荐时采集。资讯信息指图书馆发布的诸如图书借阅榜 topN、数据库查询的高频资源等信息。通过内容分析引擎，挖掘出一段时间内图书馆的热点信息资源。行为日志表现为用户的浏览记录文件，通过对用户浏览记录的关联分析，得出信息的关联规则。通过协同过滤算法计算出相似用户，由于相似用户与目标用户有相近的兴趣爱好，对相似用户的分析有助于目标用户信息的精准推荐。在线部分是在离线部分的基础上运作的，参照离线部分建立的知识库对不同用户的查询请求，均实时且准确地将检索结果推送给用户。在线部分直接服务于用户，最终影响服务效果，因此其是关键环节。模型运作的具体过程为：图书馆服务器接收到用户的查询请求后，此时推荐系统先获取用户的个人文件，分析用户的专业兴趣等，生成一个初步结果集，然后将该结果集与离线部分的"热点信息""关联规则"和"相似用户的偏好集"结合，并过滤去重，在图书馆资源中进行匹配查询，然后将查询结果推送给用户。

三、我国公共图书馆智慧服务体系建设的路径

（一）加大政策扶持力度

加大政策扶持力度，有利于保证各区域图书馆智慧服务水平均衡发展。我国不同地区间的图书馆发展差异较大，东部地区图书馆的发展实力明显优于中西部地区，西部地区发展最差。除了积极争取政策支持外，政府部门也应当主动帮扶，

为中西部地区的图书馆完善基础服务设施、人员、经费，添置相关智慧设备，最终促进东、中、西部图书馆的智慧服务水平均衡发展。

此外，我国西部地区民族较多，自身的文化资源也比较丰富。因此西部地区的图书馆可以在国家政策的扶持外，利用这一比较优势来构建具有自己民族特色的数据库资源。可以选择"抱团"的方式，和其他西部地区的图书馆形成联盟，共建数据库。构建过程中统一规范、标准，真正实现数据库资源的互联互通互享。这样既可以节约成本，还可以避免资源的重复浪费。在数据库构建完成的后期，要注意及时对数据库进行更新维护，紧跟时代的节奏，涵盖社会生活内容的方方面面。加上国家对中西部政策的倾斜，最终形成与东部地区抗衡的竞争力。

（二）拓宽资金来源渠道

东中部地区的财政经费较为充足，在满足图书馆基本服务的情况下，应当将经费重点倾斜到智慧服务内容的购置上，如室温自动调控系统、一卡通系统、智慧门禁系统等，逐步使图书馆"越来越智慧"。西部地区的财政经费由于和东中部地区相差较多，致使在保障智慧服务的内容方面更加捉襟见肘，仅能满足基础的服务内容。对于西部地区的图书馆来说，拓宽资金的来源渠道是保证开展基础服务和智慧服务的关键。除了政府的财政拨款外，还可以以众筹、公益基金、赞助、社会捐赠的方式来募集资金，减少对政府拨款经费的依赖。

（三）注重读者权益

《中华人民共和国公共图书馆法》规定，公共图书馆应当妥善保管读者的个人信息、借阅信息以及其他关于读者的隐私信息。公共图书馆应当以此款条例做指导，并结合本馆的实际情况来制定读者隐私保护条款。制定的条款语言应当精练准确，内容应当全面完整。这一方面可以参考江西省图书馆的网站声明，对收集用户信息的类型、保护、用途，cookies的使用，免责条款等均应做出详细的规定。有条件的图书馆还可以对用户隐私的保护工作设置专职人员来负责，并提供专职人员的联系方式，遇到问题时可直接联系负责人。这样读者才会更加信任地将个人信息提交给图书馆，图书馆才可以利用这些信息开展更加智慧的服务。

（四）践行公平理念

近年来，我国各地公共图书馆都在进行全民阅读推广活动，然而服务的对象中很少能看到外来务工者、失业群体等用户。我国的《中华人民共和国公共图书馆法》规定：公共图书馆应当按照平等、开放、共享的要求向社会公众提供服务。服务对象除了普通大众外，也应当照顾到社会的弱势群体，如老年人、少年儿童、盲人读者、视障读者、肢残读者、听障读者、服刑人员、务工人员和失业群体，等等。本文调查发现，各区域的公共图书馆均能满足普通读者的阅读需求，涉及社会弱势群体读者，尤其是服刑人员、外来务工人员这类读者的时候，大多图书馆并没有考虑这类群体的阅读需求。即使有，也只是临时性的活动，并没有形成长效的服务机制。图书馆针对这类人群，可以发放有期限的免费借阅卡、免费提供一些电子资源设备，对外来务工者、失业群众等群体进行免费培训，通过手把手、面对面的指导，使其熟悉图书馆的各类服务。此外，图书馆还可以与社会公益团体形成合作，共同为这些群体提供有针对性的服务。

（五）提升馆员素质

第一，对于东部经济环境优越地区的图书馆，应当严把源头，从招聘环节筛选一批本科学历起点的人员，尽可能以博、硕士人员为重点招聘对象，从而提升整体馆员的学历层次。除学历要求外，还应当要求专业对口，图书情报、档案学类专业毕业生优先。应聘入馆后，定期对其考核，防止馆员出现懈怠思想。考核的内容包括专业理论知识、管理学知识、信息技术的内容（物联网、人工智能），等等。

第二，对于中西部经济环境一般地区的图书馆，由于环境不具备竞争力，除了在招聘环节尽可能择优外，重点需要对现有的馆员进行培训提高。对于处于服务一线的馆员，培训其的服务意识、表达能力、沟通能力、业务知识储备，等等。对于管理层的馆员，应当着重培训其管理协调能力、科研能力，等等。

（六）完善评价反馈功能

图书馆展开服务评价和接收用户反馈是提升服务质量和完善自身服务体系的重要途径之一。读者进行评价反馈的渠道越多，越有助于图书馆反思自己的服务工作，从而决定未来工作的方向和重心。调查结果显示，目前图书馆接收用户评价反馈的主要渠道是微博和微信。微信公众号与用户的交互性能较弱，微博具备一定的交互功能，但用户群相对于图书馆服务的大众对象来说，还是比重较小。在智慧环境下，图书馆亟须开辟另外一种能直接与大众交流的渠道，广开言路，倾听用户的反馈。

第五章 图书馆智慧化信息服务模式

第一节 图书馆信息服务概述

一、图书馆信息服务内容

（一）图书馆信息服务的特点

1. 信息资源数字化，资源规模迅速扩大

信息资源数字化是指以计算机可读的形式存储信息，即将传统印刷载体信息进行数字化处理，再对处理好的数字化信息的直接采集或存储，或者运用各种书写、识别、压缩和转换等技术直接下载和存储。随着信息技术的广泛发展，逐渐出现了一些从未有过的信息形式，如缩微型、视听型、联动型电子资料、多媒体数据库等。大数据的信息化时代，人们的社会生活中充斥着大量的信息，由于数量巨大，且这些信息时常处于无序的状态下，人们无法对信息进行准确的筛选，导致信息利用的盲目化。所以，图书馆信息服务的主要目的就在于在信息资源规模不断扩大的前提下，用更少时间为用户提供最具价值的可用信息。

2. 服务内容的知识性、多样化

信息技术背景下的图书馆信息服务的关注重点不仅仅在传统的文献资源上，更体现在对知识的利用上。科学技术带来的知识革命越来越强调信息资源开发与利用的重要性，因此，图书馆的信息服务不只提供多方面有效的信息知识资源，而且为用户提供了直接有效地解决现实问题的根本方法。

3. 服务方式多元化、多层次化

随着经济全球化、一体化、网络化的发展，图书馆资源体系越来越开放，用户也越来越向更高、更好、更快的方向陆续提出更多的需求。因此，信息技术部门应加大对信息分类的研究力度，对多领域、多学科的知识进行更加细化和专业化的划分，面向社会发展的新动向不断提出相应的、全新的信息服务方式，以适应社会发展与用户需求，这种服务的方式是主动的、多元化的、多层次的。

4. 信息存取网络化

信息化图书馆的发展必须以网络环境为载体，依靠互联网，人们可以自由获取世界范围内各学科以及社会各领域最前沿的科研动态与交流成果。

网络传递将人们之间的交流变得更加方便快捷，人们可以通过网络建立起非正式的交流模式，传递不同的信息资料。互联网的重要价值就体现在建立起人与人、人与世界之间的共享交流，利用无所不在的信息高速公路，实现信息资源的快速高效传递与接收，即信息存取的网络化。信息资源的交流与反馈在高速网络环境背景下变得更加迅捷高效，它摒弃了传统的信息资源的交流模式，使得分散的信息资源得以整合，并以数字化方式进行存储，利用互联网的互通功能，实现信息资源的实时提供、即时使用。在数字图书馆信息服务系统中，经过整合的数字信息资源可以在开放空间中流畅、自由地传输，不受时间和空间的限制，用户可以根据自己的具体需要自由存取这些数字图书馆信息资源。

5. 服务环境开放化

在网络技术出现之前，图书馆的服务工作受到地域和空间的限制，受众群体仅限于进入图书馆的一部分人，服务工作的内容与形式相对单一。图书馆馆际之间、图书馆与社会之间得不到很好的交流，使图书馆长期处于闭塞的状态，自身发展停滞不前。在信息化时代，计算机网络的利用使图书馆工作经历了重大变革，图书馆的服务环境由封闭走向开放，数字图书馆的形式大大拓展了图书馆信息交流与服务的范围。信息化、网络化背景下，图书馆真正进入共建共享、共同发展的新阶段。

（二）信息化社会对图书馆信息服务的新要求

1. 信息化社会图书馆信息服务内容的改变

在信息化社会网络环境下，图书馆信息服务内容的转变主要体现为在多元化服务网络基础上，综合各类别、各层次的信息，为图书馆服务提供广泛而丰富的信息源，即可以满足用户需求的信息媒体的信息类型和多样化的信息，如文本类型、数据、图像/视频、音频、软件等。图书馆定的信息服务主要从传统的注重知识需求向注重知识与事实并重转变，突破传统图书馆以文献服务为主的固有形式，转化为提供多元化、全方位的综合数字化服务，对具有高价值的多媒体数据如图像、音频、视频、文本等加以收集、整合、加工、存储与管理，并提供高速网络中的电子访问服务的权限。

2. 服务对象社会化

传统的图书馆服务工作内容相对狭隘，其服务范围仅涉及进入图书馆的一部分人。随着社会信息化的普遍发展，信息交流的日益广泛，人们的信息需求呈现出开放化、社会化的趋势。在这种条件下，图书馆想要得到长足的发展，必须依托网络信息化环境，从根本上转变服务模式。网络将来自世界各地的信息资源统一、融合为一体，构成网络资源共享体系的一部分，同时也将源自世界各地、不同需求的用户整合到资源共享体系中，形成了具有特色的网络服务体系。图书馆是网络资源共享大环境下的重要组成部分，采用现代先进的技术服务手段，可以打破传统时间和空间上的限制，使服务对象扩大到社会全体，实现图书馆信息服务的跨行业、跨地域延伸。

3. 服务功能一体化

从用户需求角度来看，信息化社会网络环境下的图书馆服务应具有完备的信息检索功能、信息咨询功能与信息提供功能。为达到这一目标，图书馆应提供最直观、最直接的全文信息浏览、数据下载、数据传输和信息咨询服务，和信息发送、网页制作等网络信息服务。提供综合信息服务的原因在于技术的发展实现了网络信息系统的建立，包括范围广泛的信息采集系统、高速运行的信息处理系统等。

4. 服务项目深层化

在网络还未出现的一段时间，图书馆的服务形式还主要以传统的文献提供、咨询服务和浅层形式的专题服务为内容，很少关注人的需求与信息服务质量等问题。随着计算机技术的发展与网络信息化程度的提高，信息的提供与检索方式更加简单和快捷，这就为图书馆开展更高层次的服务奠定了基础。技术的升级带来的检索方式的根本性转变有效提高了检索的效率，提高了信息资源的利用率。因此，现代图书馆在网络信息环境下应抓住机遇，将信息服务的重点专注于为用户提供更深层次的信息服务，即根据特定用户的需求对收集的信息进行整合与重组，有针对性地提供二次加工的精品信息服务，利用网络开展高层次咨询服务。

5.服务手段现代化、服务方式多元化

在信息网络化境遇下，现代图书馆信息服务的提供方式、管理方式与传统的图书馆服务方式有明显区别。传统图书馆的主要载体为纸质文献资源，检索工具形式也较为烦琐，主要依靠人工进行，运用卡片式、书本式的目录索引和摘要等手段进行手工检索，耗费时间较长，效率低下。现代图书馆的信息服务方式更加现代化，服务方式也更加多样化。网络可以为图书馆提供灵活、快捷、方便、实用的检索方式，其内容涉及网络中各类数据库、电子文献资源、电子图书等。网络检索方式的完善有效促进了信息数据化、方法自动化、服务网络化与信息服务多元化的实现。

二、图书馆信息服务新模式

（一）现代图书馆服务模式的特点

1.用户服务是图书馆生存与发展的需要

当今时代网络信息技术的快速发展也为图书馆的发展带来了新的挑战。互联网的蓬勃发展，使知识与信息触手可及，人们只需要经过简单的检索操作便能够得到大量的信息，这种方式使得人的信息需求得以快速满足，这也导致人们对图书馆文献信息资源的忽视。这不禁会引人思考，在现代社会图书馆是否还有存在的必要。而对于这一问题，答案当然是肯定的。

首先，相对于网络阅读而言，传统的阅读方式具有一定的休闲性与随意性。人们可以在书香的氛围中享受阅读所带来的愉悦感。而且，网络阅读容易造成视觉疲劳和辐射危害。总体来说，图书馆的发展面临着网络、技术发展的多重挑战，图书馆必须依靠自身服务活动的提升以期在竞争中取得优势。

网络的发展不仅为图书馆带来挑战，同时也为图书馆的发展带来了机遇。网上服务是图书馆发展的必然趋势，面向大众是图书馆服务的基本理念，而在日益激烈的网络竞争中，图书馆应加大技术投入，建立资源数据库，构建起具有特色的网络虚拟图书馆，通过开展网络服务，实现读者信息资源的实时接收，使丰富的馆藏文献资源深入万家。

2.由柜台式服务向自助式服务模式转变

现代科学技术的高度发展带来了信息存储技术的革新，也为信息资源由传统

印刷型转变为数字化信息提供了前提。随着现代计算机技术和网络通信技术的发展，数字化资源信息的普及与应用，图书馆的馆藏资源在数量和质量上都得到了明显的提升，主要表现为：第一，计算机技术的广泛运用，使得网络通信环境下，资源的利用效率，明显提升。人们可以足不出户地访问网络和图书馆线上资源，打破了时空的局限性；第二，现代多媒体技术的应用，丰富了信息资源的存在形式，由最早的纸质文献逐步发展为数据化形式的电子信息资源，同时，由于电子信息资源涉及的内容广泛，如影音、文本、图像等，这些形式较之普通的纸质文献更能吸引用户的兴趣；第三，图书馆的信息储存技术的日益发展，使图书馆的电子文献材料占有量不断扩大，图书馆的借阅能力得到了大幅度提升。

3. 服务品牌化

品牌对于一个企业来说是其内在精神的象征，也是其区别于其他企业的特色所在。图书馆树立品牌形象是其发展的需要，打造品牌服务，就需要图书馆将自身的服务做到规范化、个性化和品质化，将品牌理念通过宣传或服务渗透到用户的心中。另外，图书馆的品牌化有利于提升图书馆本身的服务水平与质量，为图书馆完善自身的竞争力，取得竞争优势提供保障。图书馆应充分发挥自身的服务功能，在服务过程中总结经验，逐步形成独具特色的服务模式，让用户在图书馆中能够受到周围环境以及文化环境的熏陶。面对人们日益增长的信息需求，图书馆必须站在创新的视角下打造品牌服务，这样的优质化服务会为图书馆赢得更大的市场份额，带来可观的经济效益与社会效益。

4. 形成图书馆服务文化

图书馆的服务过程实际上是一种文化传播过程。对于馆内服务人员来说，图书馆的服务文化是馆员必须遵守价值观念，但是这种文化渗透到馆员的心中将成为一种具有主动性的精神力量。馆员通过自身的服务行为体现出对图书馆服务文化的理解。优秀的图书馆文化应该是一种积极正向的精神力量，使馆员发自内心地接受，并将其转化为自身服务行为的准则，提供更优质的服务，确保用户满意。

5. 向知识服务形态发展

知识服务是指图书馆服务人员依据已细分到"字词"级别的知识单元，深入信息资源内容和专业领域，按照用户生产、科研、教学和学习的指定需求，参与问题的全过程，向用户提供全方位、高水平的知识单元的服务形式。知识服务直视分析用户的实际需求，它专注于为用户提供准确的方案，以保证用户信息查询、分析与组合的可行性。知识服务贯穿用户知识的获取、分析、组合与应用的始终，并根据这一过程的变化适时调整服务的方式。

（二）图书馆服务模式的影响因素

1. 资源因素

图书馆是知识信息的主要载体，也是知识信息的服务部门。图书馆的根本职能是对各类知识信息进行收集、整理、加工、存储、管理与提供利用，因此，图书馆拥有丰富的文献信息资源，知识涵盖各领域、各学科。在网络信息技术出现之前，图书馆的馆藏资源主要以纸质化的书刊、报纸等为主，随着信息化水平的不断提高，图书馆的文献资源形式也越来越丰富，既包含纸质书籍、期刊等文献材料，又包括大量的数据、电子信息构成的数据库资源。现代图书馆在科学技术的支持下，其内在信息资源具有良好的系统性和科学性，既能够为用户提供准确的、有序的知识，也能够为社会提供完整的、系统的信息。

2. 设备因素

图书馆发展至今一直十分重视与社会的发展步伐相适应，对于先进技术与设施设备的利用基本处于前沿领域，计算机技术的出现与应用，更新了图书馆相应的技术手段。局域网、因特网的搭建，使得世界范围内的信息资源交流通过远程通信技术成为了可能。电子信息化设备的引进与应用，则进一步提升了图书馆的服务内容与服务方式。网络时代下形成的数字图书馆，使用户可以在任何地区进入图书馆网络系统，接受快捷、完善的图书馆信息服务。

3. 技术因素

影响图书馆服务模式的技术性因素主要是指信息处理技术。图书馆在长期的技术工作支持下，积累了相当丰富的网络管理、资源管理、用户管理的时间经验。通过信息处理技术的不断更新与发展，基本保证了图书馆信息资源的利用率，使得更多的社会资源得以开发和利用。信息处理技术是影响图书馆整体发展和更新图书馆信息服务模式的一个关键因素。

（三）图书馆服务模式的发展策略

1. 把握机遇与挑战

伴随着社会新形势、新技术力量的冲击，图书馆面临着前所未有的挑战和发展机遇。如何抓住机遇，迎接挑战，实现图书馆服务模式的创新，是当下图书馆发展的重要问题。信息技术所带来的网络环境，为图书馆的服务工作的开展提供了良好的契机，图书馆应以信息技术为支撑，网络环境为平台，全面更新信息资源收集、整合、加工、管理等服务形式与手段，以全新的技术形式为用户带来更为快捷的信息获取体验。

2. 合理进行人员配置

从图书馆人员组织上看，首先图书馆应加强对现有人员的知识技能培训与文化理念建设，使他们既具有一定的专业技能，同时对图书馆组织与服务充满认同感。图书馆对人员职能的分工要适应社会信息服务建设的环境需求，从人员的组织、职能的分工以及服务流程等各个参与层面都要根据实际情况赋予新的工作内容。针对数字化图书馆而言，网络信息引导员、网络信息冲浪员等特殊的人员形式可以适时地出现，这既符合图书馆信息服务的管理模式，同时也符合社会网络环境背景下的实际需求。

3. 加强对创新服务模式的探讨

现今社会，互联网的普及程度明显增强，各种各样的网络功能层出不穷，图书馆的服务模式不是一成不变的，而是根据社会与技术的发展与变革不断更新的。传统的服务模式虽然不完全适应新时期的发展要求，但在某些方面来说，其内容存在一定的合理性。因此，服务模式的创新应注重将传统服务模式与新型服务模式巧妙结合，图书馆只有不断创新自身的信息服务模式，才能紧跟信息时代的发展，以取得更为广阔的发展空间。

三、图书馆信息服务平台建设

（一）构建图书馆信息服务平台的必要性

1. 构建信息服务平台实现网络化信息服务的基础

（1）构建信息检索系统

①信息挖掘检索

信息挖掘是指在网络数据库中发现知识的过程，在图书馆管理中体现为在资源数据库中检索用户较为感兴趣的知识信息。知识挖掘的作用主要体现为两点：第一，信息挖掘是知识发现的必需环节。数字化图书馆的资源内容异常丰富，可以提供各种类型、熟练庞大的文本、图像、语音、视频等多种媒体类型的数字化多媒体资源。第二，信息挖掘检索可以将特定知识按照多角度的检索视角从资源数据库中提炼出来，进而为用户提供实用的知识、规律或社会信息，所有用户所需的有用的知识信息都是通过信息挖掘检索得到的。

②拟定网络信息资源不同的检索系统

构建信息检索系统，可以从以下两个方面着手：第一，开发启用图书馆OPAC联机信息查询系统，可以提供图书馆馆藏书目数据、特色文献数据库等馆藏信息的多方面检索，促进图书馆馆藏资源网络公共检索机制的形成。第二，构建数据化期刊、学术论文、图书等全文文献数据库的智能检索系统，用户可以选择自己习惯的方式查询到所需的信息的原始记录，由信息的多重满足转化为一次性满足。

（2）注重检索的需求与趋势

①定向挖掘搜索功能，以满足不同社会群体的现实需要

定向挖掘搜索功能是指可以采用"对应链接""推荐站点"等方式提供实用的检索方向和检索引擎。例如，国内很多学校在其网上图书馆首页都推出了中国教育网、中国学术资源网、外国教材中心、OCLC文献中心等相关网站链接，这就可以看作是定向挖掘检索教育相关网站的服务方式，将性质相同或功能相似的网站资源建立起网络联系，以满足不同层次、不同领域的用户群体的实际需求。

②基于知识内容检索的趋势

基于知识内容的检索是指对媒体对象的语义与上下联系进行检索。对于现代图书馆来说，基于知识内容的检索应成为图书馆数字化发展的主要方向。从信息挖掘的根本性质来看，基于知识内容的检索主要通过媒体对象的语义和视觉特征进行检索，例如，图像的颜色，纹理、形状，镜头中场景和镜头的运用以及声音的音调、响度和音色等。检索的主要对象是图书馆资源数据库中的形式各异的数据化信息资源。随着数字化图书馆的兴起与发展，图像、图形、视频和其他多媒体形式将成为数字化图书馆资源库中不可或缺的重要信息资源，而要对这些信息资源进行开发与利用，基于知识内容的挖掘检索是必不可少的检索手段。

2.通过数字化信息平台确立参考咨询服务方式

（1）拓展信息平台，挖掘和提供信息

数字信息化平台上的信息资源，已经成为图书馆参考咨询工作挖掘和提供的重要资源。目前，网络上已出现了形式各样的建立在新的架构基础之上的知识数据库，包含的知识内容也包罗万象。互联网应用于图书馆的数字化信息平台，使图书馆自身的物理空间呈现出无限虚拟的状态，信息资源不再有条件的限制与约束。数字图书馆的参考咨询业务突破了传统的馆藏观念，知识信息的载体由传统的印刷型文献发展为以电子形式为依托的视听型、缩微型、数据库和多媒体信息。

（2）利用现代信息技术建立信息平台主页

建设数字化图书馆首先应将现有的图书馆馆藏资源进行数字化处理，并根据数字信息资源的组织模式，采用现代化信息技术手段建立起信息平台主页。这一平台应当具备传统的服务功能，如主题或关键词检索、分类浏览检索等；同时也具有一些特殊的专业性的服务功能，如支持信息检索协议，用户自动获取所需的信息，实现从书目记录检索到全文获取的完整链接。为了提升现代图书馆参考咨询的服务水平，应该以现代信息技术为依托建立参考咨询主页，形成图书馆的网络在线咨询系统作为用户参考信息的服务平台。数字图书馆的建设应首先对现有的馆藏文献和信息资源进行数据化，并根据数字信息资源的组织模式，馆藏文献的内容特征和对自身的加工能力，实现二、三级文献资源的数字化整合。整合后的资源可以利用自动搜索引擎，通过电子邮件、网络公告和新闻媒体宣传等方式进行互动式交流的服务。

（3）实施个性化咨询

①注重个性化数据库的建设

图书馆的个性化数据库的建立主要以某种特有的信息资源为参照，具体表现为学位论文数据库、学术成果数据库、书目数据库、档案数据库、典藏数据库和学术会议文献数据库等形式。图书馆既应重视收集保存普通文献材料，又应该实时关注科研与社会领域的前沿知识，重视相关用户的专项文献需求，逐步建立起自身独有的个性化数据库。

②确保个性化服务技术的使用

个性化服务技术主要依托现代信息技术、现代网络技术以及现代通信技术进行发展和完善的。目前，已经有越来越多的先进技术被应用于个性化信息服务领域，形成了独具特色的个性化服务技术。

（二）建立用户定制方式的数字图书馆信息服务平台

1. 信息定制服务

（1）数字图书馆的信息资源与信息服务必须可以由用户定制

传统模式下的图书馆具有一定的固定性，它的组织系统、文献资源、服务形式等是预先设定的，且在用户使用的过程中不可修改。但是，这种传统的模式在当今社会是不可行的，因为越来越多的用户渴望在图书馆中寻找和发现新的知识内容，这就要求图书馆要以开放的形态为用户定制只是发现、收集与传递的交互体系，为用户提供个性化定制服务。

（2）信息定制服务针对性的内容

信息定制服务包括学科检索服务、事实与数据信息检索服务、文献收集与引文检索服务、期刊目录传输、新书推荐服务等，具体表现为：与社会各类用户建立起稳定的联系，注重收集与理解不同用户对图书馆信息资源的需求情况，并将这种情况进行整理与反馈记录；面向社会全体成员，定期向社会成员征集对图书馆工作的意见与建议；指导和协助用户对相关知识进行文献资源检索，有针对性地开展重点学科的课题咨询服务；根据图书馆实际情况编写图书馆专题指南，及时对图书馆新增文献信息资源进行有效的宣传报道。

2. 人性化管理与个性化服务

（1）人性化管理与个性化服务的提出

"以人为本"思想在社会服务工作中一直处于核心地位，但是随着时代的发展，其概念与内容也在不断被赋予新的内涵。"以人为本"是现代图书馆服务工作的核心理念，在具体工作中表现为：

实行"以人为本"的人性化的管理和人性化的服务，是现代图书馆经营管理的一种新理念。其主要特点包括：第一，在图书馆的整体环境规划与建造的过程中体现人文意识，设置具有人文关怀的服务设施设备；第二，建立和完善保证知识信息自由平等的服务管理体系，保护用户信息安全；第三，尊重用户的个性与差异，关注个性化服务的内容，对用户无意识的过失和潜意识的错误采取宽容的态度，对待客户热情友善，真诚服务。

（2）"以人为本"的人性化服务是数字图书馆建设的重要内容

①创建综合、高效的服务窗口

传统图书馆的服务机制必须进行有效的改革，由分工负责制转变为专人专题制，由刚性管理转变为柔性服务，以此为基础，依靠图书馆的资源信息优势提升整体的服务层次与服务水平。

②建立灵活、多样的人性化服务体制

在传统的图书馆管理上，通常过度重视图书馆馆藏资源，而忽视了对资源的开发利用。因此，数字化图书馆应按照用户的实际需要，建立起用户乐于接受的、馆员乐于参与的新型服务模式。

③不断研究、提升图书馆的管理目标

依据数字化图书馆的发展态势以及图书馆的现状，要不断发现和解决新问题，把眼下可实现的目标与长远的发展目标相结合，明确"以人为本"的人性化服务发展策略，使图书馆的个性化信息服务得以长足发展。

第二节　图书馆智慧化信息服务系统

一、需求分析

图书馆信息服务系统是基于原有的图书馆系统的，提供的主要服务包括：图书精准定位、智能盘点、个性化服务、自助借还。图书馆管理员对图书要进行智能盘点以及图书的位置锁定来解决日常工作量大而烦琐的管理工作。读者作为智慧图书馆信息服务系统的主要服务对象，读者的需求即使图书馆发展的方向，对图书的精准检索、个性化服务和自助借书还书预定则是大多数读者的需求。

（一）业务需求

传统的图书馆信息服务业务是以体力劳动的馆员为服务主体通过手工操作的被动、单纯、封闭、多体化分散、浅层次文献型的服务模式。在以往的服务模式中，图书馆的工作以文献为中心展开，为读者提供的访问也多以一、二次文献为主，这种服务模式已不能适应时代发展对大学培养人才所提出的要求。

在知识与经济并行发展进步的时代，由于网络的发展迅速，文献应用的形式多以电子型、数字型为主，而用户的需求也表现出来丰富化和个性化。图书馆信息服务模式也发生了转变，首先是由单纯的文献保管转向藏用，其次是服务内容由藏书的整理转向了文献的采集、处理以及传递利用。在引入新的服务理念和模式的同时，要注意把"以人为本"即以读者为中心落实到设计之中，着力于为用户提供完善的设施和高效的服务。

现阶段图书馆管理系统的有待改善之处：首先，就读者借阅方面，读者利用搜索引擎对要借阅的资料查询，查询结果显示出该图书所在的书架，但是当读者到所标识的书架后却发现书架上根本没有；就读者借还书方面，读者借书时需要通过馆员扫描条形码才能完成，如果在借阅高峰期时会出现借阅窗口的人流量过多需要排队的情况，耗费了读者的时间，而且在还书时，大多图书馆也是人工操作，既然有人工操作那就肯定会受到工作人员工作时间的限制，比如周末工作人员休息或者是图书馆闭馆，那么读者就只能在工作日或开馆时间段内去还书，读者去借阅，系统界面虽然能够检索出来，但是也可能会出现图书完全被借走的现象而借阅者却全不知情。其次，就图书馆员整理资源方面，图书资源的盘点往往是一项巨大的工程，再加上图书资源的爆炸式增长，图书盘点的解决更是迫在眉睫；就图书乱架问题，多数图书馆员是在收到读者发现问题的反馈之后才做出相应的处理，而且有限的人力资源在相当多的图书中找出别类的图书也是有相当大的难度的。

随着物联网技术的发展，为智慧化图书馆的发展提供了根本依据。依靠RFID技术在图书馆的应用以及个性化推荐技术能够很好地解决上述问题，能满足以下三个方面：①图书馆的自助借还、快速查找、个性化服务可以全面地满足读者需求。②图书馆实行智慧化发展符合馆员需求，智能盘点、图书精准定位很好地解决了馆员以往盘点工作量大、图书乱错架的整理等问题。③在信息社会中，信息量剧增、信息技术发展迅速等问题阻碍着各图书馆管理模式的进步，建立智慧图书馆信息服务系统无论是在解决现实问题还是理想问题方面的需求，都是图书馆发展的大势所趋。

（二）功能需求

智慧图书馆信息服务系统包括：智能盘点、图书精准定位、自助借还、个性化服务这四个主题模块。其中智能盘点、图书精准定位、自助借还模块都是以RFID技术为基础，个性化服务以个性化推荐技术作为研究依据。另外，系统内各模块功能是使用Asp.r.et分层实现的，通过使用符合条件的插件，有效利用它的界面系统框架、结构，从而更能提升本系统的三种性能，即可以扩展的性能、可以移植的性能以及组件的可以重复利用的性能。数据库部分使用SQLServer实现，提高数据的可扩展性，更好地应用于系统之中。

智慧图书馆信息服务系统关键在于解决完成智能盘点、个性化服务、图书精准检索和定位、自助借还功能的管理。系统中的每个模块都是对应完成图书馆读者以及馆员的需求服务，并且通过读者的操作数据保存在系统中，及时更新数据生成读者档案。分析如下。

图书精准定位对于信息服务系统的完成和建立都是特别明显的智慧化体现，将馆内所有图书都贴上电子标签，利用RFID技术VIRE的定位算法的优化，对其实现更加精准的定位，在对图书进行精准检索、智能盘点等功能的实现提供了可靠的技术支撑。

智能盘点实现对在馆图书进行数量统计、乱架查询、架位采集和图书归类的功能，改革现在图书馆在进行盘点时需要闭馆以及使用扫描枪对条形码逐本书进行扫描产生的差错，实现非接触、多本图书同时读取的快速方便的盘点，大大降低了管理人员的劳动强度。

个性化服务主要包括两个功能：一是收藏推荐，对读者主动收藏计划借阅的图书，当收藏的图书在架且未被别人预定的情况下，可以给读者进行提示；二是基于关联内容的推荐，根据个人信息的基本内容填写、读者的借阅记录、检索历史、浏览等方面的动态获取适合读者的图书，以及从系统的数据库内提炼出所有借阅排行、收藏排行和新上架的图书推荐给读者，其中排行的方式可以是按照周排行、月排行也可以是学科排行。也可以针对各学院的借阅情况做排名，促进在校生借书的积极性。

自助借还书主要功能是对自助借书、还书、续借和预订服务，借、还书摆脱了图书馆开馆闭馆时间的限制，续借同样的也是自助完成，预订服务是读者对检索图书的预定，该预定主要是针对读者想要借阅但不在馆的图书，若图书归还后系统将会提示给读者，这样方便读者的同时降低了图书馆管理员的工作量。

（三）性能需求

智慧图书馆信息服务系统会提供全面、高价值的信息资源并且能随时地进行动态跟踪的功能。该系统所需要的硬件设备主要包括：RFID 无源电子标签，电子标签包括图书标签、书架标签、层标签三类；超高频阅读器；自助借还机器；图书盘点设备等。通信预留接口：RS-485，10M 以太网。

二、系统设计

为实现高扩展性的目标，保持不同子系统之间的松散耦合，智慧图书馆信息服务系统在设计上采用三层软件架构，从软件设计的角度，可分为表示层、相关逻辑层和数据访问层。

首先在系统界面即表示层显示出自助借还、个性化服务、图书精准定位、智能盘点四大模块，系统界面的构建是在 XML 技术的支撑下完成，用户是要完成四大模块中的哪一个，首先需要在系统界面选择所要完成的操作，以借书为例：在表示层选择借书后，业务逻辑层根据借书进行处理，业务逻辑层的处理包括数据处理和硬件信息处理，硬件的信息处理是在借还书过程中图书的电子标签反馈给自助借还机阅读器的图书信息，业务逻辑层把这些信息传递给数据访问层，从数据库中进行数据的匹配，匹配的内容包括借阅者的信息和图书电子标签的信息，完成数据访问层的数据匹配之后通过业务逻辑层把数据结构再传递到表示层展示给用户。系统中的其他模块和功能工作原理与借书相同。

智慧图书馆信息服务系统是建立在原有图书馆服务系统之上的管理系统，该服务系统主要功能包括四大模块，分别是个性化服务、自助借还书、图书检索与精准定位以及智能盘点模块，个性化服务模块和自助借还模块主要是针对读者设计的。个性化服务主要是对图书的推荐，一是对读者收藏的推荐，另一个是基于关联内容的推荐。检索与精准定位是读者和图书馆管理员的公共模块，主要是提供图书的精准位置。智能盘点模块主要是为解决图书馆员进行盘点时工作量大的问题，主要功能是乱架查询、图书归类、架位采集以及图书的统计，进行定期盘点时利用智慧信息服务系统能够一目了然地掌握图书的借阅情况，并能及时发现乱架图书进行整理归位。在系统的主界面登录后，若是管理员则进入的是管理员应用主题，若是读者进入的则是读者的应用主题，若输入的用户账号都不是，那么还将处于主界面的状态。当用户通过登录验证后，图书馆管理员和读者就可以根据需求完成应用。

（一）图书精准定位模块

现在多数图书馆查找图书时往往需要大量的时间在整个书架上逐个查看，虽然检索系统可以查到图书上的条形码标号，但在逐本查看上耗费的时间成本却是不可计量的，而且还有可能出现的问题是并没有在检索界面呈现的图书位置找到该图书。图书精准定位的设计是针对上述情况达到对图书馆内图书位置的精确化，分别对读者和图书馆管理员的两个应用。

对于读者来说，当读者进入图书馆后首先要查询借阅的图书所在位置以方便直接去取，在这个过程中就需要对图书进行精准定位，若图书是放在正确的位置则在界面直接显示图书的具体区域，并且显示出当前该图书的数量以及借阅情况；但是避免不了图书是放在错误的书架，因为图书馆管理员对图书的整理是定期的，不可能每天都要对硕大的图书馆进行整理。如果读者查询的图书经过数据库匹配之后是放在错误的书架，查询后会把现在的对应位置呈现给读者。在这个查询过程中需要通过服务器向阅读器发送需要查询的图书的指令，阅读器发射相应频段的信息，同时把接收到的图书 RFID 信息反馈给服务器后对数据库进行匹配最后呈现出现在地位置给读者。

对于图书馆管理员来说，精准定位的应用是体现在智能盘点上，包括图书归类、统计、乱架查询、架位采集功能。首先阅读器发射频段信号，这个频段信号可以细致到具体的某个书架上，图书通过 RFID 标签反馈给阅读器的信息提示错架图书现在所在的位置以及原来的正确的位置，提示馆员将错架图书放回正确的书架。图书的精准定位在一定程度上为馆员和读者提供了高效便捷的服务，加快了图书馆的运行速度。

（二）智能盘点模块

有许多图书资料在系统界面上反映出来，而且读者通过检索也能够找到图书信息，但当读者根据检索到的信息去取书时却在对应书架上没有找到。这种现象是由于图书没有按应有的类别摆放造成的，图书馆员也没有对馆内图书位置的错误进行及时地更正。

盘点的工作流程是阅读器发射频段信号后，RFID 电子标签接收信号并通过天线把标签内存储信息反馈给阅读器，阅读器上显示出各图书所在位置以及该频段内现有的图书总量在阅读器接收到反馈信息后，需要对发生位置变化的图书做出提示，并进行更新，更新的是从上次盘点到这次盘点期间发生的图书总量的变化。更新完成后与总数据库进行图书数量的匹配，匹配的原则主要是对现有数量以及借出数量是否与总数量保持一致，匹配没有问题时则对现有数据进行更新，若出现差错则显示出错。

智能盘点功能模块功能包括图书统计、图书归类、乱架查询及架位采集，图书馆内每本图书、书架的每层和整体都要作为一个基本的管理单元，通过图书标签、书架标签和架层标签在阅读器上的落实进而实现盘点功能。

智能盘点是通过阅读器发射相对应书架的频段，位于该书架的图书 RFID 电子标签把信息反馈给阅读器，通过阅读器界面显示出该书架的现有图书，若出现别类图书将会有相应的"标红"提示将阅读器的界面标识出来。图书馆员也可以把关于图书统计的 EXCEL 表导出，作为图书借阅流量的统计根据。乱架查询主要是通过阅读器发射频段信号，馆内图书 RFID 电子标签反馈信息给阅读器，达到对图书馆内的图书进行重新定位以获取新的图书定位表的目的，将获取的新的图书定位表与数据库原有的定位表进行数据的匹配，若两个定位表完全匹配则表示图书馆不需要进行乱架整理，若出现乱架现象，会将匹配的结果显示出来，单独成立一张图书乱架表显示给图书馆管理员，以便进一步的整理工作，大大降低了图书馆管理员的工作量以及劳动强度。

当图书馆进一批新的书籍时，为图书贴上已改写好的 RFID 标签，把这些标签的数据及时地与图书资源数据库进行数据链接完成数据的更新，根据图书分类的提示把这些书籍放在相应的书架上。解决图书错架、乱架的问题可以读者在对图书进行借阅时可以根据通过图书精准定位后所反映给系统的数据查询所要借阅的图书所在的具体位置。

定期的盘点能够很清楚地掌握图书馆图书的流通量，可以对读者的借阅情况做出相应的数据分析，有利于图书馆的循环发展。

（三）个性化服务模块

个性化服务功能主要是：获取读者对图书的收藏关注或借阅习惯的数据信息，为读者提供所需资源。根据读者对信息的需求，智慧图书馆信息服务系统提供了基于内容的协同过滤推荐，从收藏、借阅的排行以及新上的图书当中推荐与读者收藏或读者个人信息中相似度高的图书。

在智慧图书馆信息服务系统的个性化服务中对资源采用了静态和动态两种获取方式，将这两种获取方式有机地结合起来使用既要切实依靠读者的兴趣反馈，又利用到对读者的借阅规律进行分析发现其内在的特性。静态获取是基于读者个人信息情况，比如院系班级等，获取的准确度高而且速度快；但有可能会出现读者在个人中心填写的信息可能不全面，所收集到的资源也不够全面，并且容易受到读者的思维限制的问题。动态获取是根据读者的借阅、查询记录以及收藏关注的主题图书可以客观地去反映读者喜好，较为全面地获取信息；但获取资源的准确率不高、速度相对比较慢。

（四）自助借还模块

在自助借还书模块中充分利用了 RFID 射频识别技术，结合计算机、软件、网络、RFID 以及触摸屏控制多项技术，目的是对贴有 RFID 标签的多本图书同时进行借还。实现该模块还需要设立借还书柜，读者只需把需要借、还的书放进去，书柜通过对图书的 RFID 电子标签的身份识别，自动完成还书操作，并且实现数据库的记录更新，解除了必须在限制时间内完成还书的困扰。

1. 借还、续借图书

当读者进入图书借阅界面把图书证放入扫描区内，系统对其进行扫描识别，若证件无误将提示输入密码；若密码也无误，则读者将准备借阅的书籍放入扫描区内，这样的一次扫描能完成对多本图书的借阅。如果对图书扫描后显示扫描异常，即图书未能被扫描到，可能是电子标签出现了问题，那么就需要到柜台重新借阅。

如果系统界面显示图书借阅失败，可能是由于用户的借阅量已达到上限，也可能是该用户对图书的续借但已超出借阅限制的日期则需要到柜台办理罚款手续。待图书借阅成功后，系统界面将显示用户的借阅清单，完成图书的借书过程。

2. 预订服务

在图书馆借阅的过程中往往出现想要借阅而图书却不在馆的状况，读者可以根据自己想要借阅的图书进行预订。

在读者登录到智慧图书馆信息服务系统后，首先对想要借阅的图书进行检索，界面呈现出检索结果，检索结果是在馆还是被借出。如果查找的图书显示结果是在馆则直接借阅即可；如果结果显示的是完全被借出，则显示可被预订。同时系统可以在个性化服务中提示到读者登录后的界面。

三、智慧图书馆信息服务系统实现

（一）图书精准定位模块的实现

智能盘点模块是由中央控制计算机、阅读器、RFID 电子标签组成。遵循在系统不运行时自动关闭天线功放，降低使用成本的原则。参数设置为：非接触式对电子标签获取信息；读取速度约为一百五十册每秒，识别率约为百分之九十八；阅读范围半径为二百五十毫米；预留接口：USB、串口；具备图书检索、图书精准定位的功能，检索和精准定位都是通过智能盘点更新服务器总数据库的数据信息之后从数据库直接提取数据；硬盘容量大小为 60GB；支持 802.11b/g 无线网络协议；通过定位信息，能很快地找到目标图书，工作频率区间为 920 ~ 925MHz。

（二）智能盘点功能实现

智能盘点主要功能的实现包括：图书统计——对书架每层的图书做出数量统计，界面显示图书所在具体的位置，位置信息包括馆、楼、厅、架、层，显示数据总数，有数据清空、撤销操作；图书归类是在采集到 RFID 电子标签信息之后，可以选择出图书的类别，可以对该架位的图书进行添加操作；乱架查询是在采集到的 RFID 电子标签信息之后显示出该架位所有的图书，获得的信息与数据库中数据进行匹配，在匹配之后会在界面显示出放错位置的图书信息，并用红框表示出来作为提示。架位采集是采集书架的 RFID 电子标签，对其位置进行整理，整理的内容包括移动书架位置、更改书架信息等。系统设置——设置图书馆、楼、厅等格局的参数；对架和层的电子标签、阅读器、数据库以及服务器等进行设置。

（三）个性化服务模块实现

进入个性化服务功能模块，包括基于收藏的推荐和基于关联内容的。系统会针对不同的读者的不同的喜好做出高相似度的推荐，做出的推荐也更有针对性。

（四）自助借还模块实现

借还终端有终端的数据库与服务器总数据库是实时对接着的，在实现操作的过程中若出现连接失败，那么借还终端就会把信息暂时保存在终端数据库上，等待连接恢复正常时再把数据传送到服务器总数据库中，以保证数据的同步更新。利用 RFID 技术与 PC 机、应用软件、互联网以及触摸屏应用结合在一起，对贴有 RFID 电子标签的图书进行借书、还书、续借以及预订服务的操作是自助借还服务中的重要模块，一次性对多本图书进行识别，有效缩短借阅时间，加快图书资源循环发展。阅读器在休眠状态时不进行工作，这便降低了系统的运行成本。

在自助借还书过程中除了有基本的功能选项之外还有相应的操作提示：借还书和续借书的成功或失败、操作的时间段等统计功能，对读者的操作进行实时记录，这里的实时记录包括时间、基本功能选项、预订服务等操作以及操作的结果。

第三节　微媒体背景下图书馆智慧化信息服务模式

一、图书馆利用微媒体开展信息服务的动力

图书馆在目前的实践中积极地进行微服务的开展，这对于图书馆的发展而言有着重要的作用。从微服务的起步与发展来看，图书馆能做出如此改变，与其自身发展的动力因素密不可分。

（一）内源动力

1. 图书馆以读者为中心的服务宗旨和理念

图书馆的微服务开展，其以读者为中心的服务宗旨和理念是重要的内源动力。图书馆的成立，其根本目的就是要推动社会知识的传播与发展，所以为读者服务是其根本宗旨和理念。在现代化社会的发展中，人们对于服务水平和质量的要求在不断地提升，对于图书馆也一样，所以图书馆为了打造更高的服务水平，进而服务更加广泛的读者，在以读者为中心的宗旨和理念推动下，积极地重视自身的完善性发展，由此开启了微服务的功能。其实在社会发展的过程中，图书馆功能的自我更新和完善是一项重要内容，因为环境在改变，读者的需求也在改变，所以图书馆要想实现自身价值的持续性提升就必须做出改变。就价值体现而言，图书馆的价值体现在为读者的服务方面，所以图书馆为了践行自身的宗旨和理念，

实现微服务的开启其实就是自我价值持续性提升的必要措施。

2. 服务价值驱动机制

图书馆开展微服务的另一个重要内源动力就是服务价值驱动机制的作用。图书馆作为社会公共服务体系当中文化服务的重要承担者，扮演着重要的社会角色。就目前的社会发展而言，无论是公共服务还是私有化服务，利益是服务水平不断提升的原动力。图书馆具有公益性价值，所以追求服务的最大化和最优化是其发展的利益所在和根本目标。在社会不断进步的基础上，人们对于社会公共服务机构的服务质量和要求在不断地提升，而图书馆为了满足社会发展的需要，必须要进行自我功能的完善与服务水平的优化，这是其作为服务机构存在的根本价值。

（二）外源动力

图书馆开展微服务不仅仅是自身发展的需要，外界因素对其的作用也不容忽视，所以要分析图书馆开展微服务的动力机制，外源动力需要进行重点探讨。

1. 新技术的推动

新技术对于图书馆开展微服务有着重要的推动作用。在过去，技术更新的速度相对较慢，新技术在图书馆服务方面的应用也比较少，所以图书馆的服务一直遵循着传统的模式。但是在目前的社会，各种各样的新技术在社会中产生了巨大的应用价值，图书馆为了自身的发展也积极引进了这些技术，所以其服务模式开始向多样化发展，服务范围也有了进一步的扩大，服务水平的提升也有了较大的改观。

就目前的图书馆微服务而言，主要借助的新技术是网络技术和信息技术。首先是信息技术的应用丰富了图书馆的资料获取途径，所以图书馆的资料全面性显著提升。另外，在信息技术的利用下，信息资料的电子化获得较快的发展，这就为图书馆开展微服务提供了良好的资源基础。其次是网络技术的应用使得信息资源的远程传输成为可能，所以说图书馆通过信息资料的远程管理和控制，微服务的水平会显著的提升。简而言之就是在信息技术和网络技术充分利用的情况下，图书馆的微服务基本条件愈发成熟。

2. 读者需求变化的刺激

读者需求的变化刺激也是图书馆微服务发展的主要外源动力之一。图书馆的根本目的就是要为读者提供相关服务，从而实现知识传播和推广的目的，所以说图书馆的发展需要以读者的需求为目标。近年来，随着多媒体移动设备的迅速发展，人们的阅读习惯在悄悄地改变。现在的人们，快速阅读已经成为常态，所以更多的人在阅读的时候会优先选择电子书籍。在人们阅读选择发生变化的情况下，图书馆为了更好地满足读者的需求，必须要建立相应的服务机制，所以微服务便产生了。

随着现代化社会的发展，人们面对的工作压力和生活压力越来越大，在压力逐渐增加的情况下，人们走进图书馆进行阅读的条件在一步步地减少。因为时间压缩严重，所以更多的人不得不选择电子阅读这种快捷的方式。就目前的现代化都市而言，图书馆的藏书越来越丰富，但是借阅的人却十分地有限，反而是电子书库的光顾者更多。面对这样的现状，图书馆的服务不得不针对读者的需求进行改变，这也使得图书馆微服务具备了更强的发展动力。

3. 政府政策的鼓励和支持

政府政策的鼓励和支持也是图书馆微服务发展的外源动力之一。政府之所以对图书馆进行政策鼓励，主要是因为图书馆建设作为精神文明建设的一个重要组成部分，是一种文化空间建设、信息资源建设，享有政策倾斜，而政府鼓励这样的文化建设。目前，我国正在大力发展文化产业，目的就是要为我国的文化发展打造良好的氛围，而图书馆具备文化传播和推广的重要价值，通过图书馆服务能力的提升和服务广泛性的扩展，整个社会的文化建设会向更好的方向发展，社会精神文明建设的速度会显著提升，建设质量也会有质的改变。

为了更好鼓励图书馆的服务发展，政府对图书馆进行了一系列的鼓励，主要措施包括三方面：一是资源支持。政府通过公共资源的调整，对图书馆的资源获得进行提高，在政府资源的帮助下，图书馆的建设氛围和条件获得了显著性的改观。二是人员支持。在人员支持的过程中，微服务人员的理论水平与实践水平有了非常明显的提升，对于微服务开展过程中的问题认识和解决也更加地彻底。简而言之，就是政府政策的鼓励和扶持使得图书馆微服务发展的难题有了更彻底地解决，所以微服务的发展才更加迅速。三是技术支持。通过政府技术人员的介入，图书馆微服务的技术难关被攻克，整个服务系统的优化程度得到了明显的提升，微服务的效果也显著增强。

二、微媒体在图书馆信息服务中的应用及发展对策

（一）双"微"联动，推进个性化信息服务

如何把微博的强传播性和微信的强关系性有机地联系起来，充分发挥二者的平台优势是图书馆在今后工作中努力完善的重点。双"微"联动，不仅表现为单个图书馆机构的微博、微信平台之间的联系，也表现为不同图书馆之间的线上互动和线下交流。在微媒体运营方面，图书馆应针对不同微媒体平台的不同特点，进行有重点、有计划的信息推送和发布。

那么，怎样将双"微"联动的效果发挥到最大化，一方面，要关注所有微媒体用户的"大数据"，通过抓取后台数据，进行数据统计和分析，发现数据间的联系，在整体上把握用户行为习惯，公布书籍借阅排行榜，开展好书推荐等服务；另一方面，要关注微媒体用户个体的"小数据"。"小数据"是相对于"大数据"而言的，"小数据"在这里是指微媒体用户个人在使用图书馆微媒体时产生的数据和痕迹。图书馆通过搜集和整理用户的"小数据"，可以更加了解读者的偏好，挖掘用户潜在的信息需求。例如，四川大学图书馆推出的"阅读对账单"活动，通过整理用户的借阅数据，为用户提供更加精准、更加人性化的个性化服务，深受好评。

（二）积极开展读者调查，建立长效反馈机制

网络环境下，图书馆读者调查的方式更加多元化。图书馆对微媒体的应用更是拓展了读者调查的渠道和方式。在微媒体运用到图书馆信息服务之前，图书馆读者调查工作主要依赖于 Web 站点问卷链接或 E-mail 问卷发放形式，调查周期较长、准确度也受限。而现在借助微媒体，图书馆可以更加方便快捷地进行读者调查，问卷发放更加精准、回收及时、数据统计更加方便。毫无疑问，微媒体是图书馆主动开展读者调查工作的一个重要突破口和新鲜阵地，丰富和拓展了图书馆读者调查工作的形式。

需要注意的是，图书馆应把握不同调查方式的不同特点，综合考量、细致对比其不同的适用范围，在调查方式的选择上遵循方法与目的相统一的原则。此外，还要不断开辟和尝试新的有效的调查方式，比如开辟微信留言墙、开通微博投票功能，及时整理数据、微博私信、微信留言，针对读者所提问题认真反馈，建立长效反馈机制，切实提高用户满意度。

（三）加强微媒体运营队伍建设

针对图书馆利用微媒体开展服务中存在的专业人才缺乏、技能培训不足等问题，图书馆应着重加强微媒体运营队伍建设和管理，主要从以下几个方面进行完善。

第一，图书馆管理者应在思想上与时俱进，重视微媒体服务的开展和完善。虽然我国图书馆微媒体服务的开展已是大势所趋，但是仍有部分图书馆尚未开通微媒体服务账号，或者开通之后处于"闲置"状态，并没有发挥微媒体应有的作用。因此，图书馆微媒体运营对专业运营人员的需求和吸引力都不足。图书馆的宗旨是服务，那么就需要根据用户的实际需求和行为习惯竭尽全力提供服务，而在当今移动互联时代微媒体无疑就是图书馆拓展服务范围、提升用户体验的不二选择。

第二，加强技能培训。图书馆应积极学习和借鉴企业关于微媒体运营和营销培训的经验，加强技能培训。同时，更加关注同行图书馆在微媒体服务实践方面的成功案例，将理论知识和实际工作结合起来，打造优质微媒体服务平台。

第三，注重团队架构设计。一支高效的微媒体运营团队依赖于多种专业技术人才的通力合作，比如文案、美工、客服等。在此基础上，还需要团队架构的合理设置。扁平化的团队架构更适合图书馆微媒体运营，内容策划、平面设计、技术开发等部门分工协作，整合资源，服务读者。此外，将量化考评工作细致化、常态化，将会为图书馆微媒体服务起到激励作用，保障图书馆微媒体运营的长远发展。

第四节　云计算背景下图书馆智慧化信息服务模式

一、数字图书馆信息服务理论

（一）数字图书馆信息服务的定义

20 世纪 90 年代时提出来的 Digital Library DL（数字图书馆）是计算机快速发展的产物。到如今，Web 技术与人工智能的飞速发展就对图书馆的技术要求（比如收集、整理、检索、利用）越来越高了，自从数字图书馆提出来开始，由于它的复杂性，大部分学者都是在基本领域的研究相对深入，却不能最大限度地从跨学科的角度来分析，如此他们对数字化图书馆的定义都具有一定的片面性。分析研究相关领域学者给出的定义，可以从两个层次（狭义、广义）对数字图书馆的内涵进行定义。狭义着重对应了图书馆而广义层面的理解则强调了操作体统。前者局限于一个实体性质的信息容纳体。比如很多学者对他的描述有："信息资源部门""数据集合体"等。而后者的解释则具有极大的广泛性和跨度性，可以理解为不受时间、空间拘束而给"云"用户以强大数据支持的操作系统，同时在信息空间上进行信息的分配和共建共享。按照我们的话来说，数字图书馆就是一个数字化的虚拟机构，它是一个无障碍的图书馆，它利用互联网收集、组织、加工和传播信息资源，其结构庞大，分布于不同地域，用户使用非常便捷，不存在时间与空间的限制。数字图书馆信息服务则是指利用各种技术对信息资源进行采集、组织、检索和传播等业务进行处理的一种活动，他为数字图书馆用户提供电子出版物、数据库内容还有网络上的各种信息，其面向一切利用数字图书馆的用户。

（二）数字图书馆信息服务基本模式

当前最主要的数字图书馆信息服务系统都是 B/S（Browser/Server，浏览器 / 服务器模式）三层结构（Web 服务层、应用服务层、数据服务层），这三者分别代表了系统接口、浏览器和操作系统的结合体、服务器以及它们的相关构成。庞大的用户体系访问图书馆的途径很多，包括移动端或者 PC 端。当用户进行检索、借阅或者咨询时，根据用户的信息需求，这三层一次做出应答和调度，应用服务层调取 wed 服务层收集的数据进行整理加工，发送给数据服务层，数据服务层做出相关反馈，并借由应用服务层反馈给 Web 界面，用户读取最终反馈结果获取自己需求的信息。

（三）数字图书馆信息服务质量评价指标

数字图书馆本质就是一个信息服务机构，根据服务业以及数字图书馆自身的结构特点，我们可以大致将数字图书馆信息服务质量评价指标分为两大类。

1. 数字图书馆软硬件服务环境

数字图书馆服务于用户，给予用户最直观的感受就是其环境的好坏，除了实体图书馆自身的馆内环境外，馆内计算机配置的好坏，数据库系统的完善与否，用户与数字图书馆交互的软件界面可用性高低，还有馆内服务人员的服务素质都会影响到数字图书馆信息服务质量。

2. 数字图书馆可提供的服务内容

用户使用数字图书馆最终目的还是获取自身需要的信息资源，数字图书馆信息资源的覆盖面决定了用户是否能满足需求，这就对数字图书馆信息内容的广度与深度提出了很高的要求，不仅数字图书馆自身的信息总量要庞大，还要涉及不同学科与专业，并且数字图书馆自身要对信息资源进行加工处理，以达到满足用户个性化信息需求的目的。

二、云计算应用分析

（一）云计算应用于数字图书馆信息服务的优势

1. 减少了数字图书馆建设中的投入成本

随着数字化时代的进步，信息技术开始崛起，并为人们的生活提供了很大的便利，图书馆作为公共服务设施建设，在人们的日常生活中必不可少，为了提高图书馆运作效率，同时减少建设成本，有关部门需要紧跟数字时代的潮流，通过运用电子信息技术对图书馆的相关基础设施进行更新，用数据库软件系统或是云计算取代落后的软硬件设施能够很好地解决相关问题。依托云计算的技术和数据库网络作为后备支持，工作人员只需要借助网络平台就可以找到所有想要的资源，对于用户而言，他们既不需要花大价钱去向供应商购买软件和高配置的计算机，也可以节省获取资源时间，可谓一举两得。除此以外，云计算供应商能够保障后期的服务和系统的维护，同时云计算技术又能够确保信息安全，避免受到病毒的入侵。以往数字图书馆网络运作时，单一的服务器支持往往会因为过多的在线客户而产生服务器崩溃的风险，或者因为过多用户同时在线，服务器响应速度会大大降低。但是云计算技术的支持能够很好地解决这个问题，通过为每一个用户提供对应的服务器，换句话说，就是将单线程服务器转变为多线程服务器，做到平均分摊大量用户，同时良好的运算能力又保障了用户获取信息和处理信息的高效性，避免因为系统拥挤而影响处理效率，既无需购买大量服务器，又能保证信息服务稳定性，节约了成本也大大地提高了数字图书馆信息服务能力。

2.高效的信息资源整合能力与存储能力

云计算的设立初衷是为了通过数据库支持来整合互联网信息资源。而对于数字图书馆建设来说，云计算技术能够将各种各样的文献资料予以整合，并存放在数据库中，便于用户的共享和使用，同一用户不必再为了检索不同的资源大费周章的进入不同的数据库中，或者利用不用的检索界面去查找他们所需要的信息，这一转变大大提高了检索效率。此外，用户只需要连入端口，就可以随时随地获得他们所想要的资料，节省了大量的时间成本，既方便了用户，又方便了数字图书馆本身。

相较于其他形式的存储介质，云计算技术能够给数据信息提供最安全的保障，纸质数据不仅容易丢失，还会因为外界条件受到损害，光盘的数据支持稍显落后，存储容量也会受到一定的限制，硬盘更是常常会因为病毒的入侵而损害内部的数据信息。而云计算依托多线程的服务器支持，同时融入了备份和数据恢复的技术功能，将数据存储在"云端"服务器，不仅便于保存，而且能够为用户提供安全保障，即便某个服务器无法正常运作了，也能够在短时间内做出自我恢复指令，避免数据的损坏，给用户的使用提供了很大的安全保险。

3.提高用户获取资源的效率

在云计算技术还没有得到普及的时候，用户只能通过数字图书馆内部网络获取自己所想要的资源，用户想要查找所需的资源，就必须去数字图书馆实地调取，不仅在时间、空间上给用户带来了很多的不便，更给图书馆本身带来了一定的压力，但是云计算依托远程无线技术，能够让用户随时随地接入数字图书馆网络平台，甚至说，用户只需要使用手机或是其他电子设备，通过无线网络接入数字图书馆云计算的端口，进入到图书馆的数据库，轻松地获得资源，这种技术支持让图书馆成为真正意义上的服务平台，完全摈弃了以往复杂烦琐的信息获取方式，大大提高了数字图书馆信息服务的能力。

（二）云计算应用于数字图书馆信息服务中的必要性

本质角度而言，数字图书馆其实就是一种信息资源的集合体，它作为信息化时代下的产物有着无可比拟的优势：比如说信息存储占用空间小，存有量大；多个用户可以同一时间应用同一资源；信息传递速度快，检索内容便捷等。但是随着网络的不断发展，庞大的用户与信息合集的涌入，传统的技术已然无法适应现代用户的需求，云计算应用于数字图书馆信息服务中成为一种必然趋势。

1. 避免信息资源存储技术不足必要性

目前对于数字图书馆而言，最为突出的问题就是信息资源存储问题。数字图书馆在实际操作方面的技术还需要不断的去完善，比如说跨数据库查询和搜索、多种语言的信息搜索以及数字图书馆的应用软件等，都有待于去不断的完善和补充。伴随数字图书馆存储资源的不断增多，其数据储存和管理方面的能力还不是太强，这就无法跟上数字图书馆发展的步伐。在此背景下，云计算技术的出现，成为弥补数字图书馆信息资源存储问题的相应手段。他可以很好地契合数字图书馆资源存储问题，恰到好处的解决这一难题。

2. 避免信息资源重复建设约必要性

数字图书馆进行信息服务主要就是以互联网的平台操作基础，所以纸质版的资源无法借助数字图书馆进行查重。除此之外，数字图书馆还忽略了数字资源的普及情况，没有与其他图书馆进行沟通就进行数字资源的大量引进，将数量作为数字图书馆的优势，而忽视了数字资源的重复与浪费。加上很多图书馆中的信息资源上，纸质的和数字的存在一定的对立性，在构建数字图书馆的过程中没有根据本馆数字资源的实际角度出发，出现了人力、财务等方面的浪费，造成信息资源重复建设的不良问题。但是引入云计算技术就可以很好地解决这一问题，由于"云"的特性决定了各个图书馆之间可以很好地沟通数字资源问题，达到资源目录相互比对的效果，各个图书馆可以优势互补，相互传递资源，不仅节约了人力、财力，还能加强馆际联系，很大程度地避免了资源重复建设，所以云计算应用于数字图书馆信息服务是很有必要的。

3. 避免无法满足信息需求、资源共享的必要性

数字图书馆为了提高数字资源及系统的安全性，对于服务器的终端接口数量及响应规模有着一定的要求，这无形中就会制约终端用户的访问。加上数字图书馆的部分信息资源只可以在形同的数据接口进行衔接，这就导致不同规模和类型的数字图书馆想要实现信息资源的共享成了空想，也大大地降低了数字图书馆信息服务的水平。云计算技术能够弥补数字图书馆这一不足。

第一，云计算本身具备非常强大的存储功能，它可以解决数字图书馆存储技术方面的相关问题，同时也能够节约数字图书馆的存储成本。

第二，云计算功能可以有效地将一站式检索界面和分布式的存储数据库有效地结合在一起，以此来实现数字图书馆的数据资源整合。

第三，云计算的功能还为数字图书馆提供了更多样化、个性化的服务，能够大大提升数字图书馆的信息服务水平。综上所述，云计算对于数字图书馆信息服务的构建有着极为关键的促进作用，数字图书馆有必要合理运用云计算为用户服务。

三、基于云计算的数字图书馆信息服务质量优化对策

随着数字时代的进步，信息技术开始崛起，给人们的生活提供了很大的便利，对于图书馆而言，日常的工作也离不开信息技术的支持。信息技术的革新会带动图书馆管理模式和数据平台的进步，对图书馆的日常运作产生很大的影响。云计算技术能够从各个方面给图书馆的运作带来改变，同时技术支持又能够解决图书馆日常工作和数据处理等方面所会面临的问题，随着云计算的普及和信息技术的不断进步，会有越来越多的图书馆开始用云计算取代以往落后的设备，提升数字图书馆信息服务质量。

（一）削减建设成本，提高用户体验

对于数字图书馆而言，他们应该将更多的精力投入云计算技术的进步上，紧跟数字时代的浪潮，并对这种技术有适当的接触，通过学习和比对，筛选出最适合自身发展的云计算技术，并与数字图书馆的日常建设相结合，比如管理体系设立或者是基础设施建设。首先在资金投入上一定要合理分配，盲目的增强计算机等硬件设备的投入是不能直截了当地提高数字图书馆信息服务能力的，没有合适的软件做支撑，即便再先进的设备也无用武之地，数字图书馆应当因地制宜，加强馆内环境改善建设，诸如基础设施的更新与换代，服务人员素质的提高，同时将更多的资金花在云计算的引入上来，培训一大批先进的馆内人才，通过他们发展数字图书馆云计算技术，为用户提供更好的信息资源服务，但是这只是针对单一数字图书馆，毕竟单个数字图书馆能力有限，如何有效规划投入成本都无法完美解决当下信息资源飞速增长的局面，数字图书馆建设还是离不开馆间互相帮助。

1.加强馆际联合，资源共享

所以我们可以加强馆间联系，来解决这个问题，我们都知道"云图书馆"有

大中小不同的类别，小型的"云图书馆"基本能满足本馆读者需求而专门设立对应的服务器集群；中型的"云图书馆"服务于本地或小区域范围的资源共享内容，由若干小型类别的"云图书馆"组合而成；而大型的"云图书馆"，具有整合功能大、范围远的特征，也是由若干高端的服务器集群而成。总的来说，"云图书馆"的不同类别馆可以多元全面地提供各种服务项目，完全可以进行跨地域信息储备和记录，同时也可以把资源对集群中的其他分馆成员进行共享，如果我们将大、中、小型数字图书馆云整合起来，互相进行资源分享，可以很大程度地避免信息冗余和重复建设问题，小型图书馆因此可以节约一大批资源购买资金，在存储设备上也不必进行多余的买入，三种图书馆的资源覆盖率都得到了提高，其辐射的地区消费者也会得到更广泛的挖掘，这不仅可以大大节约建设成本，更能为图书馆共建共享文献信息资源提供统一平台。

2. 加强数字图书馆信息可用性

在互联网的范围内自由对信息资源进行组合和传输，并满足使用者的信息需求，这将会产生更多潜在的消费群体，越来越多的群体会因为"云"数字图书馆的可用性强而乐于使用数字图书馆。

（1）受众大和全方位

使用网上数字化图书馆的受众面比较大，使用对象来自不同行业领域和不同群体。这比现实中的传统图书馆，在面对面单一受众范围更大。在服务内容上更加丰富和便捷。特别是利用了云计算在进行数字化图书馆的查询过程中，可以快速检索到使用者的相关身份信息，节约了时间成本，另外只需安装与之对应的服务 App 或下载系统配套的搜索引擎满足不同使用群体的个性化需求。

（2）信息资源选择多

传统图书馆和传统的数字图书馆自身在服务过程中会受到来自时间和空间上不同程度的制约。许多纸质的书籍文献需要到图书馆去才能借阅。一些数字图书网站的创立，操作方式的固定化，使用对象的电子资源需要通过指定的电子图书馆下载后才能共享，极大增加了系统的内存容量和时间成本。"云时代的"数字图书馆信息服务功能全，资源选择多。网络服务是主要的消费渠道，只有安装了云服务集群配置和配套的 App，无需对任何的信息资源数据进行解压和分解，就可以自动保存使用对象所需的数据资源和文本信息，高效性和及时性尤为凸显。

（3）使用目的的多样化

传统现实的图书馆的受众群体一般是专业化的学习人士或是流动的个体用户，相比而言，生活中的受众群体不大，无法满足用户的多样化的需求服务。而数字图书馆利用互联网进行资源收集和分享，使用的目的呈现多样化趋势，人们可以在线学习培训、寻找同城娱乐伙伴、自由了解时政热点、下载各种功能软件等等，甚至信息来源多元化也能促进科学研究自动化。可以说在满足个体化需求和使用目的的多样化选择上，数字图书馆可以根据自身优势，对资源合理配置和分类，为使用者带来更多的惊喜和收获。

（二）加强信息资源整合与共享，提供全面化信息服务内容

对于数字图书馆的未来发展趋势而言，通过整合信息资源，降低基础设施的构建难度，简化管理程序，提高运作管理的效率，削减运作成本是数字图书馆的核心任务，以此目标为导向建立合适的发展方针，能够确保数字图书馆在未来的建设中更好地应对运作风险，并谋求更长远的发展。云计算技术和数据库技术的支持，能够对数字图书馆大量离散的信息资源进行整合，并储存在相应的虚拟服务器中，便于用户的共享和使用。而在信息整合的过程中，又能够加快数据的相互传递和业务之间的交叉运作，形成规范化的数据体系，借此完善图书馆的信息平台，提升了信息服务的质量。同时能够更好地整合网络资源，并对相应的数据进行及时处理，极大地提升了数据中心的工作效率。数字图书馆在完善基本构架的过程中，会逐渐建立起一个规范的信息平台用于信息的共享和使用，将图书馆的信息服务与资源共享紧密结合在一起，实现一个大规模资源合并，并借助云计算技术传递这些资源集合，使用户能享受最完善的信息服务。

1.打造全面化的信息需求

时代在发展，使用对象对于信息的需求也不断扩大。互联网环境可以促进信息传递的快捷性，从而激发不同层次的消费群体对于潜在的信息的挖掘，因此使用对象对数字图书馆的使用和期待呈现了不断增长的态势。网络世界信息繁杂和庞大的数据库对不同领域的信息需求量更多，这就需要打造全面化的信息服务系统，及时跟踪个体的信息服务动态和回馈，保证信息资源的最大化传递和分享。

2.云计算提供丰富多样的信息内容

固定的专业化的学术信息研究和理论知识难以适应使用对象对于多元内容的

获取。在社会信息化日益发展的现今，使用对象对于综合性信息的挖掘更为密切。如系统的思维知识架构、丰富的文化素养、高端的生活品质等精细化的内容追求，在信息载体除了要沿用传统的图文印刷文献和实物呈现，更需要植入具有直观性和整体性的多媒体信息，生动而便于理解。

3. 数字图书馆信息资源的定位提高

互联网的信息储存容量大、范围广、内容多，因此难以满足个性化的用户对象对信息的快速浏览和具体检索。数字图书馆可以说是一个专业的信息服务软件，可以根据用户的具体需求进行针对性的搜索和整理，筛选掉无用的原始信息，进行自动化的再次加工，最后将信息类型合并，综合集成并完美呈现，极大地提高了图书馆对于信息资源的有效定位。

4. 有助于附加信息产业的建设

在云计算时代，信息流动性大，具有独立性。它可以有效整合相关的生产要素进行完善和调整。信息化时代可以提高信息资源的利用率，从而减少产品在生产上和材料上的经济成本投入，从而提高资源的附加值。换句话说，在某种程度上网络信息资源优于商品的生产资源。整体而言，使用对象利用数字图书馆对信息获取的目的不仅是完成简单基本的查阅和检索，更多的是辐射到其他领域的系列信息，也就是说是借助数字图书馆平台来提供其他信息产业的知识基础，因此"云"数字图书馆的信息服务不仅能够作用于其自身，也是整个社会信息产业的有效助力者。

（三）构建新的用户与系统交互界面，满足用户个性化需求

传统数字图书馆的用户与系统交互界面非常陈旧与老套，只有基本的信息检索功能，在信息社会高度发展的今天，用户的需求更加多种多样，沿用落后的界面只会让数字图书馆流失更多用户，也会让它被现今纷繁多样的网络检索系统所淘汰，因此设计一个新型的用户与系统交互界面具有很强的现实意义。

根据前面所提到的数字图书馆信息服务基本模式与云计算的基本模式，我们知道要构建一个基于云计算的数字图书馆信息服务用户界面，其最基本的是要满足用户检索需求、用户个人信息保存需求、用户个性化需求、与其相辅相成的有基本的数据库系统和数字图书馆管理系统，那么用户系统→管理系统→数据库系统，是组成"云"数字图书馆信息服务的整体三大内容，来平衡使用对象和后台

操作管理人员利用数据库系统信息资源进行资源计算转换和资源共享。用户系统中每个独立运行的模块内容之间是相互作用相互补充，能够更好地进行资源的优化配置和空间的合理开发。构成用户系统功能的五大模块分别包括：基本信息资料管理与维护、个性化需求的专门定制、资源信息的浏览与查阅、文件信息的储存文档、信息回馈箱的设置。其他系统也能辅助信息服务系统的正常运行。下面只介绍用户系统主要结构的功能内容

1. 基本信息资料的管理和维护

通过绘制表格将使用对象的基本信息进行储存。如登录名、真实名、生日、学历水平、职业等简单信息的登记，主要目的是建立使用对象与服务系统之间建构平等对接平台，为了保证初次使用对象所填写的信息安全性，会签订具有法律效力的个人隐私权协议。使用对象可以根据自己的需要自主选择信息的更改与管理。系统也会同步及时更新数据和动态，从而保证个性化信息服务系统的高效服务。

2. 个性化信息需求的专门定制

每个使用对象都拥有常规的服务功能，针对不同层次的消费群体系统会自动生成满足使用对象的特殊需求和具有专门的个性化服务选择。使用云平台进行个性化服务系统的组建可以最大限度地提高系统运算资源的高效利用。个性化需求的专门定制主要有两大内容。一个是"使用定制"。指的是使用对象可以自由组合图文、调节明暗光度、多变的布局排列等。另一个是"服务定制"。指的是个性化服务主题和内容的定制。系统会将数据字码进行整合归类，满足不同阶段的使用对象的服务资源呈现。可以按照不同的数据资源和服务内容进行标准化分类，用户可以自由地根据这些功能选择心仪的选项整合搭配并形成菜单定制。另外，使用对象可以结合自身的实际情况来调整或建立特色风格的菜单模式，这种个性化功能服务的定制不仅适用于学生群体、办公人群甚至生活中的每个人。

3. 资源信息的浏览与查阅

使用对象除了可以根据数据检索方式对馆藏文献资料进行查阅，还可以利用数字资源进行自动化的浏览和信息筛选。系统可以根据使用对象的描述进行个性化数据模型对接，筛选出针对性的内容信息。这些资源的全面划分和有序呈现可以同时满足不同群体，一旦使用对象无法匹配出对应的信息，可以结合高级的其

他云端再次查阅需求的资源信息，内容辐射面将会更广。

4.文件夹的储存和保存

为了方便使用对象对信息资源的有效管理，特设了文件夹的收藏功能，可以把自己检索到的相关文章、链接复制和常见的检索项进行整理和储存。其中最大的特色就是建立文档空间，使用对象可以进行在线编辑文档，对获取到的各种信息资源及时再次精加工。只要登录更换终端和具体定位就可以便捷进行文档修改和润色。

5.信息回馈箱的设置

这是服务系统为了方便对使用对象的管理而设置的服务功能，主要是以邮件收发的方式来定期提醒个性化专门定制的详细进展情况，同时管家也会在邮箱中针对使用对象遇到的不同主题内容或特殊情况进行答疑和回复。所有的信息回馈都有存档记录。可以说系统为使用对象和管家提供了平等的交流桥梁，可以根据具体问题来改善功能配置甚至还可以申请在菜单添加新内容。使用的数字资源信息及时反馈可以保证系统与用户的良好互动，保证了系统的新鲜性，也更能满足用户信息需求。

（四）"云"数字图书馆信息安全存储推进手段

但是对于数字图书馆的发展而言，信息安全是无法避免的一个话题，它同样也备受用户的关注，云计算技术让用户可以将数据信息存储于云端数据库中，以便进行随时地共享，这点就很好地规避了传统数字图书馆硬盘损毁所带来的数据风险，但是由于网络的不确定性和风险性，往往当服务器产生问题时，云服务商自身出现严重安全问题时，用户信息就可能会发生外漏，信息的安全性可能会得不到保障。而一旦一些重要的个人数据或者信息在网络平台中被人窃取或者发生缺失，对于数字图书馆的发展会带来极大的负面影响。由此我们可以看出，云计算技术虽然便捷、高效，但是归根到底安全性仍然需要放在首位，这是推进"云"数字图书馆必不可少的要素。

1.建立云安全平台

数字图书馆其实就是云服务的一个中间商，所以我们可以联合众多数字图书馆成立一个数字图书馆云联盟，通过联盟进行信息传递，同时公开信息服务，实现业务的透明化。但是网络体系存在太多的不确定性和风险性，因而联盟平台的建立需要依托安全管理的支持，可以通过本地服务平台或者安全产品，为数据平台建立一套合规、合法、合适的信息防护屏障，保障用户在使用的过程中，不发生信息外泄或是缺漏的情况发生。同时，借助这种安全预防技术，用户不需要浪费时间在电脑上保存病毒库信息，仅仅需要通过进入云计算数据平台，借助其中的信息处理技术，在很短的时间内就可以判断文件的安全性，这种技术不需要高配置的计算机作为基础，可以削减硬件成本，同时与网络安全软件共同使用又能够起到很好的防护罩的作用，抵御网络风险，保障客户信息安全，让客户安心地使用数字图书馆的云服务。

2. 制定完善的资源保障体系

对于以云计算为核心的数字图书馆进行架构建设的时候，有关部门需要从很多方面实现运作的统一，在明确信息共享权限的同时，保障图书馆体系运作的高效，其中针对数据中心可使用的资源、信息使用权限、使用有效期限，甚至是用户身份认证等方面，都需要制定统一的服务标准进行规范，避免用户在使用过程中因为信息分配不均而产生的纠纷。数字图书馆的建设一方面离不开云计算的技术支持，另一方面也离不开安全管理的保障，因此相关部门在完善服务模式的过程中，要同时考虑技术层面和安全层面的问题。云计算的技术基础是数据库平台，用户的信息和相关数据资源都会被存储在数据库中，便于资源的分配和共享，建立数据库的好处在于，监管者能够更快捷地进行监督审核，避免了对分散资源监察所可能产生的缺漏。用户需要凭借身份认证进入信息平台。但是这种方式仍然不能完全保障数据库的安全，有关部门需要建立一个更完善的认证系统，一方面要以最快的速度识别客户身份，同时降低可能的识别错误率；另一方面要从根本上保障信息的安全，加强数据库安全建设，让用户更加安心，避免数据的缺失和外泄。这是对用户信息安全的保障，也可以保护用户的信息权及数据所有权。

第六章 图书馆智慧化个性推荐服务模式

第一节 情景感知下图书馆智慧化个性推荐服务模式

一、基于情景感知的用户需求分析和用户接受行为研究

情景感知计算是普适计算的一个方面，在图书馆中有必要创建一个泛在的服务环境。泛在计算通过设备间的交互技术，在任何时间、任何地点、以任何形式的网络为用户提供服务。然而这一切，用户都无需与计算机交互。情景感知已经成为提供个性化服务和自动化服务的最有用的技术之一。情景感知计算旨在检测和识别用户在特定环境，并在此环境的基础上为用户提供适当的信息、知识和内容。

（一）基于情景感知的用户信息需求特征

1.需求表达的间接性

最小努力原则表明，人们在解决任何一个问题时，总是力图把所有可能付出的平均工作最小化，信息行为亦是如此。图书馆用户希望通过尽量少的需求描述，获取尽量多的资源推荐结果，这看起来不容易满意的用户需求，正在依靠普适计算以及物联网技术实现。在传统的信息服务过程中，用户是通过主动与图书馆信息服务系统交互，在直接或间接地表达自己的信息需求后，获取图书馆根据交互内容以及历史记录和偏好信息提供的信息服务。用户在选择和利用这些信息时，又主观的判断和评价图书馆提供的资源和信息服务，从而选择接受和拒绝服务。这种基于用户主观的评价会造成图书馆资源的浪费以及图书馆消极的信息服务。

基于用户情景的信息服务，从服务的请求开始，到服务评价的结束，都是由系统自动完成的。首先，在了解用户的需求时，系统通过感知并获取用户的情景信息，预测用户的信息需求；在提供信息服务后，系统会感知用户的自身

状态，推测用户的满意度，为此次智能服务打分，从而完成情景感知系统的自适应过程。这个过程不再需要直接输入检索语言、不再需要用户与参考咨询馆员沟通，而是通过可穿戴设备和移动终端间接地向图书馆提供情景信息。显然，这也是信息需求的一种间接表达方式。它克服了信息需求表达得不完整、不客观和不准确的缺点。

2. 需求接收的实时性

图书馆与传统图书馆的最大区别就在于其打破了图书馆物理建筑的局限，无论是资源还是服务都灵活起来，不再受时间和空间的限制，用户的信息需求可以在任何时间任何地点进行表达，无需再等待有人在线时提供信息服务。基于情景信息的推荐服务的泛在性特点也反映了移动图书用户信息需求的多变性。在不同的时间和地点，用户的信息需求也随之改变。用户希望通过先进的信息技术手段和海量的图书馆资源满足自己当前的信息需求。自媒体时代，信息量的飞速增长、资源类型正以不同的形式展示在用户面前，这在根本上改变着用户的信息需求。因此，用户的信息需求是实时的。这就要求图书馆的信息服务也随之具有实时性的特征。

3. 需求服务的高效性

服务质量和服务效率一直是考察图书馆信息服务的重要指标。随着信息技术的发展和移动终端的更新换代，用户对信息服务的要求也越来越高。用户的移动终端越来越智能化，互联网即将迎来 5G 时代。用户在产生信息需求时，首先会选择利用手机等移动终端自行检索，在检索的同时，便产生了基于用户交互行为的情景信息。

第一，图书馆的资源能够满足用户信息需求的高效性，这是因为，相对互联网的资源而言，图书馆的资源具有较高的学术价值。

第二，由于图书馆的信息服务由专业的馆员利用先进的设备与技术提供，因此在技术层面，图书馆也能满足用户对服务高效性的需求。

第三，图书馆能够有效地对资源进行整合，将资源以最直观、最简洁、最实用的形式提供给用户，这在很大程度上节省了用户的时间成本和经济成本。在资源的呈现方式上，也能够满足用户高效性的需求。

（二）情景感知信息推荐服务用户接受影响因素

1. 情景感知功能设计目标以及原则

在图书馆中，"接受"不是一个动作的完成，而是用户与图书馆交互的过程，它主要分为三个层次。首先，图书馆用户信息接受是图书馆用户对系统所推荐信息的认知过程。其次，信息接受是用户对显性与隐性信息需求满足的过程。最后，信息接受是用户对图书馆信息服务评价的过程。

（1）推荐结果的认知过程

基于情景的感知的信息推荐服务是在用户正常生活的状态下，没有经过用户的请求，为用户提供的一种个性化信息服务。一方面，用户在"不知不觉"中与情景感知系统进行交互，提供情景信息；另一方面，系统将信息推荐给用户。系统将信息推荐给用户的同时，从宏观层面，系统推荐的信息改变了用户已有的信息结构；从微观层面，随着推荐信息在用户移动终端的显示，用户的信息行为将随时发生改变。

（2）信息需求的满足过程

用户与图书馆交互的目的是满足信息需求。用户自愿提供情景信息给情景感知系统，希望通过接受图书馆提供的信息服务，实现某种愿望，满足为了解决某种问题的，达到某种目标的信息需求。无论是积累知识、应用知识、科学研究还是精神享受，用户接受信息的过程也是满足信息需求的过程。

（3）信息服务的评价过程

无论是主动请求还是情景感知，用户在接受图书馆提供的信息服务后，首先的认知过程就是与自己现有的知识储备以及用户信息接受的情景进行匹配，以此判断图书馆信息推荐的有用性。其次用户在接收基于情景感知的信息服务的同时，无论是主动反馈给系统，还是系统自动感知用户的情绪，用户都直接或间接地评价了图书馆的信息服务。

2. 基于情景感知的信息推荐服务用户接受行为影响因素模型

（1）感知有用性

感知有用性是技术接受模型的要素之一，主要反映用户在接受某一技术后业绩提升的程度。图书馆为用户提供基于情景感知的信息推荐服务首先要做到的就是让用户感知到被推荐信息的有用性。感知有用性是图书馆帮助用户提高工作效率和效能的认知。用户通过向图书馆情景感知系统提供情景数据，并接受图书馆的信息推荐，以满足用户在此情景下的信息需求，从而感知基于情景感知信息推荐服务的有用性。用户只有感知信息是有用的才会接受信息，并持续提供自己的情景信息并持续使用基于情景感知的信息推荐服务。在移动电子商务领域、在图书馆移动阅读领域感知有用性在用户接受采纳和持续使用方面有着显著的正向影响。

（2）感知易用性

易用性就是一个人认为使用某一特定系统的程度是没有任何努力的，也就是说，不需要经过努力就可以轻而易举地使用新技术。对用户而言，使用基于情景感知的信息推荐服务不需要经历任何困难，即体现了创新技术的易用性。技术接受模型认为，易用性已经成为使用和接受态度的主要影响因素。

（3）相对优势

有学者在五个创新特征的基础上，结合信息技术创新的特点，经过四轮的筛选，最后确定了相对优势、兼容性、易用性、结果的可展示性、形象、可见性、可实用性和自愿使用原则为信息技术创新的八个特征。关于自愿的原则，有些研究者认为，对于某些技术的创新有些用户是自愿使用的，也有用户是被强迫使用的。如果将使用意愿进行假设，那么影响因素的结论将是截然不同的。因此在研究创新技术创新的采纳时，需要将用户对信息技术的使用意愿作为因变量研究。

相对优势是扩散理论的核心概念之一。当用户接收到基于情景感知的信息推荐服务时，与传统的信息推荐服务相比是否为其带来了更加便利、省时的效益就是基于情景感知的信息推荐服务的优势所在。然而，大量的文献证明，用户感知到的相对优势与对创新的采纳行为呈现正相关关系。因此，当用户切身感受到基于情景感知的信息推荐服务的优势时，他将采纳系统为其推荐的信息，并有可能继续使自己的传感终端可见，以便接收更多地基于情景感知的信息推荐服务。

（4）兼容性

在情景感知技术出现之前，在相当长的一段时间里，用户接收图书馆的信息推荐服务大多以用户的交互记录作为推荐依据。随着普适计算的广泛应用，情景感知计算在图书馆信息服务中得到了应用。但无论是基于用户交互记录的推荐，还是基于用户情景的推荐，用户所接收的都是个性化的信息服务。这与创新扩散理论的兼容性相契合。在本研究中，创新的兼容性可以被理解为，接收或采纳基于情景感知的信息推荐服务将满足用户的检索偏好、信息需求。当用户感知到基于情景感知的信息推荐服务与其现有的信息需求一致时，便会接受并采纳系统为其推荐的信息。感知兼容性正向影响用户的行为意向。此外，兼容性和感知易用性之间也存在着一种强烈的相关关系，兼容性是感知有用性和感知易用性的前提。

（5）复杂性

复杂性体现了用户对创新难以理解和使用。在创新的五个特征中，只有复杂性通常与采用率呈负相关。基于情景感知的信息推荐服务对于用户而言，只需要提供自己的情景信息，并接收系统推荐的信息。但在提供情景信息时，由于可穿戴设备的兼容性和网络的通信能力存在差异，因此难以统一用户对情景感知信息推荐服务的感知复杂性。此外，基于情景感知的信息推荐服务过程复杂，用户也会认为该服务不容易被使用。

（6）社会身份

社会影响理论强调了社会作用对信息技术接受和使用行为的影响，社会影响对于用户的行为意向产生的影响已经存在，社交身份的影响对用户使用体验较高的用户更为显著。社会身份与形象虽然是两个不同的变量，但是在创新技术的采纳方面，可以说无论是社会身份还是形象，都可以看作是除了自身因素外，社会因素对采纳行为的影响，把社会身份和形象作为一种影响考虑，作为一个整体刻画社会外界对用户采纳基于情景感知信息推荐服务的影响。虽然创新技术对于年轻用户而言是正常的技术更新，是信息技术发展的产物，他们可以欣然地接受新技术，并成为拥有信息技术发展环境下的主流用户；反之，则阻碍其对信息技术的采纳。基于情景感知的信息推荐服务在推荐的内容上更加个性化，是建立在大量获取用户的情景信息基础上的。由于传感设备会传递用户的个人信息到情景感知系统中，因此用户对此项技术的理解会存在很大的差异。对于形象与社会地位的量化过程，需要通过用户对创新技术的感知"正常"程度来考察。

（7）隐私风险

在数字时代，用户的个人数据经常被破坏和滥用，由身份盗窃导致的欺诈行为屡见不鲜。这些日益严重的隐私问题导致了在决策过程中对数据披露的风险感知更加重视。一直以来，用户都在关注和保护个人隐私，但是为了收到收益，用户愿意分享个人信息。基于情景感知的信息推荐服务需要通过获取用户的情景信息，从而对用户进行信息推荐。在获取用户的情景信息时，需要情景感知推荐系统保护用户的隐私，将用户的感知风险降到最小；相反，如果情景感知系统不能够妥善地保护用户隐私，使用户在使用基于情景的信息推荐服务时，大尺度地暴露了个人隐私，那么用户将不会持续使用该创新技术。

（8）心理风险

图书馆用户对基于情景感知的信息推荐服务的使用时感知的心理风险与网上购物的感知的心理风险是有区别的。用户在网上购物感知的心理风险主要包括由于财务损失所造成的心理压力、商品发货延迟所导致的担心以及售后维修等问题导致的烦躁情绪等。同理，用户在接收基于情景感知的信息推荐服务时，由于无法预计采纳所推荐信息之后的结果，因此用户首先要经历采纳与不采纳的矛盾过程。一旦采纳系统推荐的信息，用户会担心是否达到其满意的效果；一旦不采纳，出现事与愿违的结果，又会出现后悔的心理状态。与网络购物相比，用户对技术的使用方面，心理风险与用户对风险的感知程度相关性并不显著，但用户感知的信息风险会在一定程度上影响用户对技术的接收与采纳。

3.情景感知信息推荐用户接受影响因素结果

通过数据分析可以看出，基于技术接受理论的感知有用性和感知易用性对用户采纳基于情景感知的信息推荐服务有正向的显著影响。

感知有用性正向显著影响图书馆用户对基于情景的图书馆资源推荐的接受意愿，这说明，基于情景的图书馆资源推荐对用户而言是有用的。作为智慧图书馆的一项关键推荐技术，基于用户的图书馆资源推荐在很大程度上满足了用户当前情景下的信息需求，在个性化推荐方面有很好的表现。在满足用户个性化需求的同时，也在很大程度上提高了图书馆资源的利用率。一方面，图书馆利用资源聚合等方法，整合了图书馆资源，呈现给用户的不再是一篇文献或是一本电子书。用户感知到图书馆推荐的资源有用，将持续使用。另一方面也会将其使用的情景反馈给系统，帮助系统实现自适应的过程。

感知易用性正向显著影响图书馆用户对基于情景的图书馆资源推荐的接受意愿，说明图书馆情景感知推荐系统具有友好性，这就要求系统开发人员，在考虑系统性能的同时，也要兼顾用户体验。

用户在使用基于情景感知的信息推荐服务时所感受到推送信息的有用性以及易用性是影响用户接受并采纳所推荐信息的关键变量。数据结果表明，使用基于情景感知的信息推荐服务可以为其生活带来便利。用户在使用基于情景感知的信息服务时，并没有感觉到困难和复杂，反而使用自如，这也是用户持续接受基于情景感知信息推荐服务的重要原因。

二、基于情景感知的图书馆个性化推荐服务模型构建

（一）图书馆情景感知与个性化服务的关系

基于情景感知的图书馆个性化推荐服务是以图书馆用户的信息需求为基础，将图书馆信息服务以泛在的形式贯穿于用户活动的始终。系统需要自适应的调整服务内容及服务方式，目的是满足用户泛在的个性化信息需求。推荐服务的实现依赖于服务系统的构建及处理过程。为了更精确地为图书馆用户推荐图书馆的内容，从而实现情景感知的服务，系统必须要通过用户的移动终端或可穿戴设备获取图书馆用户的情景信息。图书馆用户的情景信息与其他领域的情景信息相比有其独有的特征。首先，在情景信息的选择上，不是图书馆用户所有的情景信息都体现在情景模型中，而且是会选择图书馆内容推荐的能够利用的情景信息进行情景建模；其次，图书馆用户的情景模型要随着用户情景的变化而更新情景模型，但由于情景信息具有不完整性，不是每个时段的情景信息都包含推荐系统所需要的情景信息，因此在情景感知的过程中，除了获取用户的显性情景信息外，还需要注意对图书馆用户隐性情景的挖掘。总之，系统感知用户的当前情景，也就是通过识别用户的时间、位置、情绪、同伴等情景信息，从而预测用户正在做的事，以及想要做的事。

1.图书馆情景感知与个性化服务的关系形成

在经历传统图书馆向图书馆转变后，虽然用户在利用图书馆资源方面的便捷程度得到了改善，但图书馆利用率较低的现状仍然是图书馆亟待解决的问题。图书馆的海量资源与图书馆用户的信息素养有待提高是图书馆长期发展所面临的问题。

国内学者对图书馆服务的研究多集中在共性方面问题的研究，例如图书馆的使用行为、图书馆的服务模式等，虽然在图书馆信息服务方面取得了成果，在实践方面提升了图书馆用户体验的感知效果和用户对图书馆的满意度，但是缺乏对用户个性化服务的深入研究。

智慧图书馆将情景运用到了图书馆服务中，而在移动环境下，情景在提供信

息服务方面显得尤为重要。在个性化推荐服务中，用户情景是图书馆研究的重要内容，也是智慧型图书馆信息服务质量提升的着力点。图书馆的情景在随时发生着变化，在图书馆不同的情景中，用户的信息需求也会随情景的变化发生着变化，从而激发用户信息交互行为的变化。即用户信息请求与信息接受行为的变化。可以说，图书馆情景的变化引发用户信息需求的变化，导致用户检索行为的改变，从而影响用户信息接收的意愿，最终影响用户信息接收的期望。

2. 图书馆的情景是图书馆用户信息行为的支撑

在移动环境下，用户的信息需求除了受用户主观意识形态的影响外，还会受到情景的影响。前文论述中提到，图书馆的情景包含用户情景、移动情景、资源情景和服务情景。这些情景虽有共性，但推理后的高级情景极具个性化特征。图书馆基于情景感知的个性化服务是通过用户信息交互行为与情景相互作用完成的。从系统的角度而言，是"情景——需求——服务"的自适应过程。

（二）基于情景感知的图书馆个性化推荐服务构建的目标和原则

1. 基于情景感知的图书馆个性化推荐服务模型构建的目标

情景成为继内容、形式、社交之后媒体的另一种核心要素。为了提升移动过图书馆的信息服务质量，提高信息服务的效率，研究人员将情景感知技术引入了图书馆的信息服务过程中。在基于情景感知的信息推荐服务中，系统需要根据用户的情景推理用户的需求、信息行为习惯并记录用户的兴趣偏好。用户的情景是图书馆内容推荐的基础和重要依据。因此，在利用情景之前，首先要厘清情景在图书馆内容推荐过程中的作用，也就是情景的功能。在内容推荐的过程中，用户在经历着情景的变化。首先是需求情景，即用户在产生信息需求时所处的情景，主要包括以用户个人信息和环境信息为主的静态情景和以用户检索行为为主的动态情景。其次，在用户接收到图书馆推荐内容后，用户的情景发生了改变，此时用户的情景以接收信息的感受为主，即用户的情绪情景。

用户的情景多种多样，但是根据用户不同的信息需求，情景将被有选择性地应用。例如用户的信息需求为"查找附近的酒店"，那么位置情景将作为内容推荐的主要依据。在用户收到系统推荐的内容后，做出再次请求"查找附近的酒店"时，说明用户对推荐结果并不满意，那么应考虑用户的其他情景（如历史入住记录），将其进行细化后，为用户继续推荐。

大数据环境下，推荐系统的研究备受关注。推荐系统的开发与更新成为个性化信息服务的基础。传统的推荐系统在大数据环境下仍然存在不足，导致个性化服务不够精准。主要表现为：①现有的推荐系统储存了大量的用户交互信息以及评分信息，对于用户的隐私信息获取程度不高；②要进行个性化信息推荐，就要获取用户的个性化信息需求，然而传统的推荐系统无法精准地获取个性化信息需求；③随着可穿戴设备的更新与使用，用户不断变化的状态在可穿戴设备中实时更新，但推荐系统所提供的个性化服务无法及时对用户的某一状态做出响应，不能够适应用户的即时信息需求；④大数据环境下，面对海量的数据，用户的信息需求具有不明确性的特点，而且当用户处在某一状态时很有可能没有信息需求，通过感知用户的情景为其提供推荐服务是个性化主动服务的关键，而现在的推荐系统并没有深入探测用户的需求，导致推荐不主动不系统。

2. 基于情景感知的图书馆个性化推荐服务模型构建的原则

（1）泛在服务

情景感知的过程是一个获取用户情景数据的过程。在图书馆环境下，用户无需坐在图书馆中等待提供信息服务，相反，用户处于一个动态的环境中。基于情景感知的图书馆推荐系统需要对用户在动态变化中的情景进行及时的获取、处理、存储，以便更好的建立情景化模型，为用户提供内容推荐。因此泛在服务是基于情景感知图书馆推荐系统的设计目标之一。

（2）情景化推荐

图书馆基于内容的推荐服务主要的依据是用户的情景。推荐系统通过感知用户的位置、时间、客观环境、主观情绪等情景，为用户提供个性化内容推荐，从而主动为用户提供服务。为了保证图书馆内容推荐的精准，推荐系统需要能够随时随地感知用户的情景，并对用户的情景信息进行清洗、存储，建立用户情景模型，预测用户的情景化兴趣模型，并依据合理的推荐算法作用户信息内容的推荐。

（3）自适应性

图书馆用户的信息需求具有泛在的特征，用户需求是在动态过程中产生的，用户所处情景起决定性作用。推荐系统在为用户进行内容推荐时，需要以用户的情景信息作为推荐的依据，提供情景感知自适应个性化内容推荐。基于情景感知的图书馆内容推荐系统以用户的环境为基础、兼顾情景适应性、感知智能性、服务主动性的特点。

（4）推荐内容的有序化

图书馆内容推荐系统中存储着海量无序的内容，其中非结构化内容占据多数；内容的格式也是多种多样，包括文档、视频、图片等。为了更好地匹配图书馆资源，从而进行内容推荐，推荐系统需要对图书馆的内容进行有序化存储。

（5）可扩展性原则

大数据环境下，信息资源的增加速度无法预计，图书馆用户的数量也会随着大数据的利用率以及信息技术的发展呈指数型增长。图书馆平台，在开发基于情景感知的信息推荐服务模型时，大都是孤立存在的，各个平台都通过自己的情景感知模块完成用户情景的采集与处理，再经过推荐模块为用户推荐资源。然而，在传统图书馆时，从图书馆联盟的诞生开始，研究人员就试图将信息资源整合，图书馆亦是如此。图书馆平台基于情景的信息服务将得到有序化集成。一方面，可以弥补图书馆用户的情景缺省，构建基于情景的用户画像资源库；另一方面，也集成了图书馆的资源，降低了单个图书馆平台的负担。发展一直是系统构建的原则，基于情景感知服务的系统也要求具有可扩展的原则，集成系统架构需要有足够的扩展空间，以备系统完善及扩用。

（6）安全与隐私原则

感知风险一直是用户接受基于情景感知个性化推荐的重要影响因素。由于情景感知信息服务的特点，用户会实时与图书馆情景感知系统交互，提供包括隐私信息在内的情景信息。这就要求图书馆情景感知信息推荐服务模型具有较强的安全性，以保障图书馆用户的隐私。

情景感知系统的工作原理是整合图书馆的所有信息，规范是保证海量信息汇集的重要保障，安全、隐私等伦理性问题也是基于情景感知信息服务模型研究不可规避的研究内容。图书馆情景中的移动情景包含用户的位置信息，用户信息还包含了用户的个人隐私信息。只有保证用户隐私的安全，保障平台的安全与通信的安全就是保障图书馆情景感知信息服务系统的安全。图书馆基于情景感知的个性化推荐服务的宗旨是为用户个性化信息服务，而服务的基础正是系统安全运行。

三、基于情景感知的图书馆的个性化推荐服务方法

随着信息技术的不断发展，信息每天以指数级的数量增长，由此导致了用户面临信息过载等现象。在这种情形下，需要知识提供机构的服务方式进行转变，由被动的用户知识搜索转向主动满足用户需求，帮助用户进行决策，并达到服务的增值。情景感知技术可以有效对用户需求进行预测，满足用户需求。越来越多的学者开始将目光放在该项技术上。基于用户需求，可以在本体相似度计算的基础上，得到移动情景本体的匹配方法，从而对用户的需求进行预测，为用户提供相似情景下的资源，进而为用户提供主动的知识服务。

（一）基于本体的资源情景相似度计算

1. 概念语义相似度计算

概念是对事物本质特征的概括和抽象，并且概念与词汇语种、多义性和歧义性无关。概念与词语的联系比较紧密，并且概念是依附于词语存在，而且词语之所以能表示其他事物，就是由于头脑中具备相应的概念。所以概念是词语的内涵，而词语是概念的外在。

通过概念词典可以找到词语和概念之间的映射关系，以此也可以解决语句中存在的多义词与同义词的问题。概念词典中的词语被划分为三个层次，包括词形、词性以及概念定义。词语的物理形态的定义是词形；词的语法功能通过词性说明，而概念定义是由一个或多个基本属性组成，另外也包括词语与主干词语之间的语义关系。

概念距离可以比较好地对概念间的语义关系进行表示。概念具备基本属性，概念距离就是将这些属性之间进行加权求和之后的最短路径长度。

计算的时候一般是将属性看作是一个具备层次网络结构的分类，这样就可以将计算属性的距离转化为计算节点之间长度，该长度就是概念属性之间的距离。通过对各个相应的基本属性距离进行加权求和，进而得到两个概念之间的距离。

2. 文本资源相似度计算

基于概念的文本表示模型是对向量空间模型的一种，可以更好地衡量语义知识的不足，也解决了向量空间模型的同义词和多义词的识别问题。构建的步骤如下。

（1）文本预处理

对文本进行预处理，包括文本分词、提取文本特征词以及对文本进行向量化表示，通知将词语的位置信息记录下来。

（2）概念——词语转换

每个词语对应于一个或者多个概念，在概念词典中查找相应的概念，作为文本的特征进行表示。将文本词语转为文本概念词，可以从语义的角度对文本内容进行抽象，同时也可以将具有同义关系的词语进行总结简化。用概念计算文本内容之间的相似度，可以得到更高的计算精度。

（3）概念处理

如果一个词语对应的概念不只有一个，则需要对该词语进行排歧处理。根据语境选择该词语对应的概念。一般具有以下几种方法进行处理：①从词语搭配规则的角度确定该词语对应的概念。②从机器处理相关概念的角度理解语境并处理。③从相似度的角度计算词语对应的概念。一般距离越近，表明相似度越高，对应的程度也越高。

（二）移动活动情景相似度计算

1. 移动位置情景的语义表达

在图书馆情景下，移动终端设备获取用户位置信息，这些情景感知功能往往是被集成在移动终端中。图书馆用户情景的采集主要依靠传感器，传感器会传回用户周围的环境、用户的状态等情景，将情景信息传递给系统，感知系统将用户的情景进行处理后，匹配图书馆的资源，完成图书馆情景感知和推荐的过程。

在进行情景计算时，可以利用用户的位置特征，用户的位置评价以及用户的位置类型等为情景计算提供数据来源。用户通过这些特征感知图书馆提供的服务。针对这些信息，可以利用本体进行编码，并根据语义关系对位置相关信息进行标注。通过引入本体进行移动情景的计算，可以加强情景之间语义关联，另外也可以方便对位置情景进行推理，从而扩展用户位置情景的语义表达。

通过位置情景的分类，可以将位置情景下的语义关系分为不同的类型，包括语义关系以及层级关系。对于语义关系可以对不同情景下的活动进行连接，进而可以对该活动进行评估。并且不同情景下的活动具有不同的重要性，这是与用户需求紧密相连的。在不同的情景下，也可以进行相同的活动，在相同的情景下也可以进行不同的活动，这时就需要考虑位置与活动之间的语义关系，即活动类型的分类，并以语义加权方式进行关联。在这里确定好活动和情景的语义关系后，可以为计算位置情景下的相似度提供基础和支持。

2. 移动位置情景相似度计算

基于信息熵计算相似度是一种比较常见的相似度计算方法。可以利用文献的方法计算基于位置情景的相似度。信息熵常被用来衡量信息中包含的语义信息。对于构建的情景领域本体，可以利用信息熵公式衡量概念中包含的语义的数量，即表示成概念之间的共同信息所占总体信息的比例。在本体构建的结构中，根节点的概念较为抽象，往往子节点包含了更多的描述性信息，也更为具体。在以往的研究中，有许多利用本体网络结构计算相似性的方法。例如：如果节点的共同信息越多，那么两个节点的相似性越大。又例如：两个节点如果在本体结构中的同一层，并且两个节点的距离较近，那么两个节点的语义相似度越高。但是以上方法往往忽略了副词对于概念的影响程度。

（三）用户情景相似度计算分析

1. 用户情景的表示

在计算用户情景相似度时，可以利用用户填写的注册信息进行计算。这些信息一般被分为数值型信息与名称型信息。一般数值型信息包括年龄、身高和收入等。而名称型信息包括学历、专业信息和籍贯等。为了更好地对其进行计算，可以将其进行划分。

2. 用户情景相似度计算

图书馆最终的服务对象是学生、教师等。为了更好地对服务对象特征进行表示以及进行计算，可以将性别、年龄、受教育程度、专业信息和所在地作为用户信息进行描述。

（四）基于情景感知的图书馆个性化推荐服务算法流程

1. 算法模型框架

情景感知功能在图书馆中的应用越来越深入，但是目前仍未形成用户——情景的有效适配。这会导致在图书馆无法感知用户的实际需求，导致用户的需求无法得到满足，从而丧失了使用图书馆的意愿和行为，降低了用户的体验和忠诚度。

情景的感知功能也无法得到有效应用，使得用户接收情景下大量的碎片化信息，无法得到所需的信息服务。用户所需的信息进行过滤后，可以避免用户陷入信息过载，摆脱现有图书馆服务模式的束缚，提高图书馆情景配置和情景感知功能。服务推荐作为一种有效的智能化信息过滤技术，能够结合图书馆资源的内容特征，通过对用户的兴趣偏好和资源访问行为进行自动分析与挖掘，主动向用户推荐满足其需求的图书馆资源。目前，已经有很多针对服务推荐的方法。例如协同过滤推荐、关联规则推荐、基于知识的推荐、基于人口统计的推荐等。然而这些方法都存在着对应的优缺点，并且没有充分考虑到用户的需求以及情景信息。移动环境下，图书馆已经意识到情景的重要性，在为用户提供服务时，需要考虑

用户的情景信息，从而满足用户的精准化需求。

在图书馆服务推荐过程中，需要利用用户已有的情景信息。在情景本体建模时，需要对用户的情景信息进行存储，形成历史情景本体。根据历史情景信息预测和分析未来的情景信息。有学者提出一种基于情景本体的图书馆资源推荐方法，通过对历史情景的分析，获取与当前情景关联性最强的情景信息，为处于相似情景信息的用户推荐资源。

基于情景感知的图书馆服务推荐流程主要分为以下 3 个步骤：首先建立图书馆情景模型，包括历史情景模型。接着计算情景相似性，在计算方法中，应用到了本体匹配领域的相似度计算方法，该匹配模式可以针对本体的具体特征或者背景知识进行研究。情景本体中的节点特征以及关系由属性来定义。

2. 算法结果与结论

情景本体在计算时可以采用本体相似度计算方法。在为用户进行推荐时，要考虑到用户的情景，通过寻找关联性较强的相关情景，将与情景相似的信息向用户进行推荐。

（1）算法计算流程

图书馆情景本体描述了图书馆的情景包含的内容与基本的结构关系。在情景本体中，不同的用户会对应不同的情景实体。

（2）情景推荐过程

基于情景感知的图书馆个性化推荐的本质是根据情景向用户进行推荐，是基于"情景——用户"模型的角度进行实现的。其目的是提高用户满意度以及体验度。

针对不同的需求状态，用户在各个情景下有不同的信息需求。

假设不同用户在同一时间内具有相同的行为操作，那么可以认为两个用户具有偏好的相似性，可以将之称为相似用户。又比如相同的用户在不同的时间有不同的操作，也可以近似认为操作具有相似性，称之为相似行为。对于图书馆使用的服务器日志数据，进行评测。用户可能使用的行为有点击、下载、检索等行为，通过用户在不同地点的不同行为的挖掘，找到相似用户，以及相似的情景，进而为用户进行推荐。

在图书馆情景中，如果两个情景具有相似性，那么可以根据不同用户的所在的情景向其他用户进行推荐。如果其他用户的情景与目标用户的当前情景具有相似性，那么可以向该用户推荐该情景。如果该用户在某一情景下具有比较高的用户体验，或者具有比较强烈的使用意愿，那么可以将该情景向相似用户进行推荐。

根据情景的相似度计算，将不同的用户情景推荐给当前用户。计算的情景相似，这样可以为用户进行推荐。目前，图书馆对于情景数据使用不充分，没有对用户情景进行感知，因此需要提高情景感知能力，以此提高用户对于图书馆的使用意愿，提升用户的满意度和有效体验。通过为用户推荐与其他用户相似的情景，可以有效提高图书馆的感知能力，提高用户的信息接收程度以及用户满意度。

在基于情景感知的图书馆推荐服务过程中，需要关注几个因素。首先是对于目标用户情景的充分挖掘，可以将用户聚集在相同的情境下。对于情景信息的挖掘可以为用户推荐提供依据，图书馆的情景感知与软硬件开发的情景功能密切相关，因此，图书馆要充分利用这些功能感知用户的情景变化。

第二节 协同过滤下图书馆智慧化个性推荐服务模式

一、图书馆个性化推荐相关理论

（一）个性化推荐的相关技术

通过研究我们了解到，推荐系统的核心部分是推荐技术，离开了各种推荐技术的支持，个性化推荐是无法完成的。由于每种技术都有自己的优缺点，也都有一定的局限性，所以到底采用哪种推荐技术，需要根据应用领域和研究的对象而定。目前，电子商务网站主要使用的技术是信息检索、关联规则以及信息过滤；而以网页为研究对象和推荐对象的网站主要采用协同过滤推荐；而图书馆类的应用主要采用协同过滤、聚类和关联规则等技术。

1. 信息检索和过滤技术

（1）检索技术

信息检索是指信息按一定的方式组织起来，并根据信息用户的需要找出有关的信息的过程和技术。根据该定义可以知道，检索分为两个过程。第一个过程就是将信息按照计算机可以理解的方式组织起来，我们称其为索引；第二个过程就是将相关信息找出来，我们称之为查询。通常意义上的信息检索就是信息检索过程的第二个过程，也就是我们常说的信息查询。

信息检索技术是我们获取知识的捷径、科学研究的向导，也是终身教育的基础。充分地利用检索技术，能够使我们迅速获取相关的基础数据，提高工作效率。

（2）过滤技术

信息过滤是指遵循用户的要求设置阈值，通过运用工具或实施算法从动态的信息流中选取用户需要的信息或剔除用户不需要的信息的方法和过程。过滤技术也是个性化推荐的基础，尤其是在大数据时代，网络上的冗余数据太多，通过过滤，可以将无关数据过滤掉，提高网络的运转效率。

2. 聚类技术

聚类就是将根据算法将任意的目标对象集合划分成由相似的对象组成的多个类的过程。随着在数据挖掘、个性化推荐、模式识别等领域的大量的应用，聚类技术正在变得越来越重要。而且随着近年来数据量不断激增，对数据进行聚类处理越来越有必要，应用范围也在不断扩大，近年来被用于统计科学、地理学和市场营销等。

由聚类所生成的类是一组相似数据对象组成的集合，而不同类中的数据则差别较大。聚类分析与普通的分类是不同的。区别是：分类其实是从特定的数据中挖掘模式，做出判断的过程，是事先定义好类别，而且类别数不变。比如 Gmail 邮箱里有垃圾邮件分类器，一开始的时候可能什么都不过滤，在日常使用过程中，用户人工对于每一封邮件点选"垃圾"或"不是垃圾"，过一段时间，Gmail 就体现出一定的智能，能够自动过滤掉一些垃圾邮件了。这是因为在点选的过程中，其实是给每一条邮件打了一个"标签"，这个标签只有两个值，要么是"垃圾"，要么"不是垃圾"，Gmail 就会不断研究哪些特点的邮件是垃圾，哪些特点的不是垃圾，形成一些判别的模式，这样当一封新的邮件到来，就可以自动把邮件分到"垃圾"和"不是垃圾"这两个我们人工设定的分类的其中一个。而聚类则不是，聚类的目的也是把数据分类，但是事先是不知道如何区分的，完全是算法自己来判断各条数据之间的相似性，相似的就放在一起。在聚类的结论出来之前，完全不知道每一类有什么特点，一定要根据聚类的结果通过人的经验来分析，看看聚成的这一类大概有什么特点。

从机器学习的角度来看，聚类属于无监督学习，用于对未知数据进行类别划分。聚类技术取得成功有赖于其简单、直观的特点。聚类运算并不关心原始数据集中到底有几类或者是否存在分类，只要按照一个标准去运算总能得到符合标准的多个类别。在商业应用中，可以根据一定的标准将客户划分为不同的消费群体，进而可以分析汇总该消费群体的消费习惯，在数据挖掘中，可以独立运行工作，挖掘一些深层的数据分布信息，然后进行下一步的探索。

当然，从聚类的运算结果看，经过聚类运算后，可以得到多个符合标准的类别，但是如果要进行下一步运算，还需要借助工具或相应的算法进行后续的分析。由于聚类运算要计算数据之间的距离，如果数据中存在取值范围与其他数据差异较大的特殊值会对聚类结果有很大影响，因此还要预先进行规格化处理。

本质上讲，聚类运算就是根据事物相互之间的差异属性来进行区分，将属性差异小于指定标准值的事物聚为一类，由此产生的同类事物往往具有高度的相似性。将聚类运算应用到推荐算法中，能够有效地降低时间复杂度和空间复杂度。

3. 关联规则

关联规则指的是事物之间的相互关联，通常用一个事物的变化来推测另一个事物的变化。在后续的发展中，广泛应用于商业模式中，用以分析用户的购买习惯。

关联规则算法中经常用到的参数主要是最小支持度和置信度。支持度是指一个项集在总项集中出现的概率。通常使用百分比来表示，有时也会采用项集出现的次数表示。在使用中通常需要设置最小支持度，低于最小支持度的数据会被过滤掉；置信度表示在先决条件发生的情况下，由频繁项集推导出结果的可能性。

关联规则经常被用于数据挖掘中，采用这种方法挖掘主要分为两个阶段：寻找高频项目组和产生关联规则。

第一阶段：寻找高频项目组。所谓高频就是说某个项目组出现的频率要达到一定的标准。这个标准被称为项目组的支持度。

第二阶段：产生关联规则。这一过程主要是根据上一步中产生的高频项目组来形成一定的规则。如果某一规则在一定条件限制下所求得的置信度大于或等于最小置信度，则称此规则为强关联规则。

目前，关联规则挖掘技术已经被广泛地应用到各个行业当中，而且很多推荐系统的应用也都以关联规则作为辅助，来解决实际问题。在保险业务方面，通过关联规则查询索赔要求组合，可以判断出哪些行为是欺诈，需要做进一步的调查。在医疗方面，通过关联规则查找各种治疗方案，可找出可能的治疗组合；在银行方面，通过关联规则查找数据库，可以对顾客进行分析，当客户打电话时，就可以查出用户的特点、对什么产品感兴趣，这样，销售代表可以为客户推荐感兴趣的服务等。

（二）个性化推荐算法

1. 基于关联规则的推荐算法

顾名思义，该类算法以关联规则为核心，通过统计寻找项目之间的潜在关系，然后建模，根据模型推荐相应的项目。比如：有很多人喜欢猫，买过猫的人大多都会同时再买猫粮，可以认为猫和猫粮就存在关联规则。由于关联规则能帮助销售方发现用户购买物品的潜在联系，所以在零售业方面已经取得了巨大成功。

基于关联规则的推荐系统能够成功与其成熟的算法是分不开的，在20世纪90年代第一个算法提出以后，研究者们陆续提出了很多有效的关联规则算法。截至目前，出现得比较经典的算法有三类：基于频繁项集的算法、基于划分的算法和FP-树频集算法。

2. 基于内容过滤的推荐算法

基于内容的推荐也是一种比较成熟的算法，它不依赖用户的评分，而是以用户选择的项目内容为依据，来计算用户之间的相似性，进而进行相应的推荐。在推荐过程中不需要用户对项目的评价意见，其核心思想是基于信息检索和信息过滤，是对这两项技术的扩展和延续。基于内容过滤的推荐算法根据用户的历史信息，如分享、收藏的文档等，来构造用户的偏好文档，然后计算该文档和待预测项目的相似度，根据 TOP-N 思想，将最相似的项目推荐给用户。

基于内容推荐方法的优点是：首先，与其他推荐算法不一样，它不需要用户的评价信息，而且不需要其他用户的数据，因此，也就不存在数据稀疏问题。其次，该算法过程比较简单，容易实现，采用的技术都相对比较成熟，如关于分类学习方面的技术。但该算法的核心思想是利用项目特征信息，由于现在的很多信息比如音乐、视频等与文字信息不同，很难提取有效的项目特征，也就导致无法形成精确的推荐，虽然选择也有多种提取各种多媒体信息的方法，但都还不够成熟，无法实际推广应用。

3. 基于协同过滤的推荐算法

协同过滤推荐依赖用户的评分信息，通过用户已有的评分信息，来预判用户对未知项目或商品的喜好程度，然后进行推荐。因其操作简单，性能优异而备受关注，近年来，已成为研究者眼中的热门关注点。协同过滤通过已有评分来寻找当前用户的最近邻，并根据这些邻居的评分信息来分析这些邻居对商品的感兴趣程度，然后从中选取评分取值高的推荐给用户。

协同过滤的思想是"物以类聚，人以群分"，要想知道一个用户的兴趣爱好，最好的途径就是找到与该用户具有共同爱好的用户。很多人在购物时或者做决定时，会或多或少地受身边朋友的影响，协同过滤正是把这种情况巧妙地应用到了电子商务推荐系统中，获得了不错的效果。最经典的例子就是看电影，用户通常不愿意在寻找电影上花费时间，因此最快获知哪部电影更好或者评分更高的办法就是询问自己的朋友，通过朋友的推荐，快速定位到喜欢的电影。而这里询问的朋友，往往是跟自己兴趣相投的，这就是协同过滤的核心思想。

协同过滤作为近几年的热门推荐算法，相对于其他算法，具有很多优点。最主要的是对用户和数据都没什么要求。能够处理各种复杂数据，例如音频、视频等。而且，其获得用户数据通常是隐式的，即通过别的用户的评分信息来获得的，对当前用户没有要求，因此，用户的参与度低。另外，协同过滤算法产生的推荐集合是根据最相似用户的兴趣生成的，所以，推荐的内容往往不是目标用户访问过的，这样就有了推荐新信息的能力。

4.基于聚类的推荐算法

聚类算法又被称为群集分析，从最早提出发展至今已有六十多年，其准则是将大量数据按照一定准则分为不同类别，尽可能使相似度高的个体划为同一类，与分类不同，聚类属于非监督学习，适合于探索未知领域，在大数据环境下，这种特性优势更加明显。因此，近年来聚类算法发展迅速，研究者们从不同的方向提出了上百种聚类算法。按照其工作原理来划分，可以划分为五大类：基于划分的聚类、基于层次的聚类、基于密度的聚类、基于网格的聚类、基于模型的聚类。最常见的有两类：一类是基于划分的聚类算法，比较常见的有 K-means 算法、K-medoids 算法、CLARANS 算法；另一类是基于分层的聚类算法，比如 BIRCH 算法、DBSCAN 算法和 CURE 算法等。其实，不管哪种类型的算法，只要选择恰当，都能够提高推荐算法的速度，能够提供更好的推荐效率。其中最典型的、最为常见的算法是 K-means 算法。

K-means 算法是一种基于划分的聚类算法，K-means 算法是最简单也是最成熟的聚类算法，应用十分广泛。其大致思想就是把数据分为多个类别，每个类别都有一个聚类中心，这个聚类中心是通过计算该类中所有数据的平均值而得到的，可以保证该类中所有数据与其距离相比于与其他聚类中心的距离是最小的。总之一句话，就是把最相似的数据划分为一类，相似的定义有多种，最常见的是以欧式距离最小为相似。这种算法是求对应某一初始聚类中心向量 V 的最优分类，使得评价指标最小。算法采用误差平方和准则函数作为聚类准则函数下面，我们描述一下 K-means 算法的过程。

第一步，输入 K 的值，即我们希望将数据集经过聚类得到 K 个分组。从数据集中随机选择 K 个数据点作为初始的聚类中心。

第二步，对集合中每一个数据，计算与每一个聚类中心的距离，并将数据放入距离最小的聚类中心所属的数据簇。

第三步，对每个数据簇的数据进行重新计算，选出新的聚类中心。如果新的数据中心和原始的数据中心之间的距离小于某一个指定的阈值，则聚类算法收敛。算法终止。反之，则重复第二步和第三步，直到聚类中心没有变化为止。

通过该过程可以看出，每一次得重新计算，会使得同一个数据分组中的数据更加相似，边缘化的数据会越来越少，而不同分组之间的数据距离更大，尽量使得聚类结果的边界清晰。当算法终止时，聚类结果就达到了最优。

K-means 算法的优点是简单、快速，尤其在簇内距离很小而簇间距离很大时，效果非常好，而且可以做到在数据集规模变大时，复杂度没有骤然的增大。

5. 混合推荐算法

通过学习我们知道，各种推荐方法都有自己的优缺点，例如：关联规则在处理数据要求比较单一的情况时，效率要明显好于其他算法，而协同过滤在应对数据的多样性要求方面具有比较明显的优势，能有效降低拟合问题，因此，当数据的多样性要求较高时，可以采用协同过滤算法，实现跨越推荐；而当数据要求比较单一的时候，可以采用关联规则的推荐技术。所以在实际应用中，经常采用将多种技术融合的方法即混合推荐。混合推荐没有什么固定的组合模式，也没有什么特殊要求，只看最后的结果，就是组合后的算法要能够成功地弱化各自原有的缺点，而且要发挥各个算法的优势。这几年因为信息越来越多，形式也越来越多样化，对于混合推荐算法的要求越来越多，所以，近年来出现的混合算法比较多，比如聚类与协同过滤的混合、协同过滤与关联规则的混合等。

那么，两种算法或者多种算法如何有机地融合在一起，根据前人的研究经验，在组合方式上，有多种思路，具体如下。

加权：每种推荐技术得出的预测结果都有一个评分，根据实际需要，分别对结果赋予不同的权重，然后计算最终的评分，并由该评分来决定最终推荐结果。

变换：当在某个应用中有多种场景的情况下，采用变换，比如说我们采用基于内容的推荐和协同过滤推荐，在算法运行之初，由于没有必需的评分信息，只能使用基于内容推荐的方式，但是随着时间的推移，数据越来越多后，便可以转换为协同过滤推荐。

混合：这种方式只是简单地合并多种推荐技术给出的多种推荐结果。以上三种是常见的融合方式，尤其是加权组合，是最常见的。另外还有特征组合、层叠、特征扩充、元级别等多种思路。

（三）个性化图书推荐算法的选择

1. 图书馆用户及项目分析

图书馆是学校科研的重要元素，资源丰富、种类繁多。既有纸质的图书和期刊，也有很多的电子文献。按照图书馆用户的需求不同大致可以分为两类：一是专业图书，主要是为了广大师生的学习和科研而出版，通常这部分图书的用户比较固定也相对较少，而且借阅的时间会比较长；二是休闲图书，我们也可以称其为非专业图书，这些书种类繁多，借阅频率很高，数据相对丰富，借阅的用户也是各个专业的师生都有，分布较广泛。

目前，所有的图书馆都实现了图书的自动化管理，馆藏图书的信息都已经存入了数据库，为图书馆数字化管理和个性化推荐提供了前提，比较先进的图书馆已经建立了数字图书馆、图书馆，甚至有些图书馆已经开始使用二维码、RFID等物联网技术。不管使用哪种技术，图书信息体现到数据库中就是一条记录，记录了图书的 ID、书名、作者、出版社和内容提要等，除此之外，往往还有一些借阅记录，包括 ID、借阅人、借阅时间、归还时间等信息。

一般的公益性图书馆往往用户比较杂、也不固定，而图书馆面向的是学校的广大师生，用户群体稳定而明确，而且具有天然的分类信息，就是各自所属的学院和专业。而且现在学校对于师生信息已经实现了数字化管理，广大师生的信息均已经录入到了管理数据库中，教师的信息主要包括工号、姓名、工作部门、职称、年龄、学历等，而学生的信息则包括学号、姓名、学院、专业、年龄、性别、爱好等。这些信息都将决定着用户的借阅需求和借阅习惯。比如教师可以分为教学人员和行政管理人员，他们各自的需求往往是不同的，而学生中有本科生、有研究生，各自的需求和借阅习惯肯定都是不一样的。

2. 各种算法与图书推荐的适用性分析

通过对个性化推荐算法的介绍可以知道，基于内容的算法以用户的历史信息为依据，构建用户的兴趣模型，很少需要用户的介入，使用的技术也比较成熟，常被用于微博等社交网络的推荐，但是也存在着新用户、数据稀疏和复杂属性无法提取的问题。但是分析图书馆用户和图书数据的特点后可以发现，图书馆的数据基本都是普通的文本信息和图片信息，而且其主要作用是文本信息，所以不存在复杂属性问题，而且图书馆用户信息是比较容易获取的，而且相对一般的社交网络用户注册的信息来说，学校师生的信息可以算得上十分丰富了，而且用户的信息都是准确的，不存在网站注册时用户用假信息的问题。因此基于内容的推荐算法与图书馆个性化推荐结合，可以有效地扬长避短，为用户带来更好的使用体验，提高推荐的满意度。

基于关联规则的推荐算法是从用户的过往信息中发现频繁项从而发现物品之

间的前后关系，然后在算法中推荐有关联的物品。当数据较为充足时，关联规则算法的效率会非常高，但是当数据量比较少时效率会打折扣，而且会有一个明显的缺陷，对于非频繁事件是无法推荐的。将关联规则推荐算法与图书推荐结合时，就会出现刚采购的新书是没有办法被推荐的，甚至借阅量小的图书也很难被推荐。而且非专业书籍的借阅量很可能会远远大于专业书籍，如果仅靠关联规则的频繁项选择来推荐图书的话，专业书籍会很难进入被推荐集合，但是专业图书推荐对于图书馆来说又是必不可少的。因此，关联规则可用于在数据量比较大时提高推荐精度。

聚类算法能够在无监督的情况下，将项目分为多种类别，每个类别中的数据都是相似的，通常在推荐算法实施前对数据进行预处理。其优点是简单、直观，运行速度也比较快。因推荐系统发展的需求，聚类技术近年来发展很快，大约出现了上百种聚类算法，在具体的应用过程中，聚类算法的选择取决于应用环境和应用目的，例如涉及距离总和最小的问题，适合用K-means算法，而图像识别问题，可以采用基于密度的聚类算法。将聚类算法与图书推荐结合，可以对图书信息进行前期处理，提高推荐的效率。将聚类用于协同过滤推荐算法的数据预处理，是为了将距离比较近的图书划分到同一个类中，因此选用聚类技术中的基于划分的聚类，将 K-means 聚类算法与协同过滤算法结合起来，实现个性化推荐。

协同过滤算法是近年来推荐系统中频繁应用的算法，其优点是高效、个性化强，可操作性好。协同过滤的运算主要是依据用户的评分数据，通过评分数据计算当前用户的相似用户，发现他们的共同兴趣，进而形成推荐，可以发现用户的新异兴趣，从整体看达到了热门推荐的效果，也可以通过评分信息计算与用户已选择项目相似度高的项目形成推荐，可以尽量满足用户的个性化需求。整体对比来看，协同过滤具有更大的优势，个性化程度更高。将协同过滤算法与图书推荐结合，可以充分地利用图书馆资源丰富和师生信息相对比较多这一优势。

综上所述，各种推荐算法都有自己的特点和适用环境，需要结合应用目的来进行选择，而且从各种文献和资源的研究发现，单靠单一算法进行推荐的思想已经落伍了，因此在最终的选择上，可以选择了基于聚类的推荐和协同过滤推荐两种算法，融入了基于内容算法的思想，并通过关联规则来提高推荐准确度，通过对多种算法进行结合、改进，形成独有的混合推荐算法，弥补单一算法的不足，与图书馆个性化推荐更好地融合，从而提高推荐效率。

二、协同过滤推荐算法

协同过滤也称为社会过滤，自从 20 世纪 90 年代该技术的思想首次被提出以来，便引来大量的学者对协同过滤推荐技术的广泛研究，协同过滤技术已经成为最成功的推荐技术之一。

（一）协同过滤推荐技术概述

协同过滤推荐因其高效、可操作性高和个性化强等优点，正在逐渐成为最受欢迎的推荐技术。其核心思想是从用户的已有数据中分析用户的关注点，并以此关注点为标准，寻找用户的同类用户，然后从这些同类用户的评价信息中，预估当前用户对目标项目可能给出的评分。比如：同一个宿舍的同学都爱看电影，有一个同学认为某部电影非常好，那么紧接着宿舍内的其他成员也会观看该影片，甚至看更多的相似影片。这就是协同过滤的中心思想。具有相同属性、相同爱好的用户，他们对一个事物更容易产生相似的观点。

在应用中，协同过滤推荐是通过汇总同类用户的评分对未评分项进行评分预测来实现的。评分的高低代表了用户的感兴趣程度。推荐系统的评分数据的获取可以分为两种方式：显示获取和隐式获取。其中，显示评分数据是通过用户使用了某一项目后给项目的打分。这种数据往往比较直接，但是往往比较缺乏，我们目前没有什么好的办法必须让所有用户都评分，而且用户的评分有些可能是虚假的，会带来致命影响。隐式评分数据不需要用户主动参与评分，而是推荐系统汇总用户的历史访问数据，分析用户的使用习惯，计算当前用户对当前项目可能的评分，这样统计出的用户兴趣往往比较准确，而这样获取的评分数据相对比较可靠，但是前期需要对数据进行整理、分析、统计，会占用一定的资源。

（二）协同过滤算法分类

随着信息技术和个性化推荐技术的发展，协同过滤不断融入了新的技术和思想，从而出现了更细化的分类方法，目前基本上国内外都比较认可的划分方法是将协同过滤算法划分为基于内存的推荐、基于模型的推荐和混合协同过滤推荐三类，下面分别介绍。

1. 基于内存推荐方法

基于内存的推荐方法是最常用的算法，通常内存中的用户信息分为两种：用户信息和项目信息。据此可将算法分为基于用户的协同过滤算法和基于项目的协同过滤算法。这二者的共同点都是根据内存中用户的历史访问记录来推荐的。其中，用户信息主要是浏览记录，而项目信息主要是用户购买过的物品信息或是下载过的文档信息。

（1）基于用户的协同过滤

基于用户的协同过滤算法是根据邻居用户的偏好信息产生对目标用户的推荐。该类型算法的中心思想就是我们说的"物以类聚、人以群分"，先使用统计思想建立具有相似兴趣的用户小组，然后根据小组内部其他用户的兴趣来预测当前用户的喜好。实质上，就是在兴趣相似的用户小组内部互相推荐感兴趣的资源。这种算法简单高效、精确度高，应用非常广泛。

基于用户的协同过滤的基本原理是将访问行为相似的用户划分到一个用户小组，在小组中统计各个用户感兴趣的内容然后互相推荐。该过程体现到计算过程中，就是根据邻居用户的评分来预测本用户对目标物品的评分。

（2）基于项目的协同过滤推荐算法

通过分析可以知道，基于用户的协同过滤虽然优点很多，但其并不是完美的，当用户的评分矩阵过于稀疏的时候，系统的准确度会明显下降。基于项目的协同过滤正是在这样的背景下提出的，弥补了基于用户算法的不足。该算法主要立足于项目特征的稳定性，通常项目的特征不会随时间的推移而改变，而用户的兴趣爱好则不然。

基于项目的协同过滤算法主要针对用户已经评价的项目进行研究，寻找目标项目的相似项目，建立项目的最近邻集合，并以最近邻集合中的评分信息为基础，预测目标项目的评分。该算法不仅改善了基于用户协同过滤的缺点，甚至在某种程度上来讲，采用计算商品之间的相似度做出的推荐准确性更高。

2. 基于模型的协同过滤

该类算法核心思想是广泛使用各种机器学习技术，如贝叶斯网络、聚类技术、潜在语义检索和神经网络等，与传统的协同过滤算法相结合，并将建模技术运用到推荐算法中，训练一个推荐模型，当用户到达时，根据实时信息分析用户兴趣并形成推荐。该算法能够解决数据稀疏问题。

该算法的关键在于是否能够建立起优秀的模型，模型的好处在于占用内存小，推荐效果好，比起其他挖掘原始数据集中的数据的算法来说，实时性和可扩展性都要好很多，并且能够缓解数据稀疏性问题。但是缺点就是模型的建立需要一定的时间，建立成功后往往要滞后于数据的特点。因此必须定期对模型进行更新。而且模型在建立时的算法比较复杂，空间复杂度和时间复杂度都较高，一般都被安排在线下实施。

目前，数据挖掘技术和人工智能技术被广泛应用，许多个性化推荐的研究者将其结合到协同过滤中来改进算法的性能和推荐质量。常见的模型有聚类模型、因子模型和贝叶斯网络模型。

（1）聚类模型

与协同过滤的分类类似，通常把聚类也分成用户聚类模型和项目聚类模型。用户聚类模型采用"先聚类，再协同"的原则，即将兴趣相似的用户聚成一类，尽量做到同类中的用户兴趣相同，而不同类中的用户兴趣尽可能不同，而且每个类都有一个类中心，并以该中心为参照点，寻找相似的目标用户。最终做到将每一个目标用户都放入相似度最高的类中。将目标用户放入类中后，剩下的问题就是在一个很小的范围内解决了，在该类中计算与目标用户最相近的 N 个用户，定义为目标用户的最近邻。用户聚类模型的优点是缩小了查找的范围，降低了空间复杂度和时间复杂度。使得算法运行更加高效。

类似的，项目聚类的原则也是"先聚类，再协同"，即将特征相似的项目聚成一类，尽量做到同类中的项目特征相同，而不同类中的项目特征尽可能不同，而且每个类都有一个类中心，然后计算目标项目与类中心的相似度，最后将目标用户放入相似度最高的类中。将目标项目放入类中后，剩下的问题就是在该类中计算与目标项目最相近的 N 个项目，定义为目标项目的最近邻。

（2）因子模型

因子模型方法是一种矩阵分解技术，常被用于机器学习领域，又叫作奇异值分解法。奇异值分解可以方便地把一个矩阵（包含我们感兴趣的数据）分解得更加简单和有意义。目前，有相当多的应用与奇异值有关，比如数据压缩、搜索引擎等。奇异值分解是一个能够有效地提取矩阵特征的方法，而且对任何矩阵都有效，无论是方阵还是普通矩阵。这也正是它的价值所在，因为在实际的应用中，大多数的矩阵并不是方阵。例如图书馆有 X 个用户，每个用户对 Y 本图书进行了评价，那么这 X 个用户的评分矩阵就是一个 XXY 的矩阵，描述这样的矩阵就要用到奇异值分解。将矩阵通过一系列计算后，可以把矩阵的奇异值按从大到小的顺序放置到另外一个矩阵中，而且这个矩阵的有效奇异值主要集中在前 10% 的数据中，甚至有些特殊情况有效奇异值会集中在前 1% 的数据中，因此在计算中可以忽略后面 90% 的数据，而只用前 10% 的数据来描述矩阵。

奇异值的这种特点与推荐系统结合，可以实现对评分矩阵的降维，舍弃稀疏的数据，有效降低数据的维度，从而缓解数据稀疏问题。

（3）贝叶斯网络模型

贝叶斯网络是一项重要的数据挖掘技术，它以图论和概率分析为基础，是近几年来人工智能和机器学习的重要内容。建立贝叶斯网络的目的主要是进行概率推理，在该领域问题的解决中，具有绝对优势，同时也是处理不确定知识表达最有效的理论模型。贝叶斯网络是一种概率网络，利用图形化的方式进行决策分析。它是基于概率分析、图论的一种不确定性因素表示和推理的模型，是一种将因果关系和概率知识相结合的信息表示框架。它又是包含一个条件概率表的有向无环图，在网络拓扑结构图中，节点表示变量（或事件），节点之间的弧（从原因事件指向结果事件）代表父节点和子节点的直接因果关系，并通过二维条件概率表形式注解，每个关系都有强度，通常用概率来表示，这样就可以通过该图抽象现实中的很多问题，例如设备部件的状态、测试值、观测现象等。

3. 基于混合的协同过滤

混合的协同过滤算法是指根据需要采取某种技术手段，以一种推荐算法为基础，融合多种算法思想，进而提出一种新的推荐算法，比如在基于内存推荐算法中引入基于内容的推荐方法。提出混合的协同过滤推荐算法的出发点是为了充分利用各种推荐技术的优势，解决单一算法中出现的问题，比如将协同过滤和聚类结合，可以有效地提高推荐效率，将关联规则与协同过滤结合，可以提高推荐的准确率，而且通过混合能够很好地解决冷启动等问题。这里需要注意的是，并不是所有的技术都可以随意的融合，融合的基本原则是融合后能够充分的避免各自的缺陷。

第三节　数据挖掘下图书馆智慧化个性推荐服务模式

一、读者阅读个性化推荐数据挖掘实施

（一）数据挖掘工具的选取

数据挖掘属于典型的面向应用的数据分析与管理技术，是比较新颖的数据处理技术，是目前商业领域最具活力的大型数据库处理技术。基于用户层面来看，数据挖掘能够为决策提供必要的数据依据，但是用户却无需了解和掌握数据挖掘技术的具体内容，极大便利了数据挖掘技术的应用。目前，很多企业及研究机构都已开展了以数据挖掘技术为基础的应用工作的研发与实践工作，形成了丰富的数据挖掘技术成果。

在研究中，具体可以借助 SPSS modeler 工具完成应用的开发。SPSS modeler 算法是目前比较先进的数据挖掘技术之一，具有过程直观、功能强大等优势，能够充分满足系统开发过程中用户的个性化需求，将用户从复杂重复的基础技术开发工作中解放出来，使其能够集中精力投身于问题解决方案的设计与实现工作。

SPSS Modeler 可与相关商业技术高效融合构建起各类专门的预测性模型，能够为用户的决策提供科学有效的信息依据。强大的数据挖掘功能与效益水平为 SPSS Modeler 的快速发展与广泛应用奠定了良好基础。与其他数据挖掘技术相比，SPSS Modeler 的功能更加强大，过程也更加直观，能够显著提升系统开发效率并降低开发周期，从而有效提升系统设计开发的综合效益水平。

（二）系统数据的预处理

1. 空白数据的处理

在进行数据挖掘分析时，在选用的数据中因为各种原因会出现空值。数据挖掘结果的准确性会受到空值的很大影响。数据的真实性和有效性是进行数据挖掘的首要条件。数据表中如果出现了空值，就需要通过观察数据之间的联系将空值填充完整。如果确实无法填充的就需要将该条数据删除来保证分析的准确性。例

如每本图书都有它唯一的索书号，是挖掘分析中必需字段，在此字段中不能有空值。对于这样的空值，要根据书名查找图书数据库将索书号补全。

2. 重复数据的处理

通过分析从系统中导出的读者借还书记录表，可以发现一些影响挖掘结果的重复记录。例如读者可能由于各种原因在同一天内多次借还了相同的图书，或者由于管理人员操作错误出现的同一天内相同借阅记录，对数据挖掘的最终结果造成一定的不利影响。因此，在进行数据挖掘时，首先应对冗余与重复数据进行识别与删除，降低数据规模提高数据的清晰度。

3. 数据挖掘字段的选取

例如，在某次数据挖掘实施中，只选用了 5 个数据字段，其他字段对于挖掘结果没有影响所以不予保留。

（三）基于聚类分析的数据挖掘

目前我校图书馆实行的借阅规则为每名读者最多单次借五本图书，最长借阅期限为 20 天。在平常的工作中能发现读者来图书馆借阅图书的次数有很大差别。某些读者几乎每周都有借还书行为，而也有的读者每个学期的借书记录寥寥无几。因此，通过聚类分析，将读者分成几个读者群，在同一读者群中读者有相似的爱好。通过观察相同读者群内读者的借书行为，能准确地了解读者的阅读喜好。从而能有针对性地制定借阅规则，为读者提供个性化服务。

例如，文中的用户聚类使用 K-means 算法，将读者分为不同的用户群体。K-means 算法将读者聚类时需要计算两个用户之间的距离。这时候就要求用户的属性都为数值型或者转换为数值。在数据挖掘中，可以对读者的聚类时使用读者的年级、专业以及爱好属性。读者的年级是有顺序的，按照顺序关系将其变换成数值类型进行聚类分析。但是读者的专业和兴趣类型属于符号类型，它们之间并没有谁先谁后的顺序，所以它们并不能直接的转化成为数值类型。为了顺利地将读者进行聚类分析，需要把符号类型的数据变换成数值类型，才能用 K-means 算法将用户分成几个相似的群。

1. 年级的转换

本院只有本科所以年级顺序写为 1，2，3，4。在聚类中加入年级属性是因为本科生随着大学生活的深入在不同的学习阶段所产生的兴趣肯定是不一样的，兴趣和所看的书肯定会伴随年级的增长而产生改变，每个阶段所需要推荐的图书肯定会有所改变所以这里聚类中加入年级属性。

2. 专业属性的转换

聚类中加入院系属性，因为大部分学生的院系和专业都是根据自己的爱好所选择的，兴趣爱好和所借图书肯定与自己的院系多少有所关联。院系属性作为符号类型是没有固定顺序的，也就不能直接变化为数值类型。可以使用计算符号属性的方法，是将院系属性由一串数字"0"和"1"组成。不同的院系按照固定的顺序进行排列，每个院系都对应院系串中的一个数字"0"或"1"，"1"代表该用户属于这个院系，"0"代表不属于这个院系。由于每个用户只属于一个院系，所以，在院系串中只会含有一个"1"。

3. 兴趣爱好的转换

借阅爱好为读者借书种类的大类号，如果读者借阅过几次这个大类，图书就在此大类下输入多少。借书的大类号最直接的体现读者的兴趣爱好，借阅得越多代表越爱好此大类图书。

在所构建的模型中，采用 K- 均值完成聚类分析。在使用 K- 均值聚类分析时，需要解决的问题就是 K 的取值设置，可以通过轮廓系数对 K 的具体取值进行分析计算。轮廓系数结合了聚类的凝聚度和分离度，用于评估聚类的效果。轮廓系数的取值范围为 $[-1, 1]$，数值大小与聚类效果正相关。

也就是说，若想实现良好的聚类效果就应尽量使该值大一些。由于 K-means 通常用于数据预处理或分类辅助标准，因此其取值通常较小可以通过枚举，令 K 从 2 到一个固定值如 10，在每个 K 值上重复运行数次 K-means（避免局部最优解），并计算当前 K 的平均轮廓系数，最后选取轮廓系数最大地值对应的 K 作为最终的集群数目。

二、个性化推荐系统的分析与设计

（一）系统可行性分析

近些年网络技术的发展非常迅速，在此背景下信息化和数字化是图书馆未来的发展方向。近几年，我校在图书馆数字化建设方面不断地投入，图书馆的网络电子设备不断的更新换代。随着图书管理系统的多年运行，数据库的不停更新、系统中积累了大量的数据。其中主要包括图书的数据、读者的信息以及借还书记录等。但是，这些数据目前基本还只应用于业务应用和简单的关联查询、统计分析，数据的综合利用水平不高，隐含在这些数据背后有价值的规律还有待于进一步发掘、利用。在此基础上，可以利用数据挖掘算法对这部分数据进行转换、分析。通过分析数据挖掘的结果不光能够对读者提供个性化推荐服务还能对图书的采购工作提出指导意见为未来图书馆的发展提供更好的建议。我们通过对读者的借还书记录进行数据挖掘，可以根据读者的具体爱好将读者细分成不同的群，有针对地进行个性化推荐服务。在读者群内通过分析能够得到读者未来借阅的书目，从而向读者推荐图书。通过分析图书大类的综合借阅率以及它们之间的借阅联系可以有针对性地购入图书资源以及科学的布置馆藏。

通过研究图书馆的图书借阅记录等信息，来预测读者未来可能借阅的图书，提高图书馆的整体服务水平和借阅图书效率以及提高图书的利用效率，是图书个性化推荐系统进行数据挖掘的最终目标。

（二）图书馆个性化数据挖掘功能需求

根据图书馆个性化挖掘的需求，需要完成以下几个功能。

第一，根据读者的特征和借阅行为以及兴趣爱好将读者聚类分析。学校读者的数量庞大，根据读者的特征进行聚类，将读者分为若干个读者大群。群内读者的具有相同的特征，并且与其他群的读者特征不同。

第二，对图书进行关联分析的功能。在读者大群中，对本群的所有读者借阅记录进行分析，研究本群内读者借阅一本图书的时候，同时借阅另外一本图书的可能性，因为本群的所有读者具有相同的爱好和特征。所以，这时候图书推荐的准确度要高。

第三，根据中图法图书分类，对图书大类进行关联分析。对所有读者借的书，根据中图法图书分类提取大类的索书号，然后通过关联分析，找出隐藏在大类之间的关联关系，根据关系来调整图书的排架工作、下架工作，采购图书工作。

（三）推荐系统中的主要问题解决

冷启动是每个推荐系统建立后面临的最需要解决的问题。推荐系统的冷启动包含三个方面：一是用户的冷启动问题，也就是当一个新用户第一次访问系统的时候系统如何推荐；二是物品的冷启动，也就是有当系统中接收了新的物品的时候如何将物品推荐给用户；三是系统自身的冷启动，因为在建立之初推荐系统处于初始阶段。对推荐系统来说，系统中没有任何的历史数据，它完全面对的都是新的用户，新的物品。

个性化推荐系统在图书馆中的应用同其他行业相比，有巨大的优势。因为在提供服务之初系统中就已经积累了大量的读者借还书数据。因此对整体的图书馆个性化推荐系统而言，不存在系统冷启动的问题。那么研究的重点将主要集中在读者冷启动和图书冷启动。也就是当一个读者刚刚使用图书馆的应用或者一本新图书刚刚被图书馆收藏时，没有任何与之相关的用户行为，如何给读者推荐图书以及如何将新书推荐给读者成为研究的重点。

读者的冷启动问题主要在读者登录系统时，系统根据读者的个人信息向读者展示本分院的借书排行榜。如果读者未登录系统，则读者可以通过查看全院借书榜来查看热门图书。

第七章　图书馆智慧化服务模式的创新

第一节　互联网＋图书馆智慧服务

一、"互联网＋服务"环境下的图书馆智慧服务平台建设

（一）基于服务结构系统模型（SOA）的图书馆智慧服务平台的构建

面向服务结构系统模型（Service-OrientedArchitecture,SOA）是一个组件模型，主要是以完成特定任务的独立功能实体为目标而形成的业务集成系统架构。服务结构系统模型是一个组件模型，它将不同功能单元通过这些服务之间定义良好的接口和契约联系起来，通过平台直接与服务层构成沟通关系并达成信息共享，实现平台建设和信息共享目标。

Web Services 是能够成功实现 SOA 的手段之一，它提供了很多关于 XML（Extensible Markup Language，可扩展标记语言）的标准接口，接口是采用中立的方式进行定义的，独立于实现服务的硬件平台、操作系统和编程语言，同时 SOA 系统模型一般以服务托管、主动式服务、事务处理服务、工作流化和边缘组件 5 种模式进行体现，其较好的框架耦合灵活性与抽象多用性从根本上提升了整合系统的性能，并使得构建在这类系统中的服务可以以一种统一和通用的方式进行交互。

根据对 SOA 系统模型的图书馆智慧服务平台系统构建目的与用户的分析，可以分别从文献资源建设、智慧环境建设和智慧服务建设的业务模块入手，构建管理资源与用户智慧服务平台的结构。

1.智慧环境建设业务模块平台结构

智慧环境建设业务阶段主要有智慧系统建设管理员、技术员和读者 3 类业务

功能角色。智慧系统建设管理员负责对日常各类智慧信息系统进行管理和接收读者的故障反馈；技术员负责系统模块的构建、日常调试和维护；读者具有系统使用和反馈故障的权限。

2. 智慧服务建设业务模块平台结构

智慧服务建设业务具体包括业务咨询、资源获取及反馈。用户具有通过智慧服务平台对自身的资源需求开展业务咨询和获取资源的权限，服务馆员具有需求分析、提供资源的审核传送、接收意见反馈的权限，资源管理员有检索、归纳资源及采集资源整理上报审核的权限。

3. 图书馆智慧服务平台系统结构

分别对文献资源建设、智慧环境建设和智慧服务建设结构进行整合，可以将平台整合成为图书馆智慧服务平台结构。

4. 分布式平台功能结构

信息节点通常附属于管理单位或大型组织，用户通过共享平台给出一些专有的数据或有用的信息，最后在节点处进行整合。因此，为了避免平台结构的主体功能重复，根据智慧服务平台中功能主体进行归纳，可形成分布式平台功能结构。

（二）基于 SOA 系统的图书馆智慧服务平台建设策略

在当前大数据环境下，应合理运用资源管理平台和网络检索技术等智慧技术对资源进行采集、筛选、整合，同时通过学科服务团队利用"互联网＋服务"开展有针对性的用户智慧服务仍有待进一步加强，具体可根据文献资源建设、智慧环境建设和服务人员体系建设，体现为以下 3 个方面。

1. 形成纸电交互式资源配置模式

随着纸质资源不断累积，图书馆馆藏空间压力随之不断增加。当前，图书馆馆藏资源主要由纸质文献资源和数据库电子资源构成，而在当前社会环境下，电子资源已经逐步成为常用的资源形式。在当前读者个性化需求不断复杂化、多样化的前提下，图书馆智慧服务过程中所涉及到的资源也随之增加，而单一的纸质资源或电子资源已无法完全满足读者的资源需求。因此，图书馆应形成纸质资源和电子资源交互式的配置模式，通过纸质资源数字化和电子资源印制等模式，提高各类资源的馆藏数量，加强智慧服务的资源保障。

2.增强智慧环境保障力度

服务技术环境是图书馆服务团队建设的外部影响因素。当前，图书馆对智慧软件技术的应用、智慧系统的建设和使用率普遍较低，而传统的检索技术和信息化服务环境已经无法满足当前智能化社会发展要求。在智能化和系统化服务环境中，图书馆需将服务功能和服务环境相关联，并以智慧化信息技术为依托，以满足读者服务需求为目标，开展图书馆服务团队体系建设，提升服务行为活动的适用性和可操作性。

3.构建科学合理的智慧服务团队

在当前以智慧服务为发展趋势的服务环境下，面对读者个性化的资源服务需求，图书馆馆员的服务模式更加趋向于专业的团队式服务模式。在图书馆服务团队体系构建中，需对每项具体任务的分工行为制定基本定义，明确服务分工和服务人员架构，打造科学合理的服务团队。团队服务的最终成果评价，不仅显示服务团队体系水平，更在服务团队的体系建设方面发挥出指导作用。在团队服务过程中，馆员业务服务水平作为服务内容的基础性因素，在服务过程中需不断优化和调整。馆员的服务能力水平基础是馆员的业务服务水平，通过加强个体服务水平来实现服务团队综合实力的提升是提高服务质量的关键。

4.打造专业化智慧服务体系

在图书馆智慧服务体系建设中，将服务体系和服务行为以及行为的实施个体关联起来搭建服务系统，形成以实现读者服务需求为目标功能集合，是智慧服务体系的核心。在构建高效图书馆智慧服务体系时，首先要明确服务的顶层目标、实现方式及最终意义，并结合现阶段的智慧服务水平构建服务架构。智慧服务应充分解读读者的服务需求，建立专业的服务评价体系，根据服务结果的查全率判定资源的服务水平、价值及服务的满意度。

二、"互联网＋"时代图书馆智慧服务创新

（一）"互联网＋"时代图书馆智慧服务创新模式

在"互联网＋"时代，图书馆创新发展智慧服务模式需要资源、技术与人员三方面的高度配合，其中资源融合是创新基础，技术革新是发展导向，人员素质是服务核心。在资源方面，图书馆需在资源数字化的基础上，实现所有不同来源、

不同格式的多源数据融合。在技术方面，基于数据融合技术的图书馆智慧服务可以提高数据获取、清洗、融合、分析的能力，为读者提供更为便捷的知识数据，进一步提升智慧服务效率及满意度。目前，受制于图书馆内部与外部数据融合进度、传感器数据融合的实时性、资源共享共建等问题，大数据融合技术与图书馆智慧服务的对接有效性较低。在人员方面，要兼顾馆员和读者的培养，不仅要提升馆员智慧服务的理论水平和工作能力，还要兼顾读者与馆员有效沟通条件的创造。因此，创新图书馆智慧服务可以重点着力于以上三个方面，创新智慧服务模式，提升智慧服务效能。

（二）基于数据融合的图书馆智慧服务对策

1. 图书馆内部业务部门与外部信息机构的数据融合

图书馆内部业务部门与外部服务机构的数据统一融合是基于多数据融合技术的智慧服务创新的重要步骤，依托不同的数据挖掘算法和融合系统，增强图书馆智慧服务数据的科学性、实用性及全面性。例如，图书馆在开展智慧服务时，将借阅、咨询、技术等图书馆内部业务部门产生的数据与国家、省市级公共图书馆，以及不同类型的情报、咨询等信息部门等外部机构产生的数据进行统一融合，产生的新数据比原有数据结构更科学、更实用。此外，图书馆应在确保数据与读者隐私安全的条件下，应将主要社交媒体、社会科学网络、电信服务商以及互联网高科技企业等外部信息机构产生的信息数据与内部数据实现统一融合，进一步提高图书馆智慧服务的全面性、价值性。

2. 基于个性化智慧服务需求的数据融合

围绕读者的个性化智慧服务应在数据融合过程中，确保读者数据及业务数据安全的前提下，围绕读者身份与个性化需求开展。智慧服务要以读者所学专业数据为识别对象，同时关联图书馆内部数据与出版商、线上线下服务数据，并对读者使用图书馆的行为数据及个性化习惯等多维数据进行集中分析，挖掘读者潜在的信息需求。在确保数据多元感知的前提下，融合传感器获取的读者个性化数据，精准预测读者的行为习惯，准确判断读者个性化需求，面向读者实时高效推送，提高读者个性化智慧服务效能。

3.创新图书馆智慧服务背景下的馆员队伍建设

图书馆智慧服务的有效开展依赖于智能化、集约化的管理，需要富有创造性的"智慧馆员"队伍。图书馆应立足于本馆实际，整合现有业务部门，打破不同业务部门之间的壁垒，加强部门合作。智慧服务团队应该由具有一定相关专业学科背景知识并经过图书馆学专业培训，既能为读者提供个性化、专业化、高效化的知识和信息服务，由引导和培养读者信息素养能力的馆员组成。基于此，馆员自身要切实加强相关学科专业知识学习，积极拓展信息化、数据挖掘与分析等能力，提高自身的信息素养、数据素养、技术素养。此外，图书馆管理层要牢固树立智慧化服务的发展意识，加强重点服务学科方向的相关专业人才引进与培养，完善智慧服务岗位制度和人员考核体系，优化馆员队伍的专业结构。

第二节　智能机器人智慧图书馆服务模式

一、智能机器人相关技术

（一）定位识别技术

图书馆应用的定位系统主要分为条形码结合磁条定位系统和射频识别定位系统。条形码结合磁条技术可操作性较强、成本低、可使用寿命较长，因此，国内外大部分图书馆都采用这种定位识别技术。但是，一方面由于条码必须由图书馆馆员手动在图书书脊内植入磁条，劳动强度大，不适合机器人操作；另一方面，条码信息能够涵盖的信息有限，不满足图书馆机器人对于大量信息精准定位的要求，所以，对于图书馆智能机器人的应用不适合条形码结合磁条这种系统。

图书馆的RFID图书盘点系统是由RFID读写器对图书馆书架上的图书标签进行数据读取，然后将读取到的书架信息和图书信息存入数据库，图书馆的前端相关部门根据系统里面的数据，进行匹配并且展示在架图书数量和图书信息。

（二）自主导航系统

自主导航系统主要通过内置的传感器确定车辆的位置和行驶方向，然后利用数学方法确定行车路径，并且能够将该行车路径与内存电子地图上的道路信息进行比较,最终确定车辆在地图中的位置以及获得到达目的地的方向和距离等信息,这些信息在显示器上显示出来,从而起到导航的功能。自主导航系统除了配备上述无引导导航装置外,还配备有距离和方位传感器。

目前能够实现机器人自主导航的方法较多,比如电磁导引、光学导引、激光导引、机器视觉导引等。图书馆使用的室内导航系统主要是地图模型导航和人工路标导航。

人工路标导航是首先设定机器人的行走路线,再利用传感器识别技术对路标进行识别,从而确定机器人行走的路线。机器人能够识别出图书馆地面预设的导航线或者路标,并且按照路标行走,实现自主导航。

（三）语音识别技术

随着计算机技术的不断发展,语音识别技术更加成熟,计算机能够快速识别出用户的语音输入,记录下用户语音包含的信息,然后根据用户的语音信息执行相应的命令。语音识别技术的基本原理是将输入的语音,通过处理后,和语音模型库进行比较,从而得到识别出的结果。

整个语音识别原理包含 6 个部分,其中,语音采集设备包含话筒、电话等可以将语音输入的设备;数字化预处理具体包含模拟信号转换成数字信号（A/D 转换）、过滤和预处理等过程;参数分析是指提取语音的特征参数,然后再利用在这些参数与标准模拟库中的参数进行比较,进一步产生语音识别的结果。模拟库是提高语音识别效果的关键因素,模拟库的准确性和完整性决定了最终结果是否有效;语音识别是指将识别出结果输出到应用程序中。

语音采集后会进行语音信号的数字化处理工作,即预处理。系统采用话筒等语音设备将信号输入给计算机后,声卡会以一定的频率进行数据采样工作,然后进行 A/D 转换,最后将转换后的原始数据储存。但是,由于每个人的发声不同,语音从嘴唇发出将有 6 分贝的衰减,这种现象不利于语音提取,所以必须对语音做一个预处理,即语音的高频补偿,使信号始终保持在低频到高频的整个频带中,便于进行频谱分析或者声道的参数分析。

参数分析,即特征参数的选取和提取。特征提取是指从各语言帧中提取对语音识别有用的信息。在机器人语言命令中,用线性预测倒谱系数 LPCC 来表征短时语音信号可以得到很好的效果。

对语音进行训练并建立标准特征模板库，在识别过程中与模板库的匹配就是对模板库进行提取和比较，一般常用欧式距离测度来进行模板匹配，也就是失真测度。经过对比后，参考模板与测试模板的帧数变成一样，最后判决得出识别结果。

（四）人机交互

智慧图书馆建设中要处理好人机交互发展的关系。智能机器人研究的目的是机器人能够像人类一样智能化工作，为人类服务，对指令和任务及时做出反馈，实现人机交互。人机交互技术是指通过计算机的输入和输出设备，实现人和计算机对话的技术，人机交互技术是计算机技术中的重要内容之一。人和机器之间的相互关系是指，机器通过输出设备或者显示设备给人提供大量的信息或者请示，人通过输入设备将有关信息、问题、请示等输入给机器。人机交互技术的目的是通过全面了解用户的需求，并且了解用户在使用产品过程中的心理和行为，运用到产品中，从而改变人们生活的模式，变得更加方便快捷。

目前，人机交互技术可以实现语音合成与识别、图像识别、翻译等。人机交互技术的应用范围广泛，并且完全深入到人们生活方方面面，打电话、坐地铁等都运用到人机交互技术。良好的人机交互设计能够给人们的生活带来方便，不好的人机交互设计反而会影响到人们的正常生活，因此，人机交互技术的应用还需要有深入的调查研究，方能实现真正的便民。

二、基于智能机器人的智慧图书馆服务设计与实现

（一）多模态图书管理

1.图书模态相关问题

不同于现有的 RFID 图书管理系统，多模态智能图书盘点机器人图书管理系统有机结合 RFID 的高效感知技术和智能机器人的自动化技术，可以实现在现有的基础设置前提下，不需要改造，即可以实现全自动化的图书盘点等典藏操作，有效管理图书馆图书，推进图书管理的现代化进程，为实现图书馆完全自动化管理。

图书错放、乱放排序：由于射频信号很容易受周围环境的干扰，从而大大降低图书识别的准确率，无法将图书准确归类到实际所处的书架。基于超高频 RFID 技术的远距离识别特性，同时借助 RFID 天线水平方向上的移动，便可以

获取到位于天线附近的图书信息，从而实现盘点图书的目的，同时，能够确认图书的大概位置信息。然而由于 RFID 信号受到环境等因素的影响较大，人员产生不稳定性，所以，该图书盘点方案容易出现漏读和多读的现象。除了受到环境的影响，人工通过手持天线进行图书盘点工作时需要大量的人员操作，操作的不稳定性也影响了盘点效果。

图书姿态不整齐：目前，图书馆普遍存在很多图书被读者随意摆放在书架上其他正常竖放的图书上，既影响了读者图书检索，也影响了图书馆的整洁，对图书的准确定位造成很大影响。分类训练模型有很高的分类准确率，但是由于模型固有的缺陷，RFID 信号容易受到环境干扰，分类模型判断时难免会把横放的图书判断成排放整齐的图书，造成图书姿态误判。为减少误判，则必须要多次检测，但是多次检测会影响图书盘点的效率。

图书所在环境数据不完整：图书馆算法不完整，传感器对周围的环境探测和感知数据不完整，从而无法获得全面、完整的环境数据。同时，采集到的数据处理效率较低，无法成功排除一些错误或重复的数据，导致效率和准确率很低。

图书盘点机器人定位不准确：定位不准确就会导致图书管理过程中无法正常工作，无法找到对应书架，甚至是出现错放、罢工等情况，直接影响图书盘点工作的进行。图书馆现有的室内定位技术如超声波定位技术、红外定位技术等在图书馆应用中会产生较大误差，无法用于机器人精准定位。超高频 RFID 技术能够利用 RFID 信号实现快速室内定位，但是精度也达不到毫米级别。

2. 图书管理服务实现

（1）多模态的图书信息特征识别

借助超高频 RFID 感知技术和图像识别技术提高图书信息识别的精准度。设计出有效的数据分析算法，能够高效解析信号数据的目的，同时能够借助图像识别技术辅助识别图书信息，能够准确地将所识别的图书归类到正确的书架号及层数，确定每个书架层图书的相对排列顺序，实现高精度的图书信息识别机制。

信号感知是利用 RFID 技术信号识别这一特性，根据信号内传递的标签信息来识别图书，同时，还能够通过分析挖掘信号强度特征和信号香味特征，达到图书精准定位的目的。图像感知是借助图像识别技术，从而解决因为信号不稳定产生的图书漏读和多读的现象，最终达到降低图书识别过程中的误读率的效果。

（2）多模态图书姿态特征探测

结合分类模型和图像识别技术提高图书各个姿态探测的效率和准确度。多模态智能图书盘点机器人图书管理系统能够结合分类模型和图像识别算法，在解决误判的同时又不影响图书盘点效率。

基于多模态图书姿态特征探测研究基于 RFID 技术以及图像识别技术，能够针对采集到的大量传感数据，通过数据挖掘等技术进行分析，最终能够做出智能决策。在图书内嵌无源 RFID 标签扫描标签时，标签的射频信号能够根据标签姿态的不同呈现出不同的规律，从而通过这样的规律，分类器能够对横放和竖放的图书标签信息分别构建不同的模型进行进一步分类。

为解决 RFID 信号受到环境干扰，造成误判的困扰，可以利用 RFID 技术与图像识别技术相结合，再加上数据挖掘技术支撑，可以大大提高图书姿态探测的效率和准确率。主要操作方法是在利用 RFID 得出最终结论之后，进一步结合图像识别技术，利用摄像头拍摄照片，然后对照片内的物体进行轮廓分析和数据特征判断，最终能够区分出图书形状。

（3）多模态 SLAM 算法设计

智能机器人的发展需要解决定位问题、建图算法和路径规划这三大难题，SLAM 算法是近年来机器人自主定位最主要的方法，目前已经得到很好验证的 SLAM 算法主要有 VSLAM（基于视觉）和 Laser SLAM（基于激光）。VSLAM 主要利用搭载的摄像机对环境进行拍摄，定位时只需要将采集到的实时数据与已知信息进行结合，然后再从地图中找出最相似的位置作为当前位置。Laser SLAM 则是利用激光雷达作为传感器，获取到地图数据，从而实现机器人的同步定位与地图构建。

基于多模态的 SLAM 算法，不仅仅利用单一信息，而是综合利用各类传感器信息，包括摄像头、RFID 阅读器、激光测距器等，使多模态图书盘点机器人能适应不同的应用环境，同时也能弥补只依靠单一传感器搜集数据可能带来的疏漏和误差，最终能够提高定位的精度和效率。利用不同类型的传感器，对周围环境进行多次探测和感知，从而使采集的环境数据更加全面、更加完整，最终提高算法的可靠性和自适立性。随着传感器数量增多，采集的数据越来越大，数据处理的时间也会越来越长，多模态智能盘点机器　人图书管理系统在保证环境数据完整、准确的同时，能够运用数据分析和数据清洗技术提高数据处理的效率，排除采集到的数据中存在的一些错误和冗余的数据，从而保证整个算法的效率和准确性。

（二）咨询问答系统

1.问答系统服务流程

问答系统的设计是智能咨询机器人研究的首要内容，对图书馆智能咨询机器人研究具有关键作用。智能咨询问答服务系统流程为问题接收和处理→问题分类和检索→答案抽取和排序→答案选择和反馈→答案统计和储存。

2.问答系统具体功能

（1）问题接受和处理

接受问题是处理问题的第一步，只有全面准确地接受问题，才能对问题进行处理，从而解决问题。接受度是指智能咨询机器人能接受读者问题的程度，接受率是机器人接受问题的效率，不仅包括汉语问题，还包括英语、法语等各国语种问题。接受问题后便开始处理问题，此处是指对读者用自然语言提出的各种问题进行预处理，预处理主要包括语义分析、句法分析、词汇分解、关键词提取等步骤。通过预处理对读者提出的问题进行有效分类，然后再通过复数技术在语料库中找到相似的问题。系统设计时，要在系统接收预料问题时在自动学习语言中建设有效的受限语料词库。

（2）问题分类和检索

问题分类是对系统中存储的问题以及读者提出的所有关键词因素进行分类处理，可以采用标准中国图书馆分类法、问题专题分类法、时间分类法、地点分类法、人物分类法等多种方法对问题进行分类。问题检索不仅运用传统的信息检索理论，还需要使用互联网信息搜索技术，获得问题的最大概论出现的文档，并且对获得的文档按照准确率进行排序处理。

答案抽取和排序。答案抽取将读者提出的问题中的关键词、标题词和叙述词，以及计算机系统中的排列组合词汇使用到的单元词进行语料词汇的抽取，便于为后续的答案排序提供基础元素。答案排序是将已经抽取出来的关键词、叙述词等语料词汇元素利用多种不同的排序方式进行排序，排序方式包括系统设定的固定排序方式、叠加排序方式、交叉组合排序方式等不同排序方式，还包括时间排序法、人物排序法、事件排序法等，人物排序法还可以细分为姓名、出生年月、籍贯、成就等不同的元素。

（3）答案选择和反馈

图书馆智能咨询机器人接收到读者咨询的各种问题后，要从语料库中寻找到最优答案。智能机器人可以进一步向读者提问，从而对读者的问题不断细化，从而能够获得更加具体的信息。智能机器人根据语料库中的问题元素选择出最佳的答案，最终将最佳答案返回给读者，从而满足读者的需求。同时，建立答案反馈机制，对于智能机器人回答的读者的问题进行收集，将收集到的读者反馈信息自动添加到语料库，对语料库进行有效补充，建立最佳答案抽取模板，方便后续出现读者提出同样问题能够提供更加优化的语料元素，反馈机制对于系统建设的长远发展有重要意义。

（4）答案统计和储存

答案统计是指智能咨询机器人能够运用系统内的程序对读者提出的问题和系统回答的问题进行数据统计，对统计数据按照特定的分类标准进行分类归档。答案储存是指将经过分类统计的读者的问题和系统回答对的问题进行分类存档，形成读者存档资料库和系统回答问题资料库。这些存档的客户对于后续的语料库的应用具有重要作用，后续读者提出语料问题和系统回答语料问题过程中，系统可以快速调取存储的信息，能够大大节约系统对读者提出问题的解决时间，同时也能够起到节约语料库空间和优化语料库的作用。

（三）语料库建设

1.语料库分类模型

语料库建设是智能咨询机器人服务效能的核心要素。语料库的建设主要分为问题语料库和答案语料库，主要遵循的原则是通用语料为主、本馆语料为辅以及特色语料为补的原则。对于觉得多数读者都会提出的问题和答案作为主要的语料元素，将能够体现本馆特色和本馆专业性的问题和答案作为辅助语料元素，将通用和特色以外的问题和答案作为补充语料元素。按照以上的原则，可以将语料库分为一般通用语料库、图书馆专业通用语料库、本馆特色语料库、专业化语料库和读者个性化语料库。

一般通用语料库利用互联网上的通用百科知识资源能够建立。图书馆专业通用语料库是利用图书馆专业问题和答案资源建立，比如："中国最早的公共图书馆是什么图书馆？"这类问题，均在专业通用语料库中。本馆特色语料库是结合本地的特点建立的智能化咨询机器人问题和答案的语料库，包含本馆地址、本馆附近的交通、本馆的开放时间等问题和答案，均在本馆特色语料库中存储。读者个性化语料库则是包含了各种读者发散性问题，系统设置了最优的解答和一些个性化解答方案，更加体现出智能咨询机器人时代发展和人工智能化发展。

2. 语料问题建议

图书馆智能机器人需要将读者咨询的问题进行分类和归类，然后系统再根据问题的内容和所属的类别进行计算机逻辑思维理解，对读者提出问题的内容和类别进行分类和整理是系统实现完美回答的决定性因素。因此，要为图书馆智能咨询机器人建立一个语料问题分类系统，该系统必须既实用又分类完整。该系统需要包含读者咨询的各种问题和各种分类元素，比如时间大类，需要包含世纪、年代、年度、月度等更精细的类别，还要包含各种不同的纪年方法，这样才能适应广泛的读者咨询的问题，产生最好的解决办法。

除了对语料问题进行分类，还需要对语料问题进行扩展，相同的问题和概念一般有很多不同的说法，比如"西红柿"和"番茄""马铃薯"和"土豆"等，不同的读者可能使用不同的词汇表达同一个问题，甚至有的问题可以有两个以上的表达方式，图书馆智能咨询机器人系统需要将不同的提问模式进行辨析，以你需要十分注意语料库问题建设中对语料问题的扩展，以便可以更好地回答读者多方面和多角度的问题，从而能使图书馆智能咨询机器人语料库更加丰富，满足读者需求。

语料问题经常需要进行一些个性化的分析与处理，语料问题的情感个性化分析是语料问题分析的重点。读者在咨询问题时往往会带有一些感情色彩，这种感情化的提问会影响图书馆智能咨询机器人回答答案的正确性，从而也会影响读者的图书馆服务体验。对于读者提出问题的褒义和贬义，智能机器人也需要有准确地判断，有助于更好地回答读者提出的问题，这是语料库设计时对于读者语料问题研究必须加强的一部分，否则不联系特定环境，读者得到的智能机器人的回答可能跟读者期望完全相反。语料库个性化设计中，除了要考虑用户的感情色彩，还需要对用户的地方个性化问题进行分析和处理，比如地方语言特点、地方习惯特点和地方少数名字读者特点等，不同地方的读者对同一个问题的表达方式也存在很多地方差异，因此，在设置语料库的时候需要考虑到地方差异，将具有不同地方差异的词汇添加到语料问题分析中，以便图书馆智能咨询机器人在回答读者问题时能够完全明白读者问题，做出读者满意的回答。

（四）机器人和馆员合作

智慧图书馆服务的新模式中，智能机器人取代了人类的很多工作，就如同机器革命曾经让大量的产业工人失业一样，如今，信息革命也正在带来脑力劳动者的转型，智慧图书馆也正在进行服务转型。总体而言，科技革命带来的产业转型一方面会代替很多传统职业，另外也是很多新职业的开端，使得各类服务业规模越来越大。在利用智能技术和产品的过程中，图书馆的基本职能以及图书馆员的基本工作职责都不会改变，变化的只是服务的方式和手段，这种工作模式的变化必须依赖于技术的发展、思路的调整和相关人才的培养，缺一不可，否则都不能支撑起智慧图书馆的建设。图书馆机器人技术涉及多个学科，图书盘点机器人的研究与开发应用、专业语料库的建设、图书馆机器人服务研究等都需要具备一定技术能力的图书馆员参与。为了能够使图书馆机器人更加成熟发展，更贴近图书馆员，更广泛应用于图书馆的真实场景，图书馆需要培养一批具有机器人相关技术的人才，从而能够更加拓宽机器人服务水平，使图书馆机器人能够更加适应图书馆环境，更加贴合于读者的需求。

建立机器人馆员和现实馆员平衡的工作关系，既要重点建设机器人馆员的工作模式，也不能放松对现实馆员积极性的培养，需要保证机器人馆员和现实馆员之间的良好协作关系。机器人具有超强的记忆能力，不知疲倦的"体力"和光一般的计算速度，这些都是现实图书馆员远远不及的特性。因此，对于一些重复性的机械劳动或者不需要天赋，经过训练就可以掌握的工作，都可以交给机器人馆员完成。对于需要"情商"才能完成的工作，比如需要面对面协商能力、社交能力、交流能力，或者需要创意和审美能力的工作，以及需要对他人真心实意地关切、帮助和慰问等，机器人就不能完成了。总体而言，图书馆机器人馆员更加适合数字图书馆服务工作，而现实馆员更加适合于需要人性化的实体图书馆的传统服务。

第三节 情景感知智慧图书馆服务模式

一、相关基本概念

（一）情景感知技术的相关概念

情景（境）感知源于普适计算的研究，国外学者把情景感知应用程序描述为四个类别：邻近选择、自动情景配置、情景信息和命令、情景触发操作。经过多年发展，情景感知已从某种概念发展为一种算法与技术集群，在百度百科中它被通俗定义为：一种新生代智能手机或可穿戴设备应用软件，它可以依靠收集到的信息对主体行为进行更细致的"猜测"，从而帮助主体完成日常工作。可穿戴设备、移动智能设备以及各种感知设备将扮演重要的角色。有学者认为，情景感知的过程就是通过传感器的数据采集，识别用户的信息和所处的环境，分析用户的情景信息，并根据需要提供适当的有针对性的业务服务，情景信息的感知和获取在于多种传感器的数据采集，包括动态、温度湿度、光学等传感器，以及通过物联网技术的其他采集终端包括智能移动设备、RFID、红外感应器、Bluetooth、GPS 等。最后将获取的情景信息通过大数据分析、云计算等技术处理获得需要的信息，利用信息达到定制化服务效果。

情景感知是一种技术含量较高、较为先进的一种技术，依赖于人工智能，高科技电子设备，目前处在快速发展的阶段，有着广阔的应用空间。技术发展的初衷是为了利用技术提供更好的服务，情景感知也不例外，在国外，情景感知服务的理论研究主要集中于情景获取、建模和系统框架、情景感知应用、感知推荐系统等方面，在电子商务、新闻传媒、影音推荐、图书馆服务等领域都已得到深入发展。例如 Apple Watch 智能手表可以实时感知佩戴者的当前运动状态、位置、实时 / 静息心率等，根据情景信息向佩戴者推送相关信息；也比如在图书馆服务领域，通过多感知设备、红外探头等实时监控、采集读者的情景信息，这种多触点的数据采集，就像为图书馆模拟了一层敏锐的、实时感应的皮肤，可以对图书馆的场景管控、安全预警等工作方面实现预见性的调控，实现监控和管理一体化的智慧图书馆感知服务。

（二）智慧图书馆情景感知服务的实现形式

1. 一体化技术集群

情景感知是一种由简单到复杂关联多种感知设备所构成的技术集群，应用于智慧图书馆的基础技术比如 RFID、蓝牙技术、智能感应器、红外摄像等感知元件构成整个馆舍的感知网络，可以使读者获取音视频，系统也可获取读者动态信息等元数据，以感知元件为基础配置的更高级的智能设备比如虚拟现实设备，智能感知机器人馆员完成了信息的处理，服务的提供等，由基础向高级递进，感知技术各个元件与设备和读者馆员之间共同感知，共享信息，构成了情景感知一体化技术集群，避免了技术应用互不关联，各自独立的问题。

2. 泛在化感知分布

泛在化即"无时无刻不在"，对情景感知技术来说，最能体现泛在化特点之处便是通过合理布局感知设备，情景信息采集 24 小时续航，感知功能便可实现区域全覆盖，时间全覆盖，由泛在化的感知设备分布达到泛在化感知服务的效果，更可以利用感知泛在化的特点打造更加深入的感知服务，如图书馆读者与智能移动设备之间的情景感知泛在化服务、智慧图书馆无处不在的环境感知识别与空间情景再造等。

二、智慧图书馆情景感知服务的构建原则

（一）技术与服务并重的原则

打造基于情景感知的智慧图书馆服务，技术和服务间的融合与协作是关键：服务创新是否由技术被动转化为技术驱动。技术是服务创新的源泉，但若智慧图书馆囿于技术堆砌，不仅体现不出智慧图书馆的内涵，反而会使相关研究被技术的新颖性与科技感所吸引，从而使图书馆的一些价值与职能沦为"低位"，甚至逐渐淡出人们的视线。智慧图书馆对技术的态度不同于智能图书馆：智慧图书馆将技术从需要耗费资源去"招待"的"客"的地位转化成为驱动图书馆服务创新、为图书馆职能深化提供全新灵感与支持的"主"的地位。即情景感知技术构建首先立足于图书馆的基本职能，以技术视角驱动图书馆职能的深入开发与研究，然

后在此基础上着手构建实现职能的技术手段，将技术应用与服务创新完美融合，同步建设。服务获取是否由用户按需性主动变为图书馆技术性主动。智慧图书馆建设所要提升的能力之一便是更好地感知、挖掘、把握用户的需求，智慧图书馆将其服务及功能通过情景感知技术主动施加于用户，主动提升用户与图书馆互动的频次和深度，改进以往用户按需临时寻求服务的状态，这并不代表着用户被动接受服务，而是智慧图书馆利用情景感知技术感知并分析用户所需，并将服务提前提供给用户，从而激发用户的服务需求，提升用户对智慧图书馆的依赖与认同，体现出智慧服务的内涵。从技术的角度看，智慧图书馆提供的任何一项服务，如果能够自动提供并且完全满足读者的需求，读者无需分辨是人还是机器提供的，就是智慧服务。

（二）人文与智能共存的原则

图书馆内智能技术的应用，为用户及馆员带来了极大的便利，依靠智能技术可以完成以往人工很难或者不能完成的大量工作，比如智能盘点比人工盘点更加高效，用户数据感知获取比人工调研获取更加精确。便利性使得读者及馆员或多或少产生技术依赖性，技术的使用率大大提升，但同时一些人文服务因为技术过于便利而淡化，例如咨询服务由馆员亲力亲为转化为依靠数据分析获取；图书馆引导服务由馆员带领讲解变为机器人问答；入馆教育由开办讲座改为足不出户的网络模拟；等等。但是需要注意与区分的是，人文服务与智能服务并非对立项，图书馆的馆员可被技术取代，同时又可以被技术赋能；馆员的人文服务可以利用技术变得更加智能化；同样，依托技术的智能服务也可以通过专业馆员的操作变得更加人文，依靠 AI 技术的机器人馆员甚至可以提供人工无法提供的服务，有时比人工更"人文"，成为馆员能力的延伸。遵循人文与智能共存的原则，必须摒弃"情景感知 = 感知技术堆砌"的观念，摆脱当前技术研究理论化、表面化、独立化的现象，打造内涵充实，体验人性化，用户满意的情景感知服务模式。

三、基于情景感知的智慧图书馆服务模式构建

（一）情景感知一体化服务模式

1. 一体化设施服务

第一，资源设施一体化。感知服务中的馆藏文献资源、电子数据库资源以及

阅览室、机房的设施之间通过情景感知做到藏、借、阅、咨一体化互联，构建一站式服务平台，打破传统资源服务模式中服务功能单独工作、按部门和文献类别划分读者的弊端。例如通过优化阅览室书架，为书架添加感知设备，解决困扰馆员与读者的图书乱架行为，这些感知设备还可以做到实体书目与数据库电子资源互联，以及与取走该图书的读者互联。

第二，终端设施一体化。图书馆内的借阅终端、媒体终端以及读者的电脑、手机等智能设备之间的一体化互联构成一个高效网络，具有操作互通、资源泛在、感知便利的特点，例如通过多开账号登录座位预约系统或者个人感知智能卡识别，既可以在手机上进行预约，又可以在图书馆预约终端机上进行打卡等操作。读者将个人设备与图书馆设备一体互联不仅可以在装有感知识别和感知系统的阅读机上阅览文献、报纸、期刊，设置无操作间隔和离线时间后设备如感知到读者离开还可以记录阅读状态，将文献自动下载至个人移动设备上继续阅读。

第三，安全设施一体化。图书馆是一个人员流动频繁的场所，提供馆内安全服务对于一体化感知服务建设来说十分重要，馆舍内的各个安全传感器控件，例如烟雾报警系统、智能隔热板、安全疏散通道智能指示路径、读者位置感知等做到协同一体化工作，如果读者无意识倒在角落，位置感知系统会收集读者的位置、体温、动作等状态，若检测到读者无动作卧躺在地板上超过一定时间就会自动发送警报提示馆员。

2. 一体化知识服务

一体化知识服务需要经历"馆藏情景标签——借阅信息挖掘——知识感知导航"三个步骤，首先实现纸质与数字资源一体化。通过微缩摄影、数据挖掘等技术，将馆内纸质资源数字化，将图书馆相关网络资源镜像化，并通过 RFID、iBeacon 等技术，添加磁条或二维码将数字化资源与纸质资源关联，我们可以称之为情景标签，通过情景标签初步实现图书馆内馆藏及数字资源的一体化构建。进一步将其转化为一体化知识，使馆藏资源高效地被读者所获取、吸收。需要为读者设计知识导航感知模块，导航模块的功能是通过数据挖掘与分析技术在海量数据中快速找到读者需要的信息，为读者找到通往知识的最佳路径，节省读者时间。读者利用一体化终端设备登录个人账户，设备感知获取读者借阅意向与知识需求，分析阅读习惯与爱好为读者生成最优知识路径。例如以下应用场景：为阅览室实体书目添加情景标签，读者登录终端或感知服务系统获取读者借阅需求并进行导航，通过 RFID 等感知设施轻易获取书目信息以及读者借阅信息，上传至数据库对照相应的电子资源为读者自动生成电子资源缓存，即自动下载至个人设备中，借阅纸质文献自动获取电子版，且无需加载，这样在离开图书馆局域网范围也可以利用缓存进行阅览。通过以上步骤为读者打造情景感知一体化知识服务，使读者由"会学习"转为"慧学习"，实现知识获取专业化与智能化。

（二）情景感知自主化服务模式

1. 服务中心自助化

传统的服务中心一般设置于图书馆入口处，配有若干服务人员，为读者提供引导、答疑服务，这种人工式的服务中心已不能全面满足智慧图书馆以及读者对新式服务中心的要求，配备感知化智能设备的智慧图书馆势必要将服务中心进行升级，通过自助的模式满足读者服务需求，同时也提升馆员工作效率。胡海燕等人提议智慧图书馆应根据实际情况进行创新服务内容建设，比如打造自助服务中心，也可以设置醒目的"自助服务中心"主网站，添加新手专区、常用工具等模块，这种方式体现了服务中心自助化建设的初步框架，是对智慧图书馆服务创新的一个大胆尝试。但是不能仅仅局限于网站式的自助中心，情景感知自主化服务应该是易获取、全天候、泛在化的，对于情景感知自助化服务中心来说，需要门户式、一站式的网络自助服务中心，但不能舍弃场景化、人工化的服务台，更需要打造智能化、设备一体化的智能服务中心，因此充分借鉴相关研究的优点并思考不足，对实现服务中心自助化进行构建。首先需要打造自助化服务大厅，将智能终端引入并分区设置，例如：自助在线阅览区、自助书籍借还区，F&Q 自助问答区、自助检索专区、休息区等；其次在自助化服务中心嵌入人工服务台，不可否认智能设备并不能解决所有读者的需求，例如：有突发情况，仍然需要有人工服务在场；最后，将网络空间与自助服务中心相连接，打造自助云服务台，突破时空限制，做到线上线下一体化服务。

2. 读者行为自主化

情景感知自主化服务功能的面向对象是读者，读者是否有自主化服务意识是服务开展的关键，培养读者的自主行为意识，对提升读者的服务获取效率与知识获取意识都有很大的帮助。图书馆读者服务获取的自主行为发展经历了三个阶段：

①读者被动获取阶段，体现在传统图书馆中，读者到图书馆的目的单一，不乐于接受额外服务；②读者按需性主动获取阶段，体现在数字图书馆以及智慧图书馆打造初期，智能化设备已有规模，读者对新事物有一定的好奇心，对新技术、新服务有一定的尝试想法，初步表达了读者的自主化行为，但是图书馆的自主化服务程度较低，不能及时通过感知服务与读者需求相对接；③读者行为自主化阶段，在感知化智慧服务构建完善后，读者对感知化服务已经较为熟悉，读者服务获取行为已经不限于按需获取，更重要的是体验至上，因为智慧图书馆所提供的服务不仅能满足读者的阅读等服务需求，更可以满足读者的各方面扩展需求。除此之外，服务提供也转变为图书馆技术性主动，智慧图书馆感知服务需要挖掘和把握读者需求，主动提升读者与图书馆互动的频次和深度，感知技术积极识别读者对服务的主动获取行为，也是区别按需获取的标志。

第四节　智慧推荐智慧图书馆服务模式

一、推荐系统相关概述

（一）推荐系统概念

推荐系统最早能够追溯到认知科学、预测理论、信息检索、近似理论、管理科学和市场下客户选择模型等。传统推荐系统的定义为获取用户兴趣，分析用户商品信息，依据相应推荐算法，利用信息技术，为用户产生推荐。刘鲁等认为，推荐系统是一种双向的信息传递，不仅局限于为用户传递单向的信息，而且能够帮助企业寻找最有潜力最有价值的客户。

简单而言，图书馆推荐系统是指能按照读者用户的定制要求提供服务，同时也能通过收集读者用户显性或隐性信息，主动分析和挖掘读者用户行为需求，动态追踪其变化的兴趣，从而预测读者用户偏好，向读者用户推荐其所需知识信息资源。

（二）推荐系统算法分类

推荐系统在不同领域按不同的角度和标准有不同的分类，在以往的学术文献资料中，大多是从推荐系统的技术或者算法上进行分类。目前，国内外主流的推荐系统技术有3类：基于内容推荐系统、基于协同过滤推荐的推荐系统及混合推荐系统。基于内容的推荐系统，主要依靠项目自身内容属性做出推荐；基于协同过滤的推荐，不依赖于内容，而是依据分析项目或者读者用户之间的相似性做出推荐；混合推荐系统则是为了各取彼之所长，避免此之所短，综合了前两种技术，以解决新用户、冷启动等问题。从推荐技术的使用领域和使用到的数据挖掘技术角度给出了推荐系统技术框架分类如下：①数据挖掘技术，包括有聚类、管理、决策水、KNN、链路分析、神经网络、回归、启发式方法等。②应用领域，包括有电子商务、图书馆、新闻、音乐、旅游、电影等等领域。

近几年，随着技术的发展和研究的深入，涌现出了许多新的算法和技术来支持和完善推荐系统，包括基于社会网络技术推荐，基于语境感知技术推荐，基于人口统计信息推荐，基于心理推荐，基于大数据技术推荐等。以下简单介绍几种常用算法。

第一，基于内容的推荐算法。这种推荐主要依据的是项目或物品内容特性进行推荐，系统给用户推荐的项目，与其之前所偏好的项目，在内容上具有最高相似性。这种推荐算法需两种信息，包括用户历史偏好数据和项目内容属性数据，其关键在于建立项目模型和建立用户偏好模型，然后计算他们之间相似度，这种推荐不需要大量的用户打分等历史信息数据，对单个的用户就能够生成推荐结果的列表。

第二，基于用户统计信息推荐算法。人口统计数据通常包含读者用户的国籍、民族、年龄、性别、学历、职业、收入、工作、地址等基本信息。该算法通常采用交互式对话收集用户信息，依据用户特征差别，利用用户信息属性对其进行分类，发现用户之间的相关程度，对类中用户进行相似性计算，而后生成用户"最近邻居"群，为既定用户做出推荐。这种推荐技术与基于用户协同推荐技术有些类似，都是依赖于计算用户之间相似性，虽然基于用户统计信息其推荐算法的准确率并不是很高，但其优势在于，不依赖用户的过去数据，不存在系统的冷启动问题，而且还不依赖于物品项目的内容特征。

第三，基于知识的推荐算法。基于知识推荐算法中，语义本体得到了广泛的实践，可用于描述产品、用户概要和领域知识等信息。这种算法，能够在语义互联环境中，获得用户和物品项目知识，经过语义匹配、知识推理等，推断产品能否满足用户的显性或隐性需求，并能分析系统的具体特定环境做出具体的推荐，必要时，通过结合传统推荐算法，产生推荐结果。这一推荐算法具有特定文献满足特定需求的信息，涉及较为复杂的用户交互以确定其偏好和需求，而不依赖于描述用户历史数据，能够一定程度的缓解系统冷启动方面的不足。此外，基于知识的推荐算法，能够及时察觉用户喜好的变化并做出反应，快速响应读者用户实际时性需求，无须训练。

第四，基于关联规则推荐算法。关联规则不仅可以有效地进行数据挖掘，还能够进行机器学习，从海量数据中挖掘出有价值的知识和信息，来描述数据的相关性，通过分析用户数据，生成关联规则，基于关联规则，建立模型，然后根据用户行为和推荐模型完成用户推荐。关联规则推荐其建立模型是离线进行的，更好地保障了推荐算法的实时性，通过把已获取的图书信息作为规则体系进行推荐，其中，书籍和文献名称的相似同义性是该算法所面临的最困难问题之一。

第五，基于情景推荐算法。在推荐系统中引入情景感知技术，既是一种手段，也是一个理念，兼具了个性化和普适化计算的两大优势。情景不仅包含了环境自身，也囊括了环境中所有实体或明示或暗示的，可以用来表述其状态的所有信息。实体可以是实物实体，如人、地点等，也可以是虚拟实体，如网络、软件、程序等。用户情景因素是情景感知推荐的核心，通过对情景包括位置、时间、需求等因素进行分析，依据特定情景和信息资源探索用户变化的兴趣。系统通过结合图书馆与用户的空间，能够对用户实施情境进行自动感知，判断用户行为，及时调整服务，动态化满足用户的动态需求。这种推荐算法除考虑用户—项目二元关系之外，还融入用户所包含的情景因素，进行多维度推荐，计算信息资源情景与用户当前情景相似性，进行匹配服务，更好地满足特定用户在特定环境下的特定需求。

二、基于智慧推荐的智慧图书馆服务模式

充分利用最新个性化技术手段，分析用户需求，整合相关数据资源，为用户提供智慧服务，转变图书馆和用户之间的交互方式，同时协同平台智慧推荐服务，为读者提供高效率、高时效、精确化的个性化知识服务，是实现智慧图书馆服务的重要手段。智慧推荐能够为用户提供量身定制的智慧性服务，充分体现了智慧服务的"智慧化"和"个性化"。

（一）智慧检索

1. 智慧检索流程

智慧检索是智慧推荐的前提和基础。检索是用户获得信息的第一步，图书馆智慧检索旨在使读者更快速、准确、高效、有序地检索到所需信息。相对于传统检索，智慧检索一方面能够记录和分析用户的检索行为，从中识别出用户明确的或者潜在的需求偏好，为用户呈现最具相关性的检索结果；另一方面，能够通过用户对检索结果的反馈或评价，自动校正检索策略，使用户获得最贴近需求的资源信息，在检索上提升用户的智慧化体验。传统信息检索是基于关键字或者基于相似性的检索，智慧检索的基本理念是为了实现既定用户的既定需求。智慧检索在传统检索的基础上，为用户智能的过滤掉一部分对于用户可能无效的信息，帮助读者用户更加快速精准地定位自己所需资源信息。不是每个用户每次访问图书馆网站都会登录读者服务，大多用户只是试图快速检索到他们所需要的图书。因此，许多用户通常都会倾向于最为省时省力的行为和方式来达到他们的检索目的。通过智慧检索，能够使检索结果更具针对性，同时包含直接指向最终结果页面的链接，因此不仅能帮助用户避免图书查询的盲目性，缩短查询书籍的时间，降低检索难度，同时还能提高用户检索效率，提升图书检索结果的准确性和可靠性。

智慧检索流程如下：用户检索→用户特征抽取、日志资料库、日志数据预处理→智慧过滤→生成检索方案→检索推荐→完成检索。

2. 智慧检索模型设计

用户行为信息中存在着很多有价值或者潜在价值的知识和规则。智慧检索服务能够通过对用户检索行为及隐含关联行为的分析，采用数据挖掘、关联规则等技术，在相关详细信息页面相应位置，向没有登录的大众化用户提供推荐服务，推荐与其检索或浏览的图书相同、相似或相关书籍，以帮助用户更快捷、更准确的找到需要的图书，从而减少查询图书的盲目性，降低图书检索的难度。智慧检索其本质是一类非个性推荐，是数据挖掘分析技术在信息资源检索处理中的一项实际应用，属于一种对网络中信息资源的分析挖掘活动。目前，OPAC 联机公共检索目录，是图书馆检索图书馆藏资源的主要网络入口，是读者用户与图书馆进行书籍查询与浏览最重要的平台与窗口，读者用户对图书馆各种图书文献资源的利用离不开 OPAC 系统，其功能的设计与实现，对图书馆的服务质量与资料利用起到最为直接的影响。因此，智慧检索技术的发展，在相当程度上依赖于 OPAC 系统。用户通过 OPAC 搜索引擎检索图书馆资源信息，在图书馆网站后台能够形成用户查询日志信息，用以描述用户的检索行为。智慧检索系统可以构造用户行为模型，在查询并分析用户行为日志的基础上，挖掘用户检索行为的潜在信息，然后预测用户可能访问或者偏好的检索结果，智能地选择、推荐与用户兴趣或行为相接近的信息资源。智慧检索服务通过把用户检索与检索结果相关联，对检索结果进行行为的隐性知识显性化处理，向用户推荐隐藏图书，能够让用户在检索时提高精准度，同时感到新颖和多样，这样充满知识相关度或相似性智慧检索，会对用户产生更大诱惑力。

（二）智慧推荐

1. 智慧推荐模型

智慧检索是为用户提供智慧化服务的第一步，主要服务于一般大众用户，属于一种粗略的精细。智慧推荐类似于搜索引擎为代表的信息检索系统，但更强调个性化、多样化和新颖化的推荐结果。搜索是你明确地知道自己要查找的内容，但信息过载下搜索已经无法解决问题。推荐系统则是一个"推"和"拉"的互动，即向用户推荐信息资源，同时向用户提供和展示信息资源，帮助他们选择信息。和智慧搜索引擎将搜索结果在一定过滤基础上进行简单的罗列相比，智慧推荐则能够研究读者用户行为偏好，建立读者用户模型，发现读者用户兴趣点，从而满足读者用户信息资源索取多样化新需求，提升图书馆图书文献资源利用率，增强对知识信息的智能处理能力。智慧推荐系统以融合数字信息资源向读者服务为核心，其主要任务是链接用户与信息，由查询的被动到推荐的主动，具有人性化、个性化及社交化的特点，帮助用户找到有价值信息，还可以让潜在的有价值信息呈现在用户面前，以实现知识生产者与知识消费者共赢。此外，一个优质的智慧推荐系统，一方面能够向读者用户产生智慧化推荐，另一方面，能和读者用户构建紧密地联系，使读者用户对智慧推荐形成依赖。

智慧推荐的本质是能够针对不同读者用户的个体差异性，主动为读者用户提供不一样的、量身打造的信息资源服务内容。主动性的实质是智慧推荐能够自动地依据读者用户的知识需求为其匹配适合的服务内容。智慧图书馆的智慧推荐应该有个性化定制与推送、粗略智慧推荐和精细智慧推荐服务三种服务方式。

第一，能够在页面设置单独模块，为读者用户展示推荐信息。推荐内容包括新书到馆、借阅排行、热门馆藏、讲座活动等信息，为所有读者用户提供半个性化的展示推荐服务。第二，在读者用户利用 OPAC 系统进行书籍或检索服务时，能够有针对性的依据用户之前的借阅信息和所检索文献信息以及文献信息之间进行关联，为用户进行粗略简单推荐，并提供推荐书籍和文献的阅读详细信息及链接，有针对性地提供推荐服务。第三，读者用户登录系统时，具有单独推荐系统，为读者用户提供近乎量身定制的智慧推荐服务，从而能够满足不同用户不同层次多样性的需求。通过收集和分析用户的各种信息包括显性和隐性信息，用户个体特征信息，用户借阅历史，检索信息资源的记录，获取并分析用户的兴趣，预测用户偏好，从而为不同的用户，能够提供差异化服务，帮助用户缓解资源丰富信息匮乏的局面，在提高推荐系统精准高度的同时，拓宽推荐解决的宽度，开阔用户视野，推荐给用户很可能喜欢但是并不是很了解的知识信息。智慧推荐的结果兼具精确性、惊喜性、多样化，真正体现智慧的内涵。

2. 智慧推荐技术架构

智慧检索的推荐功能是面向大众用户或者特定用户，而不是针对某一用户的兴趣爱好、借阅历史等，推荐对象是所有检索使用者，而不是特定用户。因此有其自身的局限性，而智慧推荐则是以每个用户为核心，为每个用户提供智慧化、智能化的服务。传统的推荐系统，其推荐效果并不是很好，也存在诸多问题。智慧推荐的基本要素主要包括读者用户、项目及推荐算法，而其核心是推荐算法。智慧推荐系统就是利用各种推荐算法，挖掘读者用户有兴趣或者可能有兴趣的图书信息资源，之后推荐并展示给读者用户。智慧推荐则在传统推荐基础上，更加细致、更加精准地考虑了读者用户各种特征，尤其是大数据、云计算的到来及数据分析与挖掘技术的深入发展，使得智慧推荐能够挖掘到用户更多更细腻隐性的信息，推荐的结果更加的精准，更加的多样，层次更加广泛，更加体验以读者为核心的智慧化服务。在书籍推荐服务基础上，探讨智慧推荐实现模式，构建图书馆智慧化推荐体系。与图书推荐服务相比，智慧推荐实现的是一种按需和主动的信息智能获取模式，以用户的行为特征和兴趣属性为指导，建立从用户兴趣知识到服务信息的分类，针对读者用户量身定制的推荐技术，尽最大限度地满足读者用户个性化、多样化的信息智能获取。同时在研究现有文献自动分类机制基础上，探讨通过自动化数据收集和分析，感知用户位置、情境，以及用户意图，同时社交网络、移动互联网与图书馆推荐服务与知识智能获取相融合，以提高读者用户对智慧推荐的黏着性，实现真正的智慧推荐服务。

大数据、云计算时代背景下，图书馆中愈加充斥着各种各样的非结构化、半结构化及结构化等数据。智慧图书馆时代，所有读者个人及其借阅信息、所有书本信息、数字资源等信息数据是复杂海量的，同时也受到用户地理位置信息、感知传输数据信息以及社会化网络信息等相关数据的影响，信息资源呈现出空前丰富的状态。智慧推荐系统需要借助于数据挖掘、云存储、云计算等大数据处理技术，利用各种技术从大规模数据提取并分析数据内在特征和文献的相关性，同时根据用户兴趣及需求，或用户个人借阅历史、阅读习惯等分析读者用户行为，并主动地提供其真正所需的知识服务，将潜在的有价值的信息进行分析提取归纳，然后才能向用户进行信息匹配。云存储和云计算技术，能够解决大数据环境下无限制数据存储和数据高效运行计算的难题，通过技术处理及构建模型，从而能够提供更加优质、更加智能、更具智慧性的推荐结果，为读者用户提供近乎量身打造的智慧性推荐。

（三）智慧 App

1. 智慧 App 服务设计

智慧图书馆其核心为智慧服务，而智慧服务的核心为以人为本，以用户为主体，服务用户，关怀用户，奉献用户。移动互联技术在近年得到飞速成长和发展，移动通信网络逐渐与互联网紧密融合，极大地拓展了互联网服务的时间和空间。同时，移动互联与移动设备的移动性、便携性等特征使得智能移动终端设备日益普及，智能移动终端设备包括手机、平板电脑、掌上阅读器等渐渐成为人们获取信息资源服务的主要平台。移动终端设备不受时间、地点等限制，这使为读者用户提供无处不在的服务成为可能，读者用户能够随时、随地以任何方式获取信息资源。因此以移动终端设备为主体的移动图书馆，开发图书馆的独立 App 是大势所趋。

智慧 App 推荐是泛指在服务——无处不在的服务，是智慧图书馆提供服务的突出特征之一，是指以智能移动终端设备为基础，为读者用户提供任何时间、任何地点和量身定制的服务。智慧图书馆的环境下，应该打破时间和空间限制，为用户提供全方位、多层次、多形式、宽领域的信息资源获取、推送与推荐服务。泛在智慧服务模式是依靠云计算、智能移动终端、物联网等信息技术，实现传统图书馆和数字图书馆由为读者用户提供单向服务向为读者用户提供双向智慧服务网络的泛在服务转型。为此，研究和开发独立智慧 App 服务，是智慧服务模式泛在化的表现。

2. 智慧 App 层次架构

该推荐系统能够利用其在移动网络环境下的种种优势及有利条件，通过移动端设备等为用户提供基于情景等推送，更加精准、更加容易地获取用户的信息，预测用户的偏好，实时性更高，用户可以随时随地享受智慧图书馆提供的各项资源和服务。通过开发智慧 App，利用移动推荐系统，用户就可以随时随地获得任何形式的服务，同时获得为其量身定制的，具有个体差异化的智慧化服务，服务更加的方便智能，更加得简洁而迅速，使得智慧图书馆拓宽了服务的领域和手段，更加的以用户为核心，为用户服务。各图书馆都应该有自己的智慧 App，通过智慧 App，用户能够登录系统，完成书籍查找、借还书、预约、续借等基本的服务，同时也能够为用户提供书籍检索、热门借阅、借阅排行、热门收藏等非个性化一般性服务，也能够让每一位用户根据其自身的特点，利用智慧移动推荐，根据其隐性或者显性信息，帮助用户寻找信息资源，提供差异化服务。

面向智能移动设备终端的智慧 App 层次架构如下：① App 效用评价层，包括实时性、多样性、精确性、可视化等等。② App 推荐生成层，包括移动协同过滤、基于内容的移动推荐、移动上下文推荐、移动社会化推荐等等。③数据预处理层，包括移动用户偏好提取、上下文推理计算、上下文移动用户偏好提取、移动社会化网络构建、多元信息融合等等。④源数据采集层，包括移动用户人口统计学特征、移动 Web 行为日志、移动通信行为日志、上下文信息、移动网络服务信息等等。

参考文献

[1] 曹静 . 高校智慧图书馆建设与应用研究 [M]. 北京：中国商务出版社，2019.05.

[2] 庄革发 . 智慧图书馆理论与实践 [M]. 沈阳：辽宁大学出版社，2019.08.

[3] 周伟 . 智慧图书馆理论与实践 [M]. 长春：吉林文史出版社，2019.07.

[4] 郑如冰 . 智慧图书馆建设 [M]. 长春：吉林科学技术出版社，2019.12.

[5] 温兰 . 高校智慧图书馆建设研究 [M]. 长春：吉林科学技术出版社，2019.10.

[6] 黄葵 . 智慧图书馆视角下的阅读推广研究 [M]. 天津：天津科学技术出版社，2019.05.

[7] 李艳红 . 智慧图书馆优化服务策略研究 [M]. 长春：吉林文史出版社，2019.07.

[8] 高红霞 . "互联网 +"时代高校图书馆智慧化建设研究 [M]. 沈阳: 辽海出版社，2019.01.

[9] 张海波 . 智慧图书馆技术及应用 [M]. 石家庄：河北科学技术出版社，2020.05.

[10] 杨灿明 . 高校智慧图书馆服务创新研究 [M]. 长春：吉林科学技术出版社，2020.11.

[11] 周娜，戴萍 . 高校智慧图书馆知识服务研究 [M]. 北京：中国国际广播出版社，2020.04.

[12] 曹瑞琴 . 高校图书馆学科服务与智慧化建设 [M]. 吉林出版集团股份有限公司，2020.03.

[13] 郑辉，赵晓丹 . 现代公共图书馆智慧服务平台建构研究 [M]. 长春：吉林人民出版社，2020.12.

[14] 刘旭晖 . 高校图书馆智慧化学科服务研究与应用 [M]. 中国原子能出版社，

2020.05.

[15] 于志敏 . 智慧图书馆建设 [M]. 乌鲁木齐：新疆文化出版社，2020.09.

[16] 唐燕，王娟，申峰 . 智慧图书馆建设与服务创新 [M]. 哈尔滨：黑龙江美术出版社，2020.12.

[17] 杨鹃 . 高校智慧图书馆建设与应用研究 [M]. 咸阳：西北农林科技大学出版社，2020.07.

[18] 赵磊，柳燕，甲勇 . 高校智慧图书馆建设与应用研究 [M]. 延吉：延边大学出版社，2020.08.

[19] 严栋 . 智慧图书馆概论 [M]. 大连：辽宁师范大学出版社，2021.12.

[20] 林立 . 智慧图书馆的理论与实践 [M]. 福州：福建科学技术出版社，2021.06.

[21] 谢福明 . 智慧图书馆建设与应用研究 [M]. 吉林出版集团股份有限公司，2021.12.

[22] 王志红，侯习哲，张静 . 智慧图书馆建设与阅读推广研究 [M]. 哈尔滨：哈尔滨出版社，2021.05.

[23] 陶功美 . 智慧图书馆建设及新兴技术的应用研究 [M]. 长春：吉林人民出版社，2021.11.

[24] 高桂雅 . 大数据时代智慧图书馆科学化服务体系构建 [M]. 长春：吉林出版集团股份有限公司，2021.11.

[25] 陈伟，张霞，王仲皓 . 图书馆智慧化服务模式探究 [M]. 长春：吉林人民出版社，2021.09.

[26] 魏奎巍 . 图书馆信息化建设与服务创新研究 [M]. 长春：吉林出版集团股份有限公司，2022.06.

[27] 阚丽红 . 智慧图书馆建设与服务创新研究 [M]. 长春：吉林文史出版社，2022.08.

[28] 陈群 . 互联网＋图书馆智慧服务研究 [M]. 长春：吉林出版集团股份有限公司，2022.06.

[29] 贺芳 . 智慧图书馆建设与应用研究 [M]. 长春：吉林大学出版社，2022.09.

[30] 吴玉灵，廖叶丽 . 现代图书馆智慧服务理论技术与实践 [M]. 南昌：江西高校出版社，2022.12.